桃太郎電鉄でおぼえる

中学入試対応！

白地図ドリル

花まる学習会／スクールFC社会科講師

加藤崇浩・著

花まる学習会／株式会社コナミデジタルエンタテインメント・監修

◎知識を身につけると世界が変わる

社会科、とりわけ地理的分野はおぼえる項目が多いだけでなく、歴史のようにストーリーもないため、「単なる暗記モノ」の学習になりがちです。

ですが、地理の知識を得ることで、「どうしてこの時期の野菜は〇〇県産のものばかりなんだろう？」とか、「この地域で△△の生産がさかんなのはなぜだろう？」とか、日々の出来事そのものだけでなく、その背景・理由にまで考えがおよぶようになります。今まで見えていなかった世界が、見えるように、わかるようになるのです。それは、「毎日をどうすればより良く、楽しく過ごすことができるか」を考える土台になります。

これは社会科だけに限りません。知識は、世界の見え方を大きく変えてくれるのです。

たとえば、お店で3本のきゅうりが100円で売られているときと、150円のときには、「何か」が違うはずなのです。産地か、仕入れる量や値段か、品質か。そこに気づくことができると、きゅうり1本の価値の感じ方も変わるはずです。

「電気を大切に使いましょう」と言われるだけでは、なぜ大切にしないといけないのかわかりません。しかし、電気を生み出す方法や、その元になる資源をどこから手に入れているのかを知れば、電気の大切さを理解できるでしょう。

こうして世界の見え方が変われば、この地球上のいろいろなことが、徐々に自分のこととして感じられるようになります。それは、グローバル化が進み、これからも変化を続ける世界で生きていくうえで、大きな財産になることでしょう。

ぜひ、この本で学んだ知識をもとに、身の回りをあらためてよく見てみてください。これまで気づかなかった何かが見えてきたら、それがきっとみなさんの未来を指し示す道標になるはずです。

◎中学受験をするみなさんへ

この本は、中学入試に必要な知識を学習する教材としてお使いいただけます。

中学受験の社会では、非常に多くの項目をおぼえ、いつでも記憶から引き出せるようにしておく必要があります。その知識を身につけられるように、本書では、中学入試問題の出題傾向を分析し、覚えておきたい重要度を3段階で表記しています。まずは、

自分の力でチャレンジ！→解答を見て〇付け→くり返しおぼえて再チャレンジ！

この順番で学習していきましょう。再チャレンジのときは、赤セルシートで別冊の解答をかくしながら学習すると効果的です。

受験勉強中のみなさんは、答えを直接この本に書き込むのではなく、ノートなどに書いてくり返し学習することをおすすめします。

はじめに ～本書の使い方

さあ、それでは
桃太郎たちと一緒に、
地理の学習をはじめましょう。

●本書に掲載されているデータは、2024年1月現在のものです。●スペースの都合上、都市名、山、川、半島、島などを省略、簡略化もしくは実際とは異なる位置に表示している場合があります。●地図の縮尺は掲載箇所によって異なります。●地図はすべて上方を真北としています。

もくじ

01 日本の都道府県

学習日　月　日
正答数　／47

問題 47都道府県の名前を漢字で書きましょう。

①
②
③
④
⑤
⑥
⑦
⑧
⑨
⑩
⑪
⑫
⑬
⑭
⑮
⑯
⑰
⑱
⑲
⑳
㉑
㉒
㉓
㉔
㉕
㉖

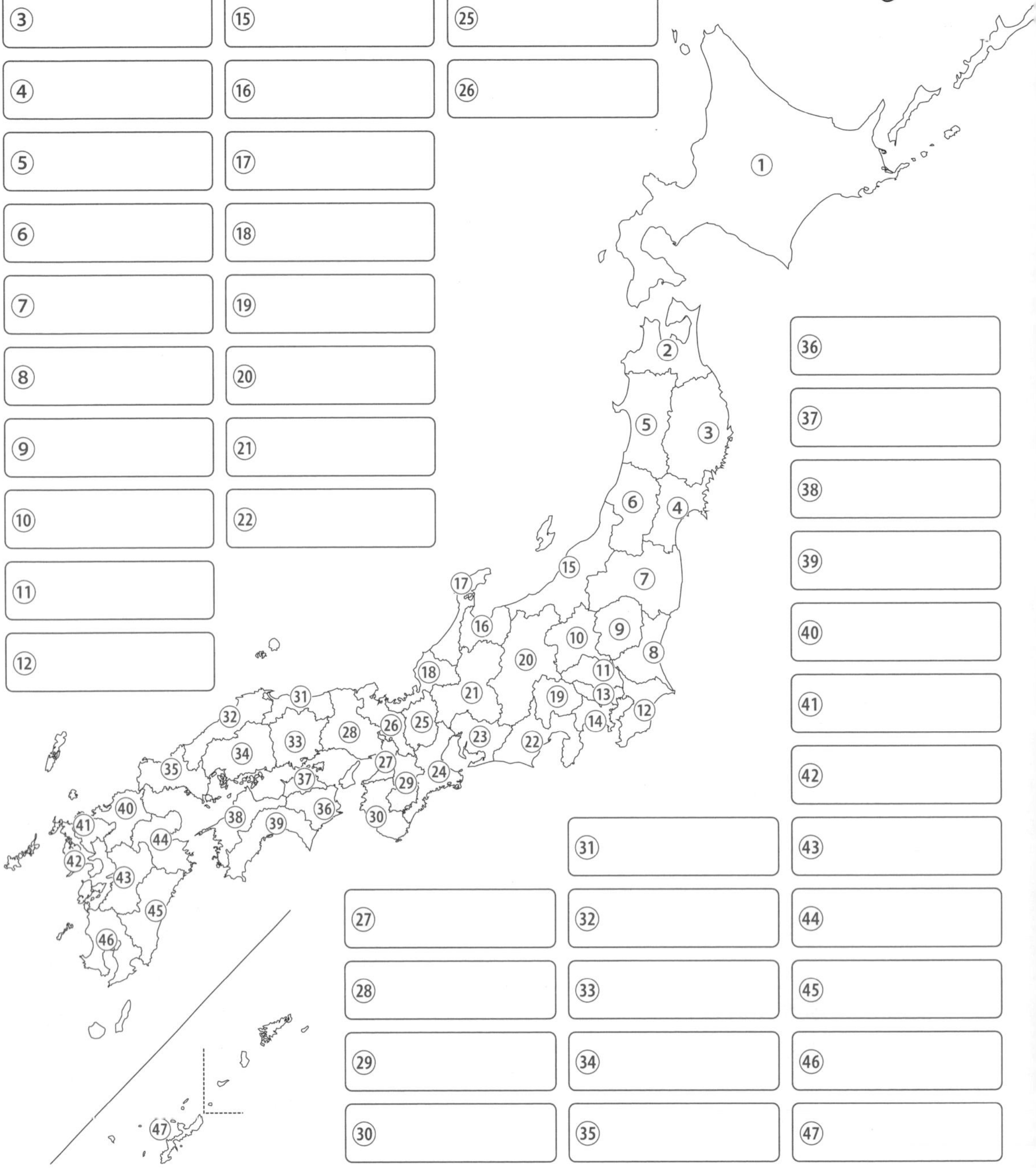

㉗
㉘
㉙
㉚
㉛
㉜
㉝
㉞
㉟
㊱
㊲
㊳
㊴
㊵
㊶
㊷
㊸
㊹
㊺
㊻
㊼

解答▸▸▸別冊②ページ

02 日本の都道府県庁所在地

学習日　月　日
正答数　／18

問題 地図の●で示された都道府県庁所在地を書きましょう。

ヒント 都道府県名とは違う名前の都市です。

① 市
② 市
③ 市
④ 市
⑤ 市
⑥ 市
⑦ 市
⑧ 市
⑨ 市
⑩ 市

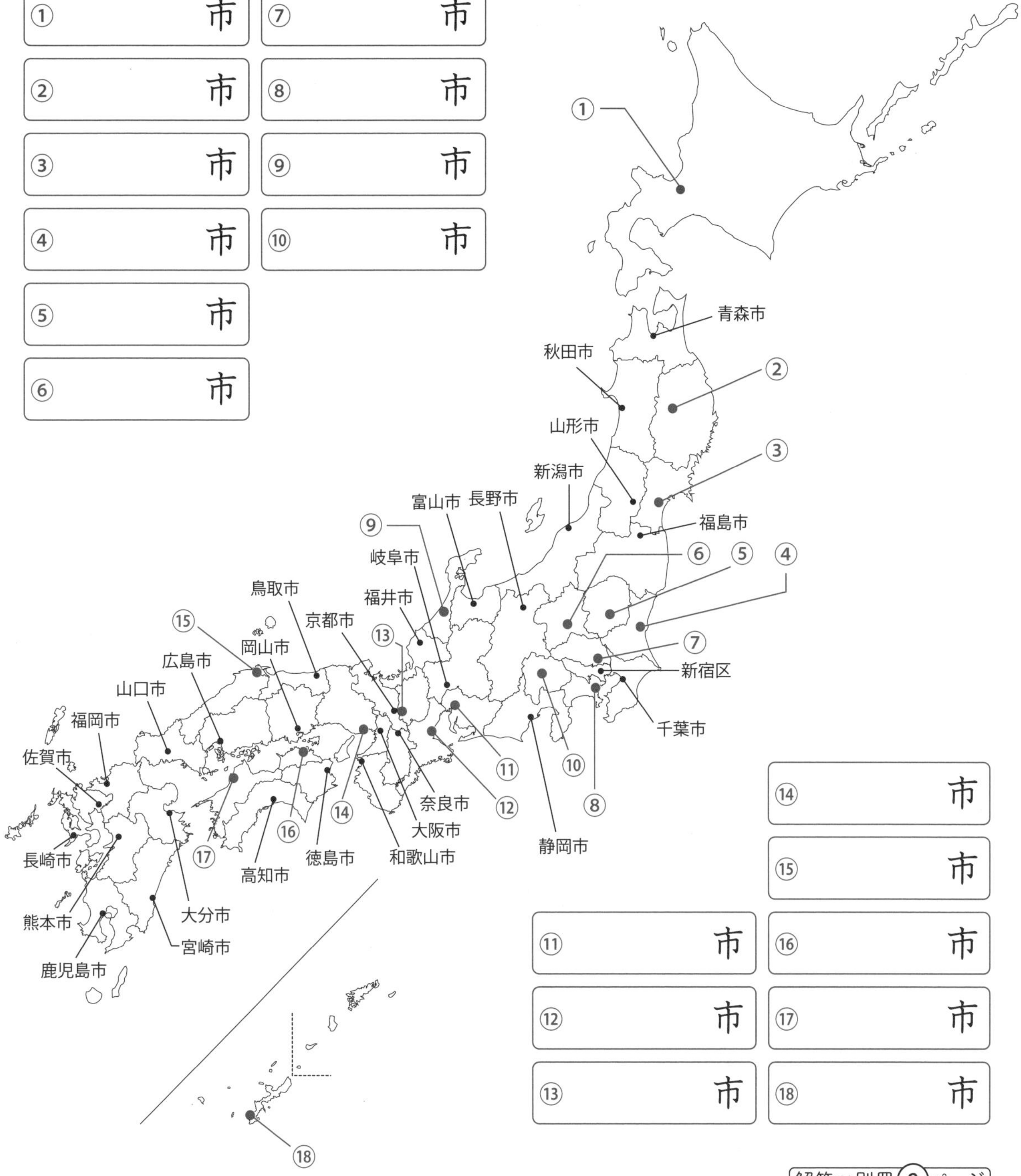

⑪ 市
⑫ 市
⑬ 市
⑭ 市
⑮ 市
⑯ 市
⑰ 市
⑱ 市

解答▸▸▸別冊 2 ページ

03 日本の地方（地域）区分

学習日　　月　　日
正答数　　／13

問題 A〜Hに、8地方区分の名前を書きましょう。
また、①〜⑤には、さらに細かく分けた地域の名前を書きましょう。

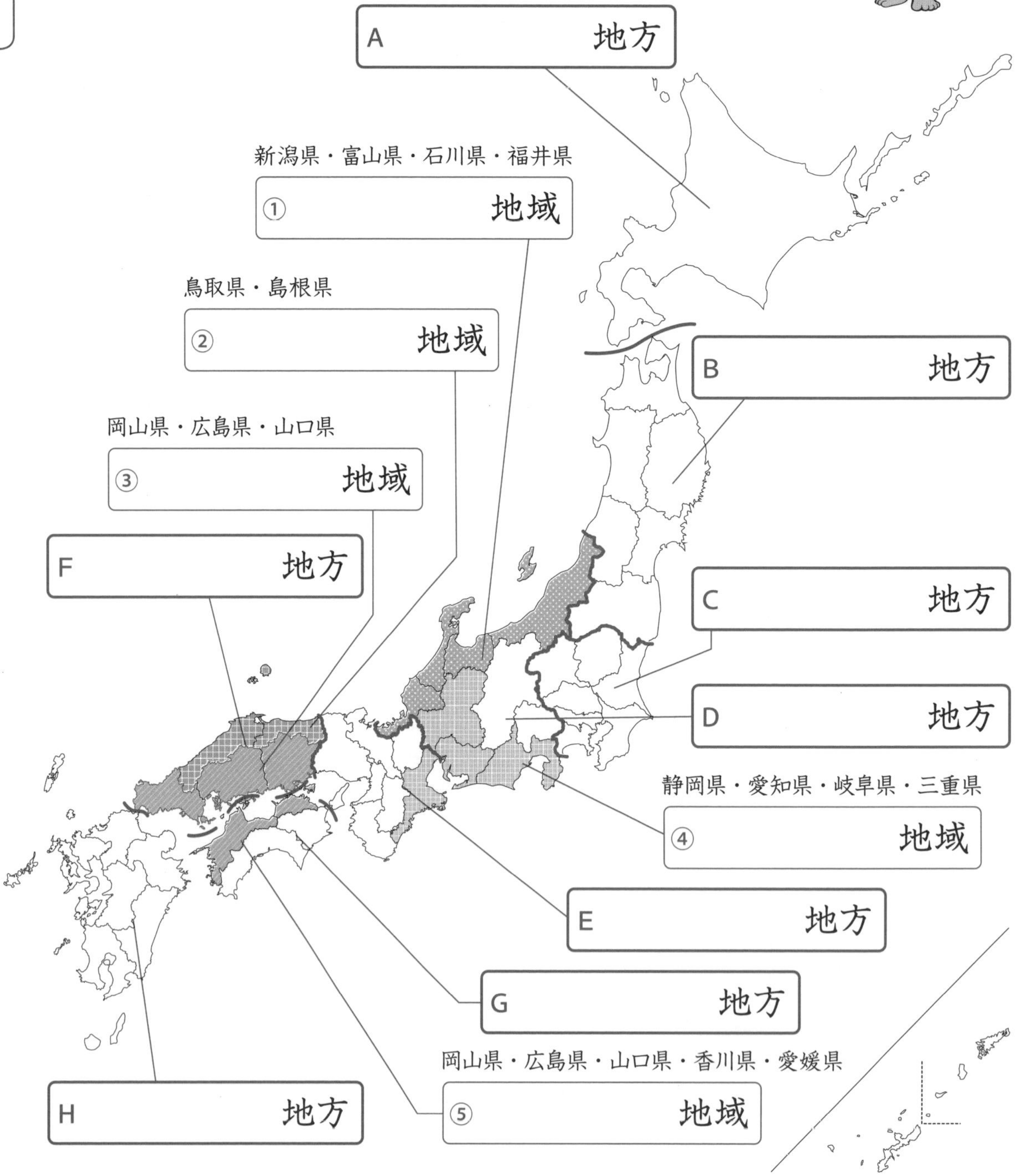

解答▸▸▸別冊3ページ

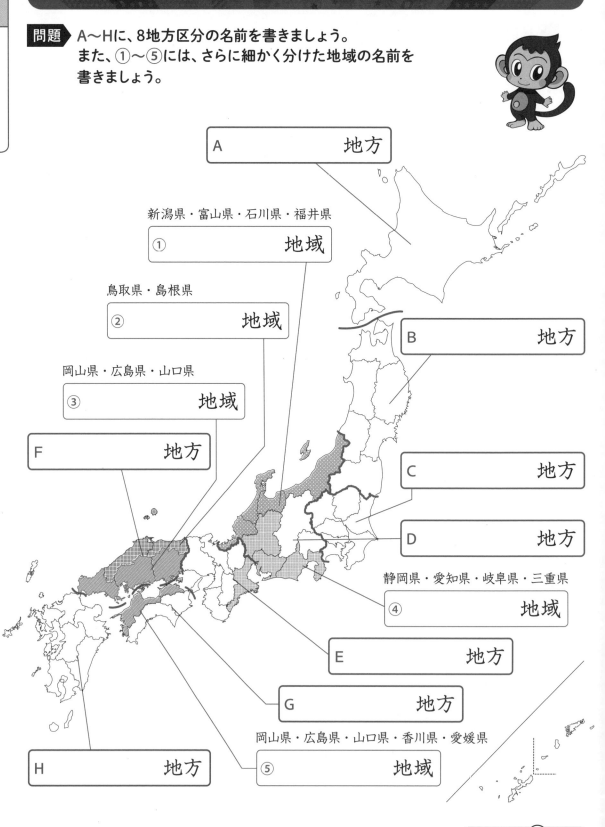

日本の都道府県、昔は300あった？

今から150年以上前の明治時代初期に、日本はそれまでの藩を廃止する「廃藩置県」を行いました。江戸時代に大名たちが治めていた範囲（藩）を、そのまま3つの府と302の県として地方統治することにしたのです。

302も県があったら手紙や荷物を届けるのも大変そうですが、当時の人々は、全部の府県名や場所を覚えていたのでしょうか。

その後、300以上の府県がくっついたり分かれたりを何度も繰り返して、現在の47都道府県ができあがりました。

今の埼玉県は、元々10以上もの県が集まってできたものです。大宮県、浦和県など、現在の地名（市町村名）として名前が残っている例もたくさんありますね。

また香川県は、隣の愛媛県や徳島県に併合されたり離れたりを経て、現在の形に落ち着いたのです。

ちなみに、現在の47都道府県の中で一番新しい（最後に誕生した）県は香川県です。

みなさんが今住んでいる場所も、昔は別の都道府県名だったかもしれません。調べてみましょう！

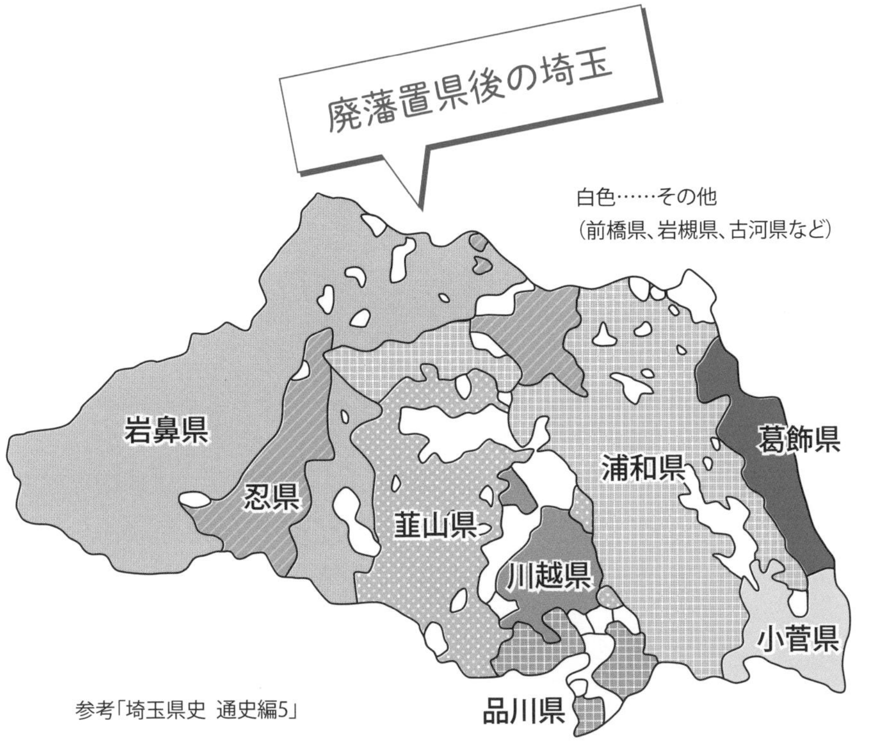

参考「埼玉県史 通史編5」

04 都道府県の形

学習日　　月　　日
正答数　　／16

問題 下の形の分県図が示す、都道府県の名前を書きましょう。

ヒント 地図の縮尺は同じではありません。
実線は海岸線、点線は陸地の県境です。

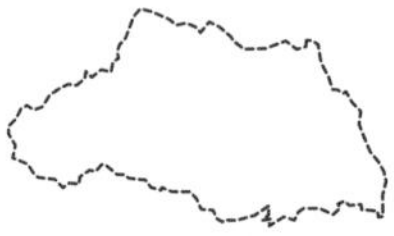

解答▸▸▸別冊③ページ

05 都道府県のマーク

学習日　　月　　日
正答数　　／16

問題 下のマークは都道府県章を示しています。
それぞれどこのものか書きましょう。

ヒント いくつかのマークは、都道府県の形、名前、名勝地などの特徴から作られています。

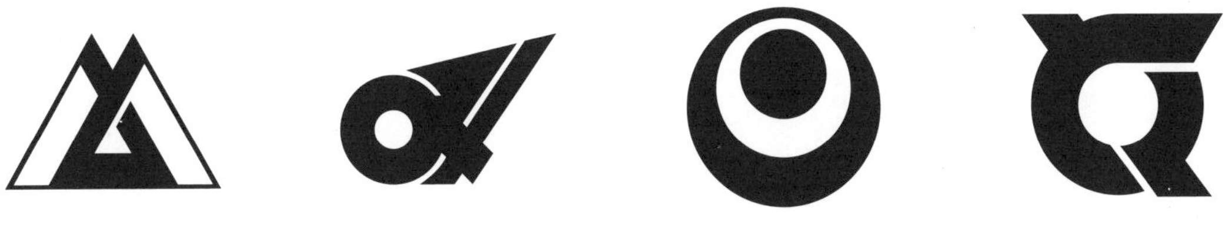

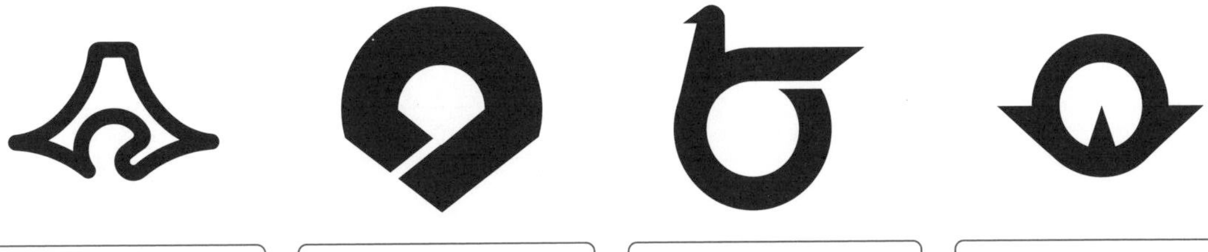

解答▸▸▸別冊④ページ

06 都道府県の人口ランキング

学習日　　月　　日
正答数　　／20

問題 人口が多いランキング上位と下位それぞれ10都道府県の名前を書きましょう。

ヒント 上位はピンク、下位はグレーで塗られています。

1位
2位
3位
4位
5位
6位
7位
8位
9位
10位

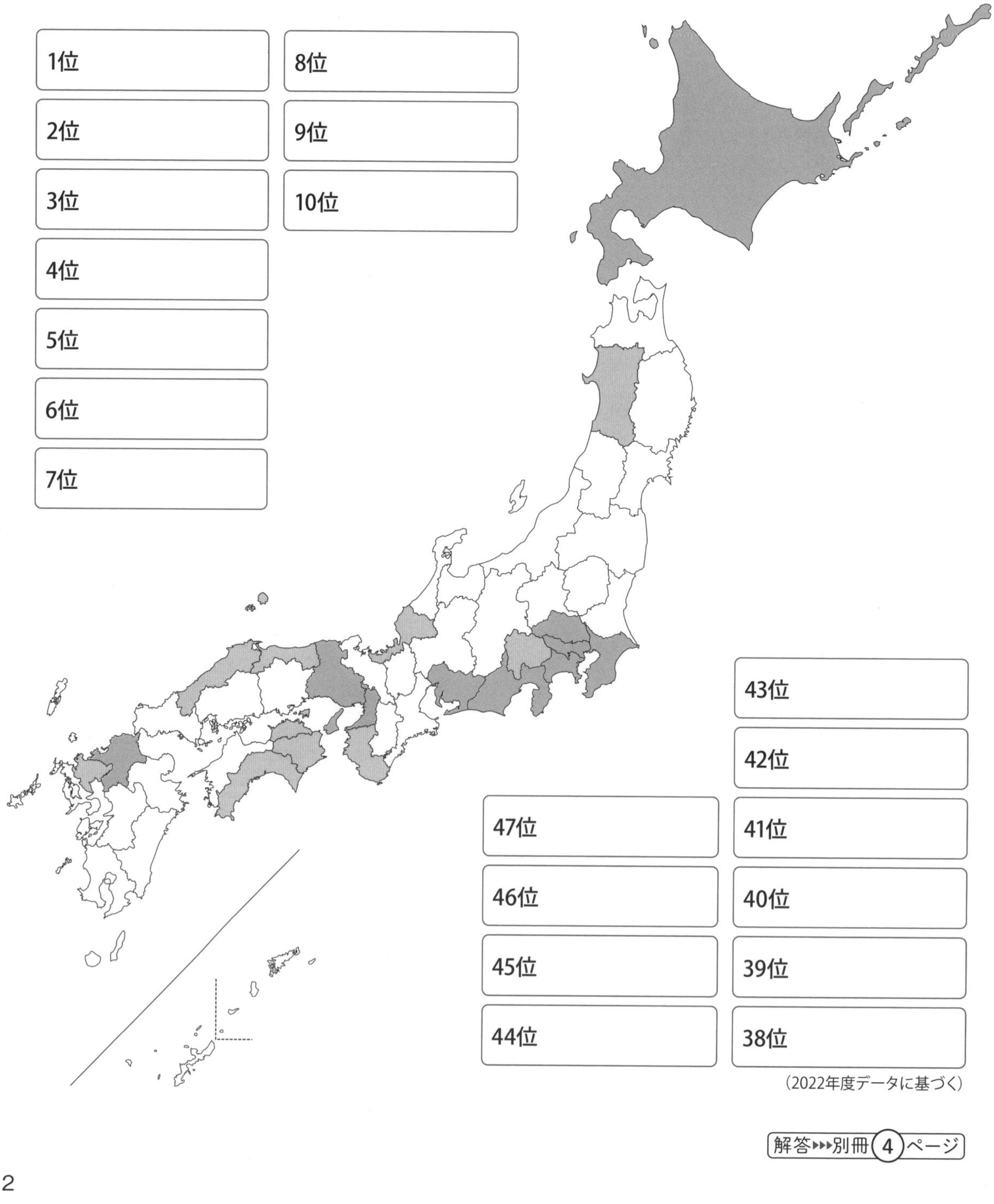

43位
42位
41位
40位
39位
38位
47位
46位
45位
44位

（2022年度データに基づく）

解答▸▸▸別冊④ページ

07 都道府県の面積ランキング

学習日　　月　　日
正答数　　／20

問題 面積が大きい上位と下位それぞれ10都道府県の名前を書きましょう。

ヒント 上位はピンク、下位はグレーで塗られています。

1位

2位

3位

4位

5位

6位

7位

8位

9位

10位

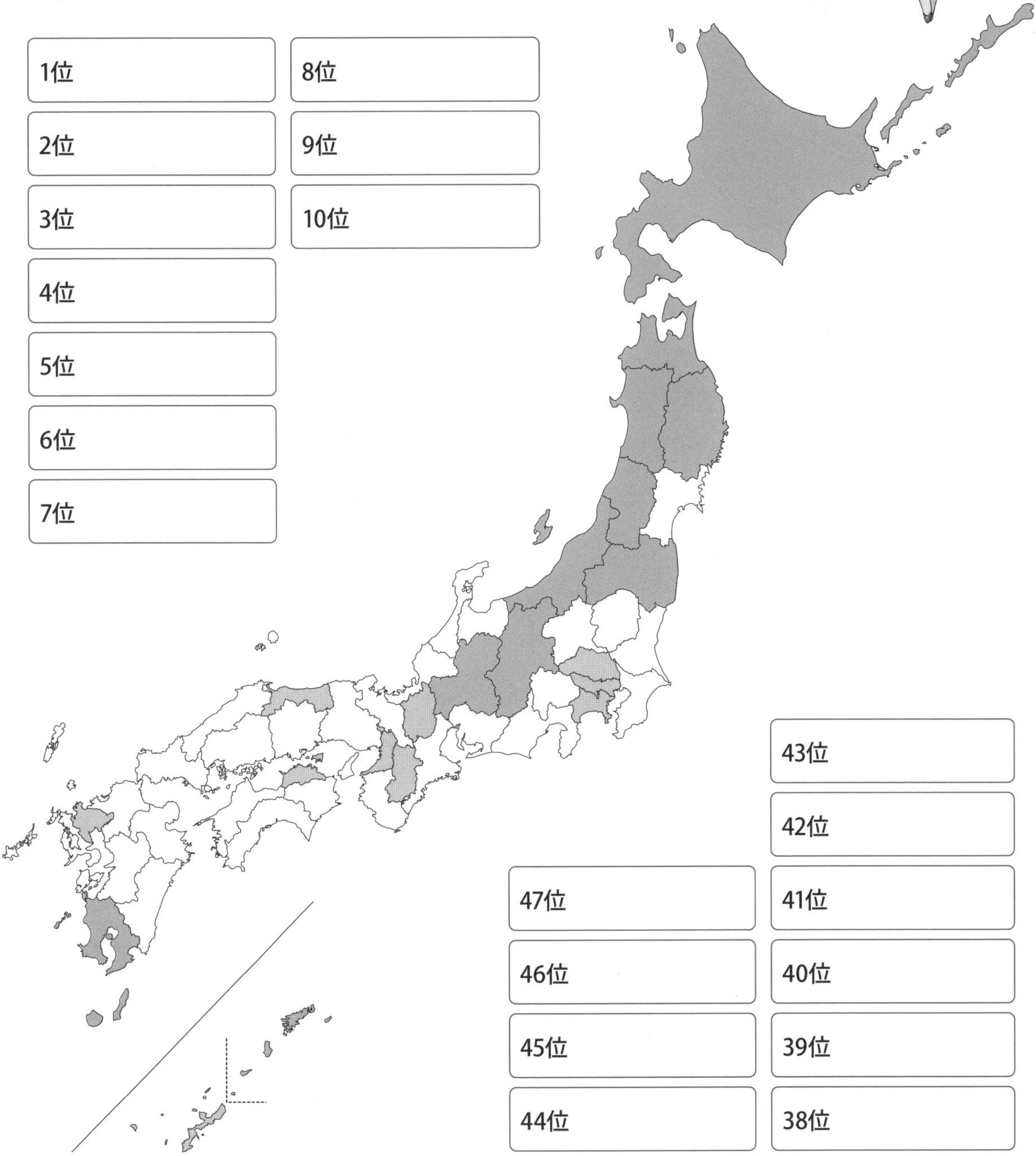

47位

46位

45位

44位

43位

42位

41位

40位

39位

38位

解答▸▸▸別冊5ページ

08 日本の主な都市1 政令指定都市

学習日　　月　　日
正答数　　／20

問題 ヒントを参考にして、地図で示された都市の名前を書きましょう。

北海道地方で唯一の政令指定都市
① 　　　　市

東北地方で唯一の政令指定都市
② 　　　　市

全国で唯一の、ひらがな名の政令指定都市
③ 　　　　市

京葉工業地域の工業都市
④ 　　　　市

京浜工業地帯の工業都市
⑤ 　　　　市

人口第1位の政令指定都市
⑥ 　　　　市

神奈川県で3番目にできた政令指定都市
⑦ 　　　　市

本州日本海側で唯一の政令指定都市
⑧ 　　　　市

最も人口が少ない政令指定都市
⑨ 　　　　市

浜名湖に面した政令指定都市
⑩ 　　　　市

人口第3位の政令指定都市
⑪ 　　　　市

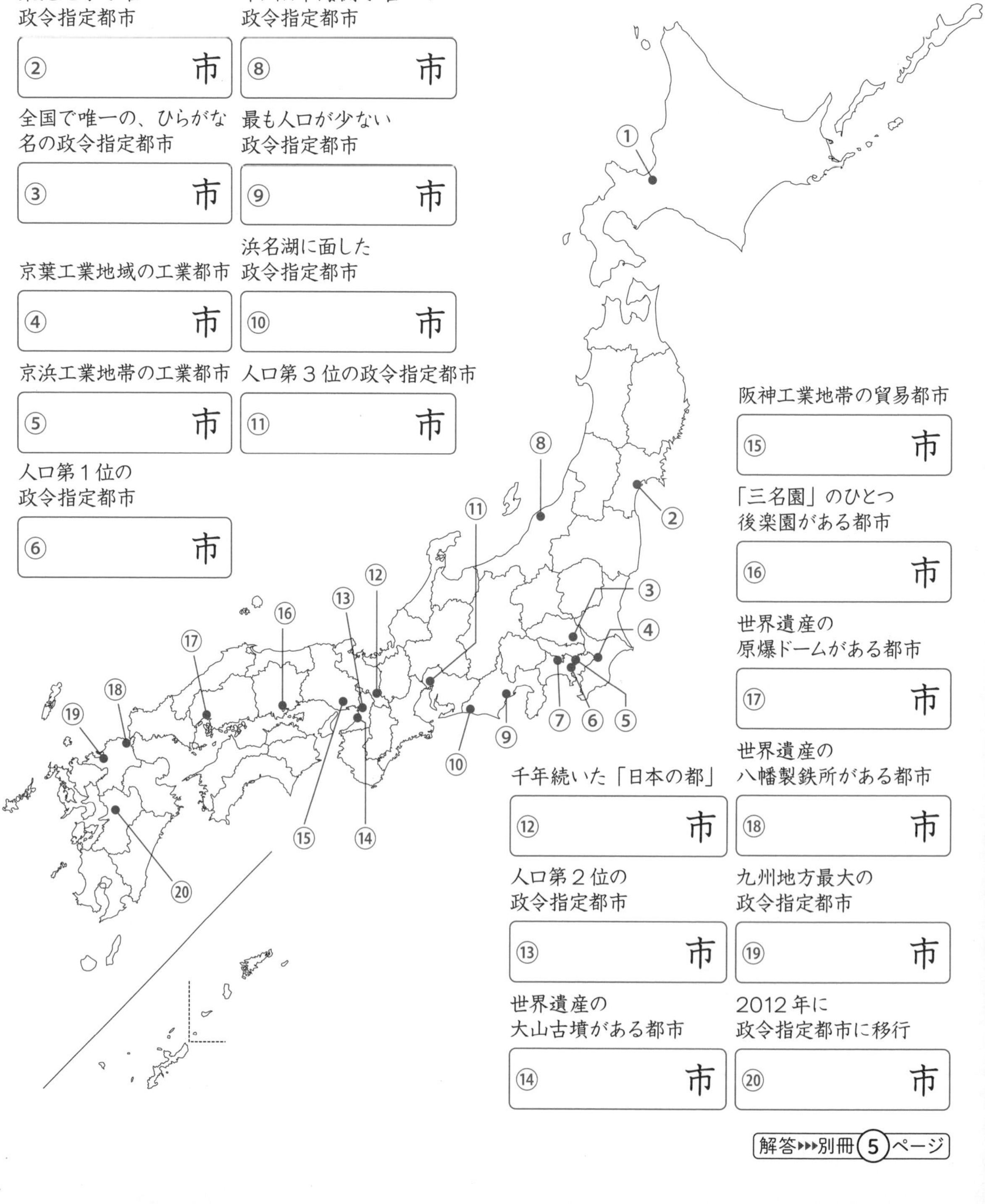

千年続いた「日本の都」
⑫ 　　　　市

人口第2位の政令指定都市
⑬ 　　　　市

世界遺産の大山古墳がある都市
⑭ 　　　　市

阪神工業地帯の貿易都市
⑮ 　　　　市

「三名園」のひとつ後楽園がある都市
⑯ 　　　　市

世界遺産の原爆ドームがある都市
⑰ 　　　　市

世界遺産の八幡製鉄所がある都市
⑱ 　　　　市

九州地方最大の政令指定都市
⑲ 　　　　市

2012年に政令指定都市に移行
⑳ 　　　　市

解答▸▸▸別冊⑤ページ

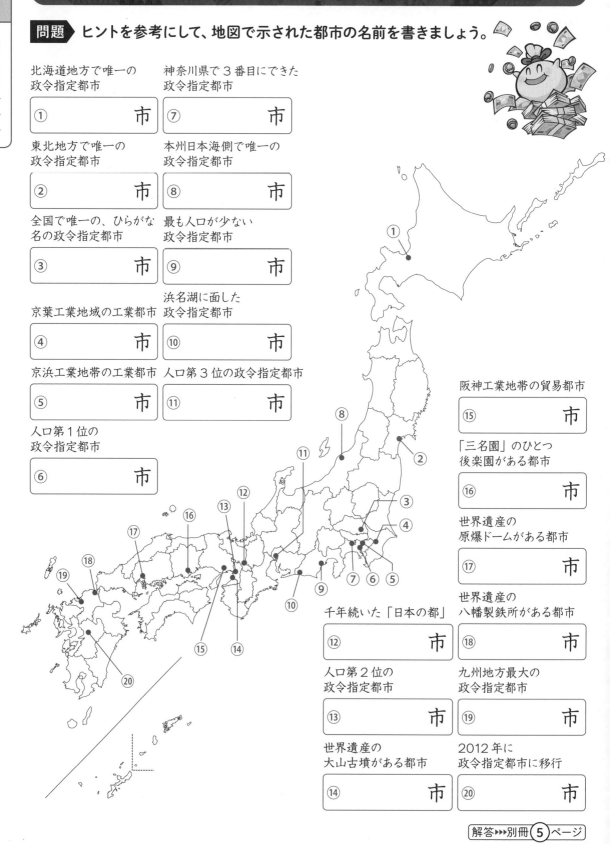

09 日本の主な都市2 工業都市

学習日　　月　　日
正答数　　／20

問題 ヒントに書かれた工業がさかんな都市の名前を書きましょう。

鉄鋼
①　　　　市

セメント
②　　　　市

印刷
③

石油化学
④　　　　市

鉄鋼・石油化学
⑤　　　　市

金属器（食器）
⑥　　　　市

製薬
⑦　　　　市

めがねわく
⑧　　　　市

製紙・パルプ
⑨　　　　市

楽器・オートバイ
⑩　　　　市

自動車
⑪　　　　市

石油化学
⑫　　　　市

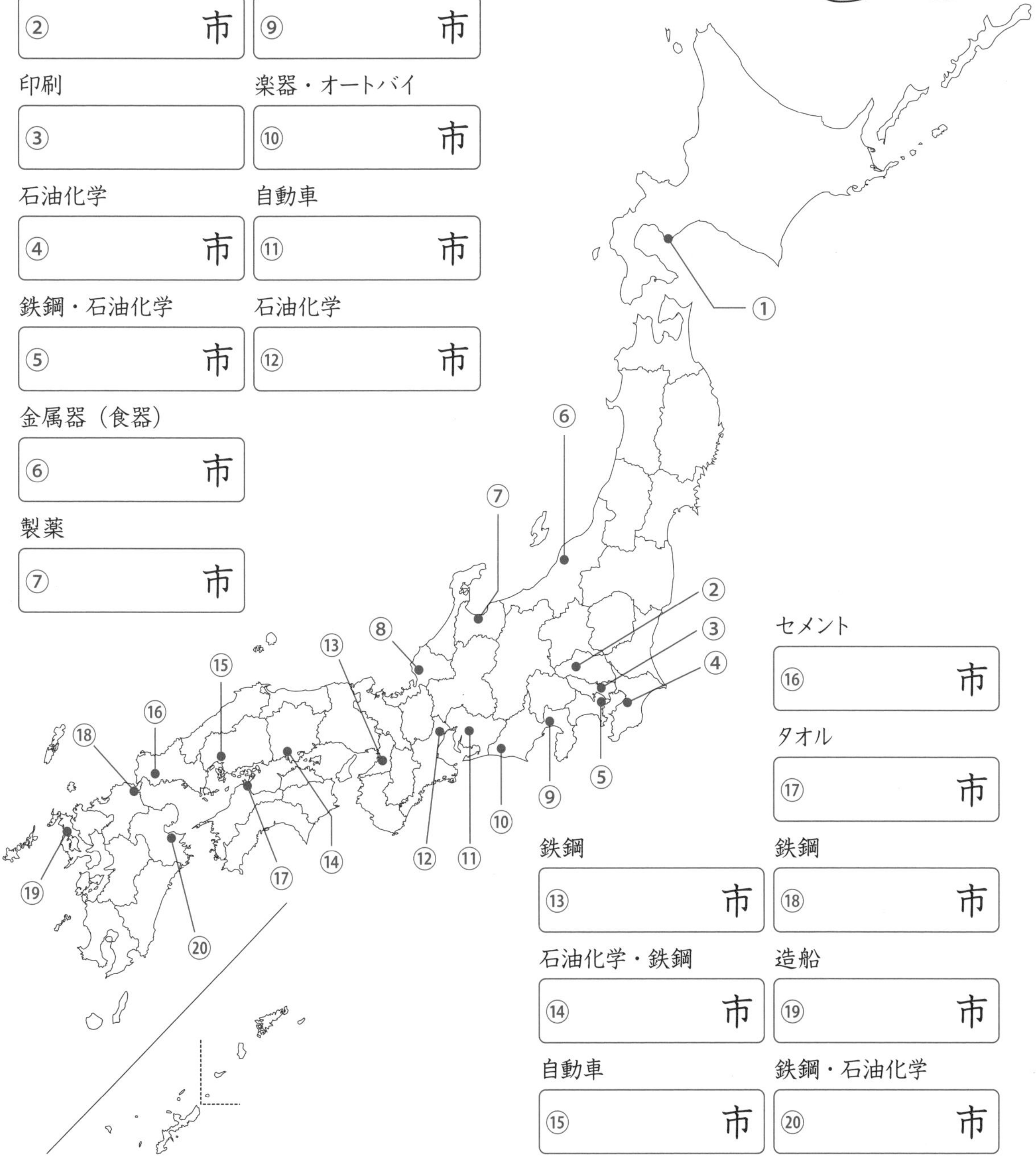

鉄鋼
⑬　　　　市

石油化学・鉄鋼
⑭　　　　市

自動車
⑮　　　　市

セメント
⑯　　　　市

タオル
⑰　　　　市

鉄鋼
⑱　　　　市

造船
⑲　　　　市

鉄鋼・石油化学
⑳　　　　市

解答▸▸▸別冊⑥ページ

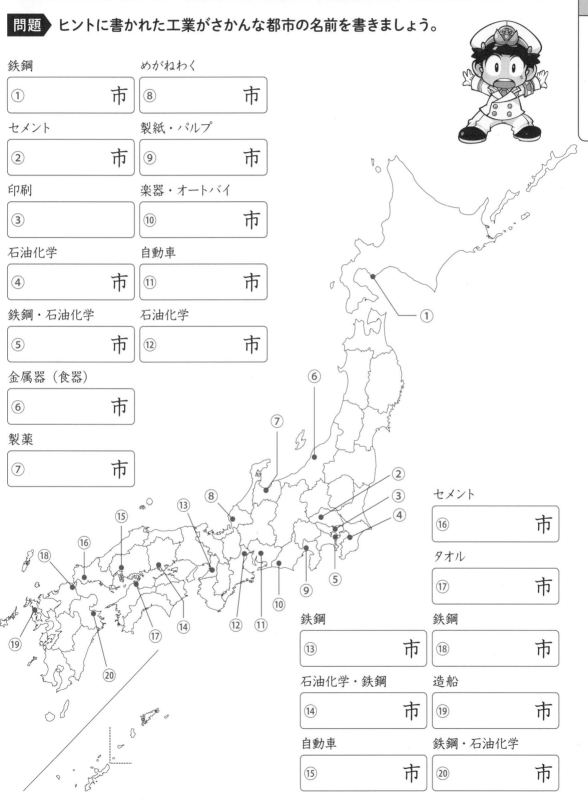

10 日本の気候1

学習日　　月　　日
正答数　　／12

問題 ヒントを参考にして、空欄を埋めましょう。

冬の寒さが厳しく、
降水量が少ない

① ＿＿＿＿の気候

主な都市

② ＿＿＿＿市

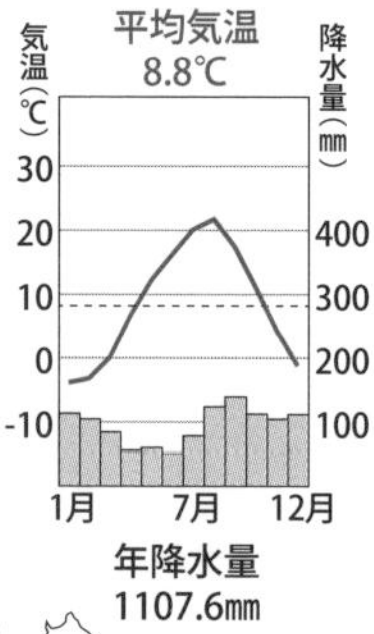

冬の降水量が多い

③ ＿＿＿＿の気候

主な都市

④ ＿＿＿＿市

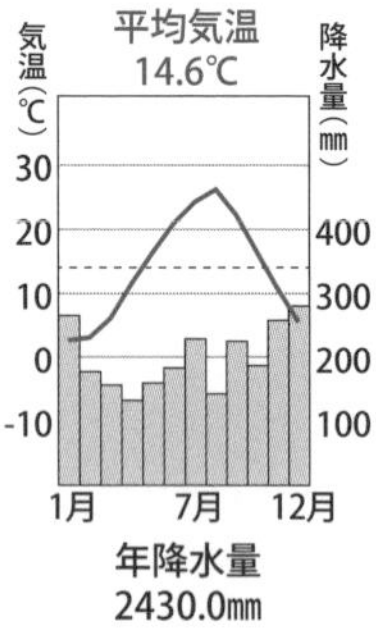

1月の気温が0度以下

⑤ ＿＿＿＿の気候

主な都市

⑥ ＿＿＿＿市

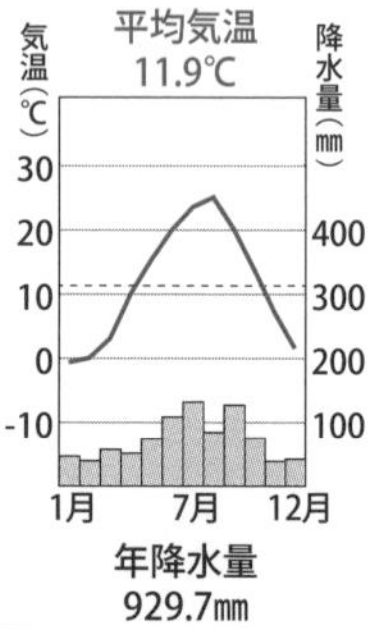

夏の降水量が多い

⑦ ＿＿＿＿の気候

主な都市

⑧ ＿＿＿＿市

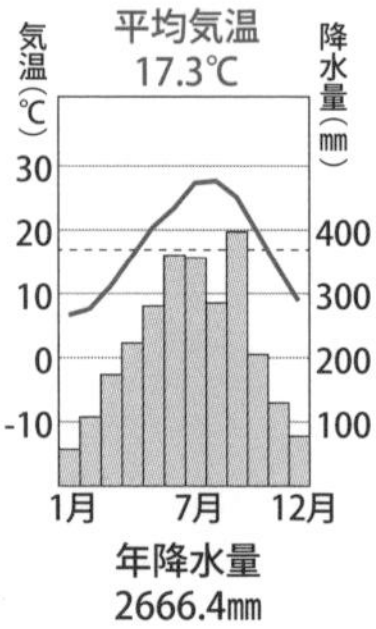

年間を通じて暖かく、
降水量が少ない

⑨ ＿＿＿＿の気候

主な都市

⑩ ＿＿＿＿市

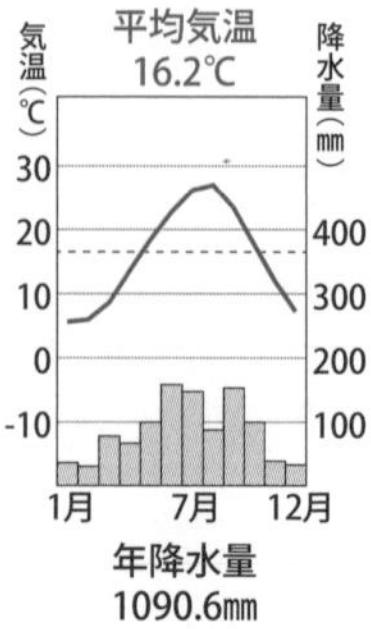

冬の気温が高く、
降水量が多い

⑪ ＿＿＿＿の気候

主な都市

⑫ ＿＿＿＿市

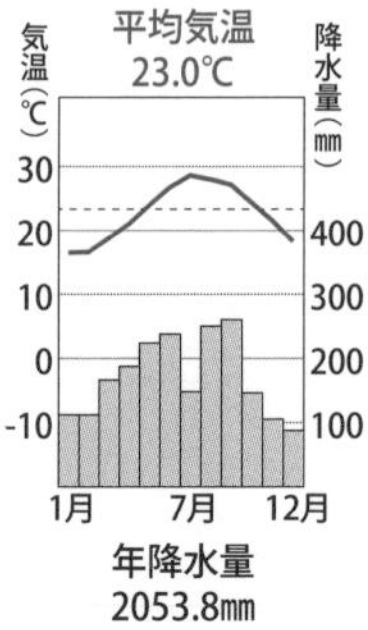

解答▸▸▸別冊 6 ページ

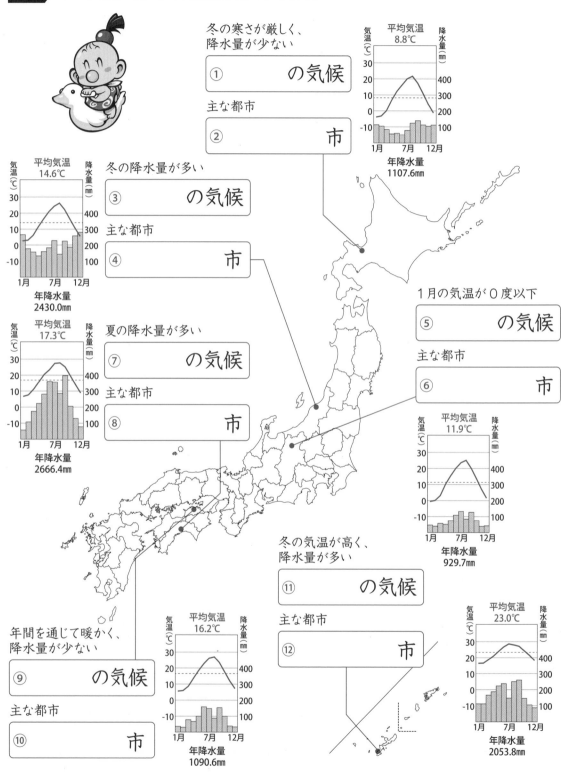

11 日本の気候2　海流・風

学習日　　月　　日

正答数　　／10

問題 ヒントを参考にして、空欄を埋めましょう。

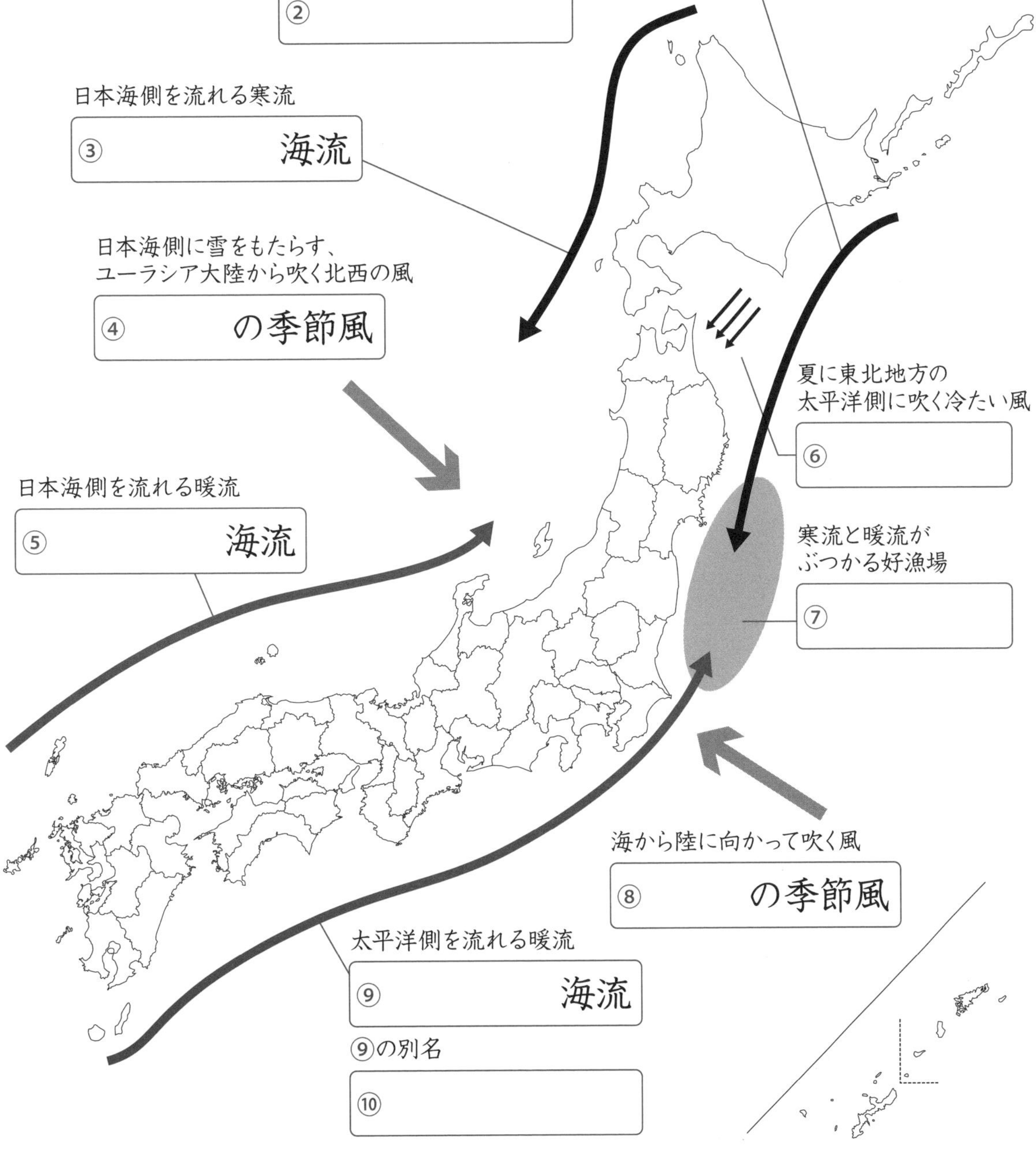

太平洋側を流れる寒流

① 　　　　海流

①の別名

②

日本海側を流れる寒流

③ 　　　　海流

日本海側に雪をもたらす、ユーラシア大陸から吹く北西の風

④ 　　　　の季節風

日本海側を流れる暖流

⑤ 　　　　海流

夏に東北地方の太平洋側に吹く冷たい風

⑥

寒流と暖流がぶつかる好漁場

⑦

海から陸に向かって吹く風

⑧ 　　　　の季節風

太平洋側を流れる暖流

⑨ 　　　　海流

⑨の別名

⑩

解答▸▸▸別冊⑦ページ

12 日本の山脈・山地・高地

学習日　月　日
正答数　／17

問題 ヒントを参考にして、
地図で示された地名を書きましょう。

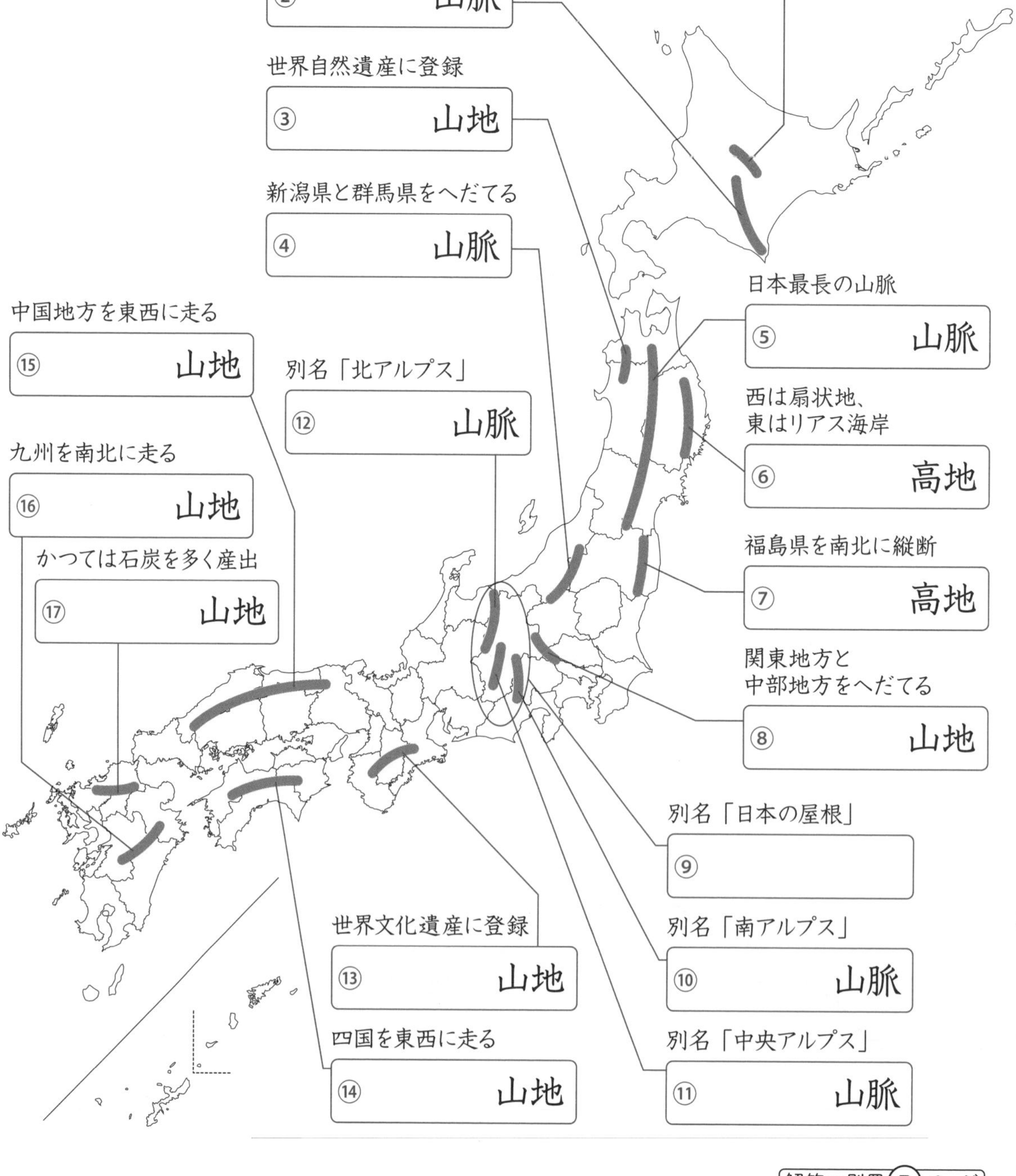

① 別名「北海道の屋根」　＿＿山地
② 北海道唯一の山脈　＿＿山脈
③ 世界自然遺産に登録　＿＿山地
④ 新潟県と群馬県をへだてる　＿＿山脈
⑤ 日本最長の山脈　＿＿山脈
⑥ 西は扇状地、東はリアス海岸　＿＿高地
⑦ 福島県を南北に縦断　＿＿高地
⑧ 関東地方と中部地方をへだてる　＿＿山地
⑨ 別名「日本の屋根」　＿＿
⑩ 別名「南アルプス」　＿＿山脈
⑪ 別名「中央アルプス」　＿＿山脈
⑫ 別名「北アルプス」　＿＿山脈
⑬ 世界文化遺産に登録　＿＿山地
⑭ 四国を東西に走る　＿＿山地
⑮ 中国地方を東西に走る　＿＿山地
⑯ 九州を南北に走る　＿＿山地
⑰ かつては石炭を多く産出　＿＿山地

解答▸▸▸別冊7ページ

13 日本の山

学習日　　月　　日

正答数　　／18

問題 ヒントを参考にして、地図で示された山の名前を書きましょう。

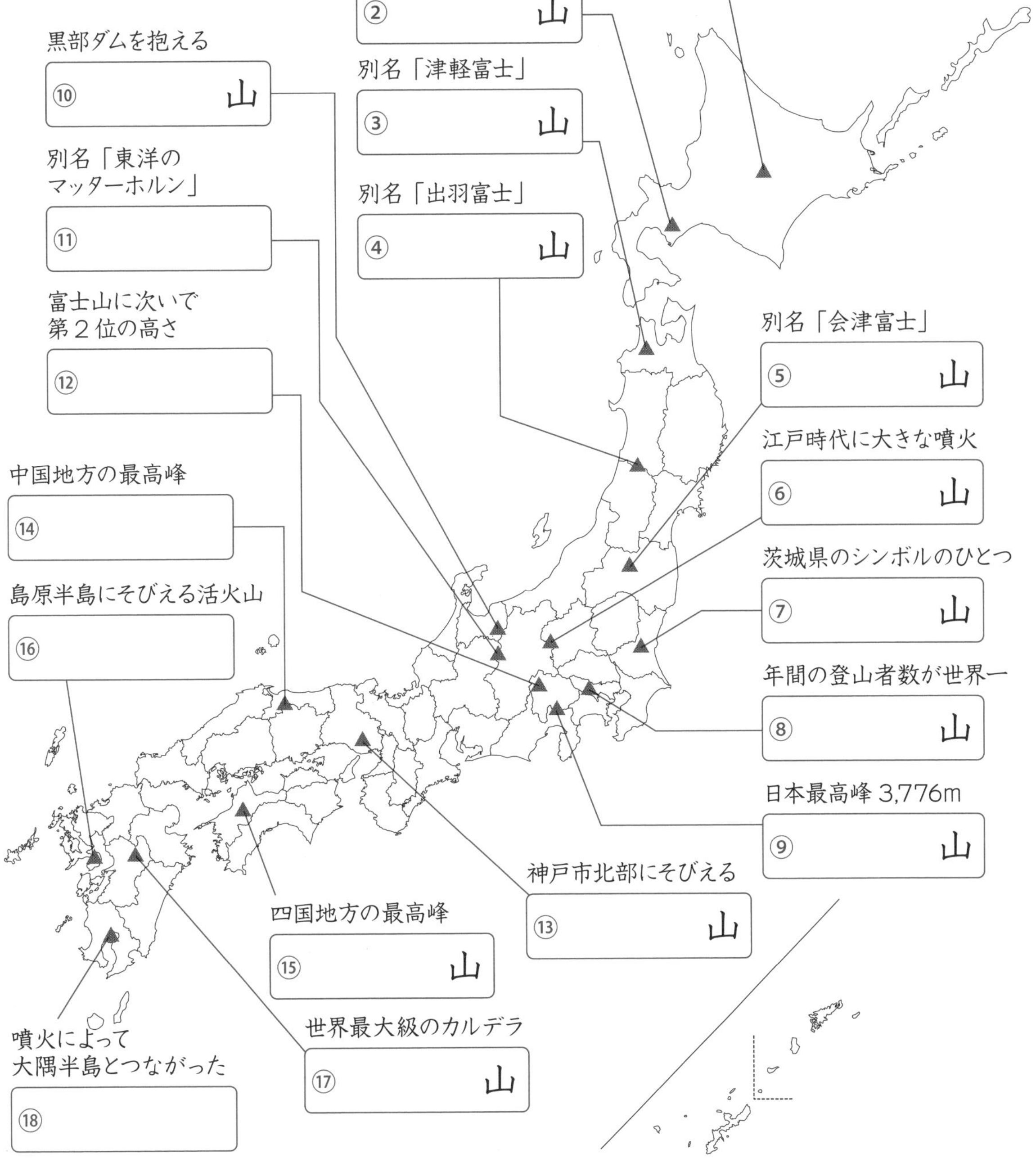

日本で永久凍土をもつ数少ない山
① ＿＿＿＿

洞爺湖とともに世界ジオパークに登録
② ＿＿＿＿山

別名「津軽富士」
③ ＿＿＿＿山

別名「出羽富士」
④ ＿＿＿＿山

別名「会津富士」
⑤ ＿＿＿＿山

江戸時代に大きな噴火
⑥ ＿＿＿＿山

茨城県のシンボルのひとつ
⑦ ＿＿＿＿山

年間の登山者数が世界一
⑧ ＿＿＿＿山

日本最高峰 3,776m
⑨ ＿＿＿＿山

黒部ダムを抱える
⑩ ＿＿＿＿山

別名「東洋のマッターホルン」
⑪ ＿＿＿＿

富士山に次いで第２位の高さ
⑫ ＿＿＿＿

神戸市北部にそびえる
⑬ ＿＿＿＿山

中国地方の最高峰
⑭ ＿＿＿＿

四国地方の最高峰
⑮ ＿＿＿＿山

島原半島にそびえる活火山
⑯ ＿＿＿＿

世界最大級のカルデラ
⑰ ＿＿＿＿山

噴火によって大隅半島とつながった
⑱ ＿＿＿＿

解答▸▸▸別冊 8 ページ

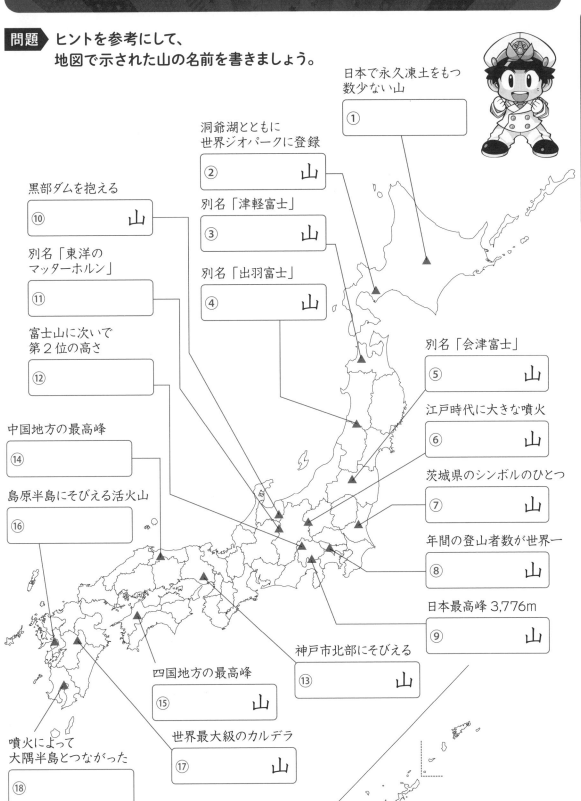

14 日本の平野

学習日　月　日
正答数　／15

問題 ヒントを参考にして、
地図で示された平野の名前を書きましょう。

客土で土地を改良
① 　　　平野

北海道の畑作地帯
② 　　　平野

りんごの栽培がさかん
③ 　　　平野

宮城県の稲作地帯。米の品種「ひとめぼれ」が有名
④ 　　　平野

日本最大の平野
⑤ 　　　平野

山形県の稲作地帯。米の品種「はえぬき」が有名
⑥ 　　　平野

新潟県の稲作地帯。米の品種「コシヒカリ」が有名
⑦ 　　　平野

チューリップの栽培がさかん
⑧ 　　　平野

淀川の河口
⑨ 　　　平野

「木曽三川」が流れる
⑩ 　　　平野

水不足に備えるため池が多い
⑪ 　　　平野

九州の稲作地帯
⑫ 　　　平野

高知県で促成栽培がさかん
⑬ 　　　平野

宮崎県で促成栽培がさかん
⑭ 　　　平野

たたみの原料であるいぐさの栽培がさかん
⑮ 　　　平野

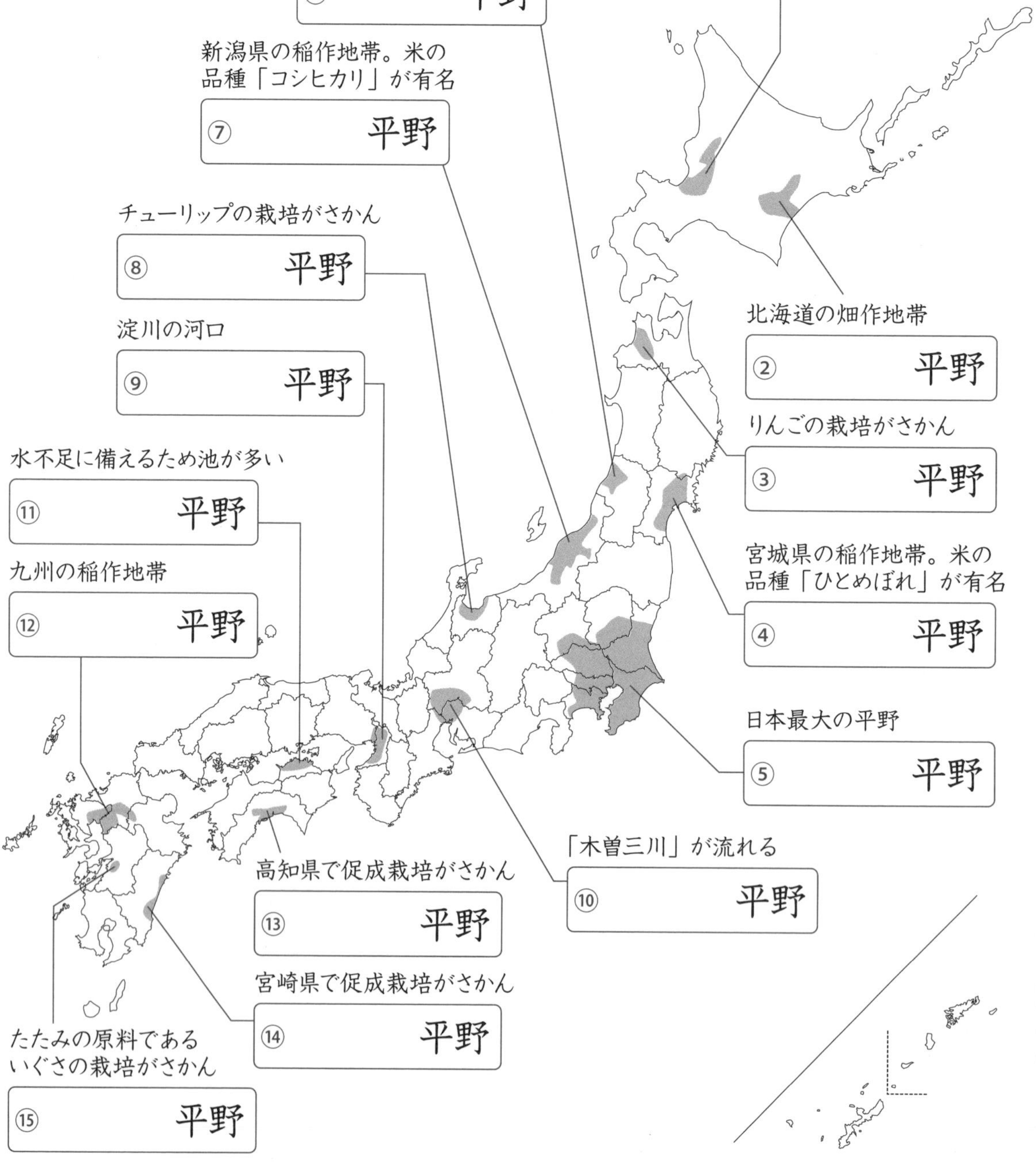

解答▸▸▸別冊 8 ページ

15 日本の盆地と台地

学習日　　月　　日

正答数　　／17

問題 ヒントを参考にして、
地図で示された盆地もしくは台地の名前を書きましょう。

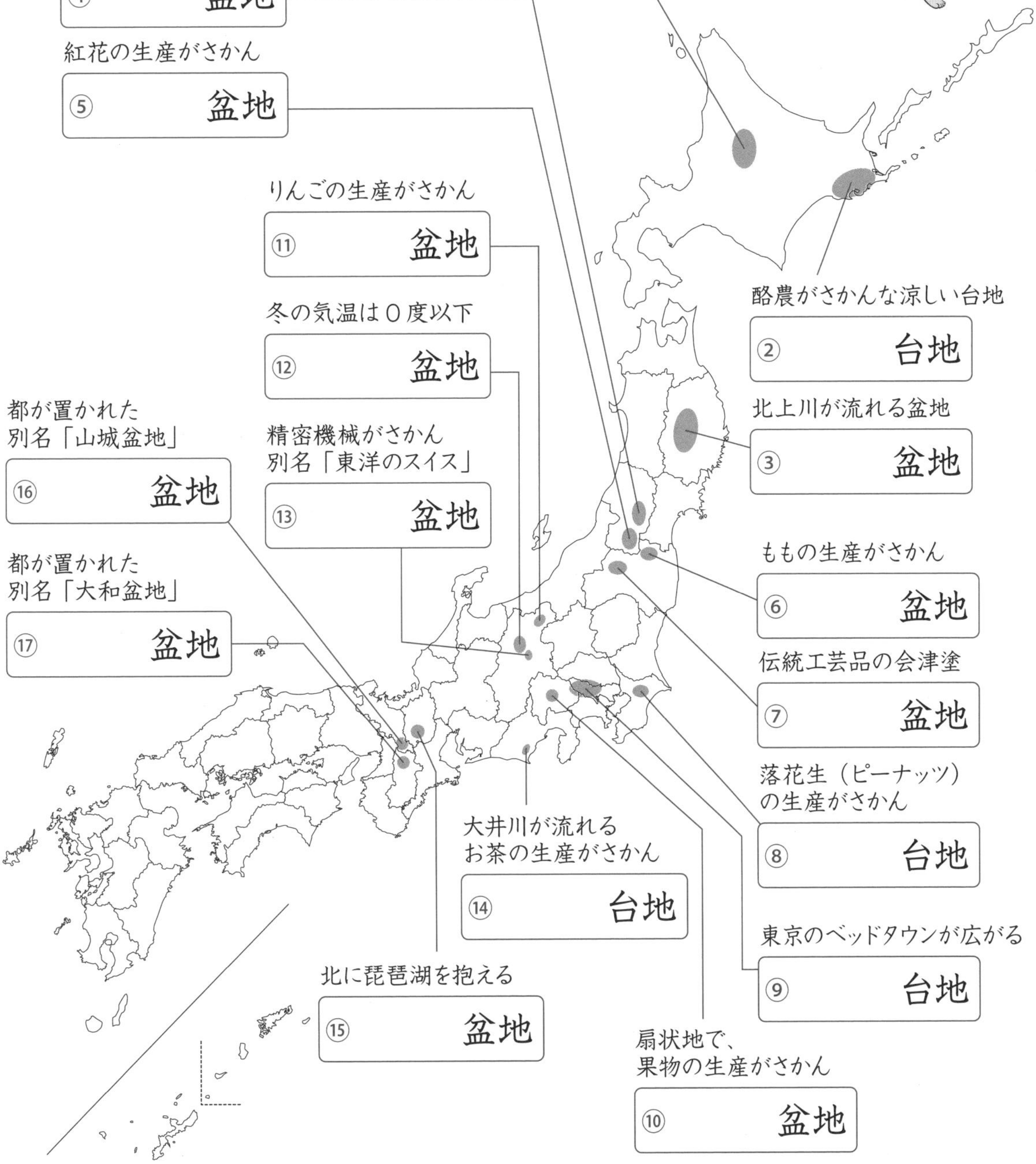

稲作がさかんな盆地
① ＿＿＿＿盆地

酪農がさかんな涼しい台地
② ＿＿＿＿台地

北上川が流れる盆地
③ ＿＿＿＿盆地

おうとう（さくらんぼ）の生産がさかん
④ ＿＿＿＿盆地

紅花の生産がさかん
⑤ ＿＿＿＿盆地

ももの生産がさかん
⑥ ＿＿＿＿盆地

伝統工芸品の会津塗
⑦ ＿＿＿＿盆地

落花生（ピーナッツ）の生産がさかん
⑧ ＿＿＿＿台地

東京のベッドタウンが広がる
⑨ ＿＿＿＿台地

扇状地で、果物の生産がさかん
⑩ ＿＿＿＿盆地

りんごの生産がさかん
⑪ ＿＿＿＿盆地

冬の気温は０度以下
⑫ ＿＿＿＿盆地

精密機械がさかん
別名「東洋のスイス」
⑬ ＿＿＿＿盆地

大井川が流れる
お茶の生産がさかん
⑭ ＿＿＿＿台地

北に琵琶湖を抱える
⑮ ＿＿＿＿盆地

都が置かれた
別名「山城盆地」
⑯ ＿＿＿＿盆地

都が置かれた
別名「大和盆地」
⑰ ＿＿＿＿盆地

解答▶▶▶別冊⑨ページ

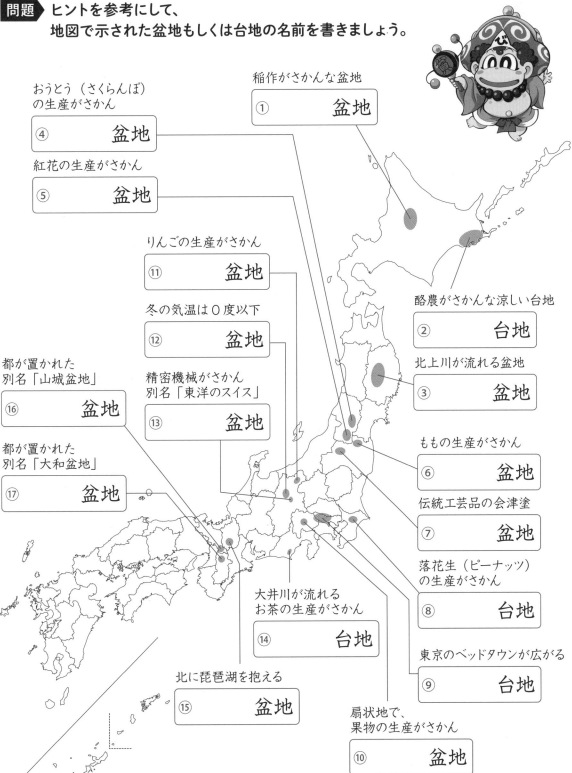

16 日本の川

学習日　　月　　日
正答数　　／20

問題 ヒントを参考にして、地図で示された川の名前を書きましょう。

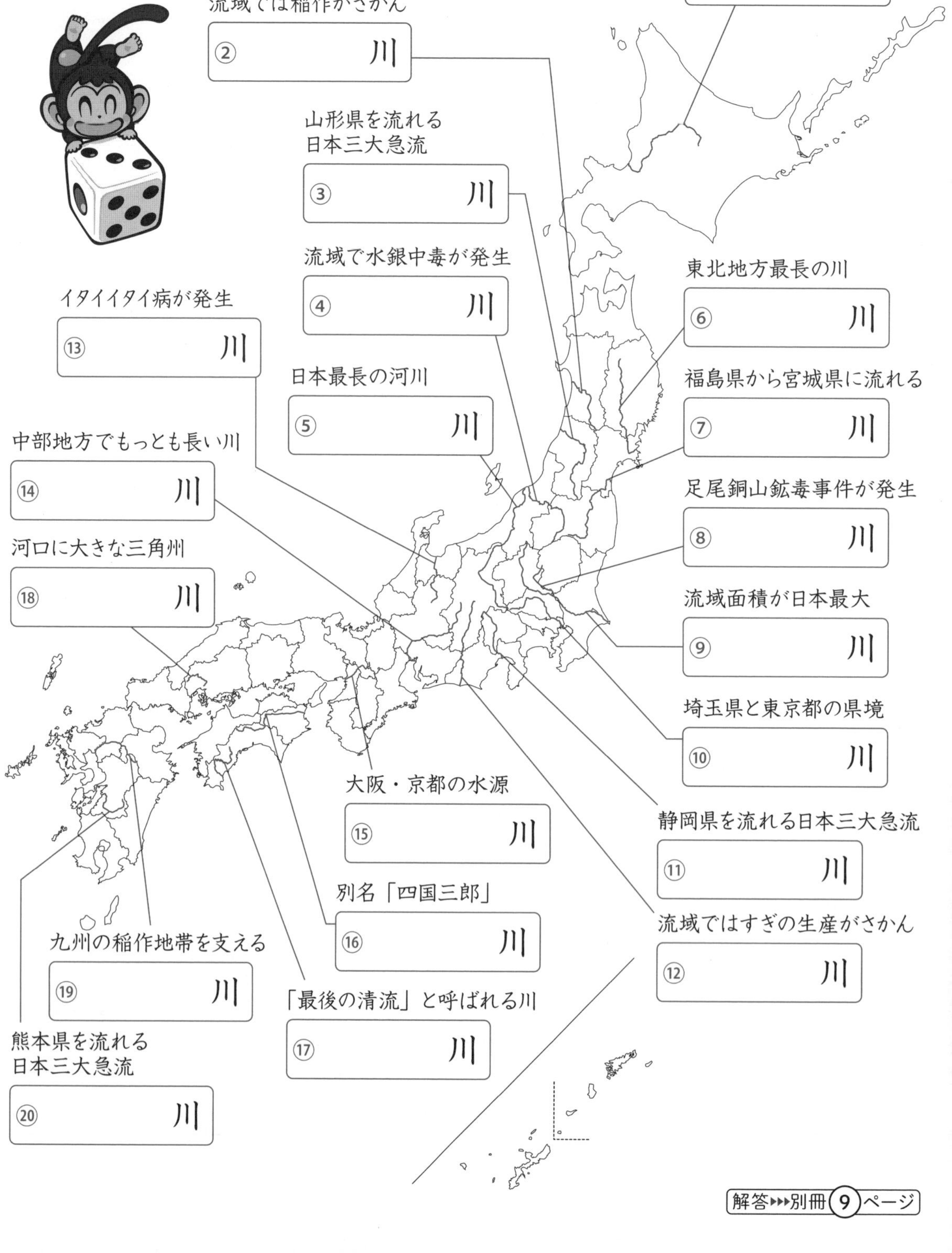

① 日本で３番目に長い川　＿＿川
② 秋田県を流れ、流域では稲作がさかん　＿＿川
③ 山形県を流れる日本三大急流　＿＿川
④ 流域で水銀中毒が発生　＿＿川
⑤ 日本最長の河川　＿＿川
⑥ 東北地方最長の川　＿＿川
⑦ 福島県から宮城県に流れる　＿＿川
⑧ 足尾銅山鉱毒事件が発生　＿＿川
⑨ 流域面積が日本最大　＿＿川
⑩ 埼玉県と東京都の県境　＿＿川
⑪ 静岡県を流れる日本三大急流　＿＿川
⑫ 流域ではすぎの生産がさかん　＿＿川
⑬ イタイイタイ病が発生　＿＿川
⑭ 中部地方でもっとも長い川　＿＿川
⑮ 大阪・京都の水源　＿＿川
⑯ 別名「四国三郎」　＿＿川
⑰ 「最後の清流」と呼ばれる川　＿＿川
⑱ 河口に大きな三角州　＿＿川
⑲ 九州の稲作地帯を支える　＿＿川
⑳ 熊本県を流れる日本三大急流　＿＿川

解答▸▸▸別冊⑨ページ

17 日本の湖

学習日　　月　　日
正答数　　／17

問題 ヒントを参考にして、地図で示された湖の名前を書きましょう。

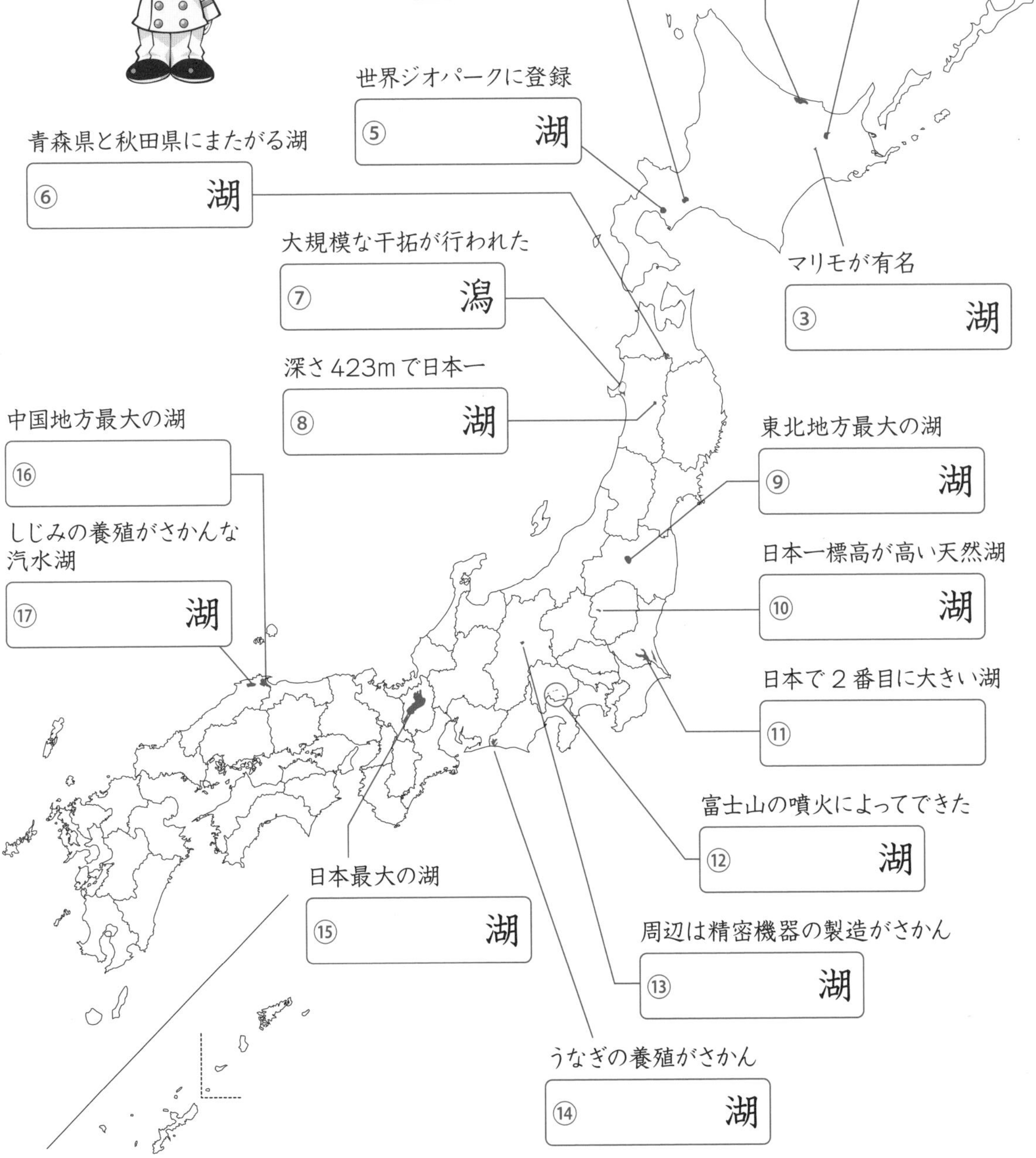

① 日本で３番目に大きい湖　①＿＿＿湖

② 日本最大のカルデラ湖　②＿＿＿湖

③ マリモが有名　③＿＿＿湖

④ 日本最北の「不凍湖」　④＿＿＿湖

⑤ 世界ジオパークに登録　⑤＿＿＿湖

⑥ 青森県と秋田県にまたがる湖　⑥＿＿＿湖

⑦ 大規模な干拓が行われた　⑦＿＿＿潟

⑧ 深さ423mで日本一　⑧＿＿＿湖

⑨ 東北地方最大の湖　⑨＿＿＿湖

⑩ 日本一標高が高い天然湖　⑩＿＿＿湖

⑪ 日本で２番目に大きい湖　⑪＿＿＿

⑫ 富士山の噴火によってできた　⑫＿＿＿湖

⑬ 周辺は精密機器の製造がさかん　⑬＿＿＿湖

⑭ うなぎの養殖がさかん　⑭＿＿＿湖

⑮ 日本最大の湖　⑮＿＿＿湖

⑯ 中国地方最大の湖　⑯＿＿＿

⑰ しじみの養殖がさかんな汽水湖　⑰＿＿＿湖

解答▸▸▸別冊⑩ページ

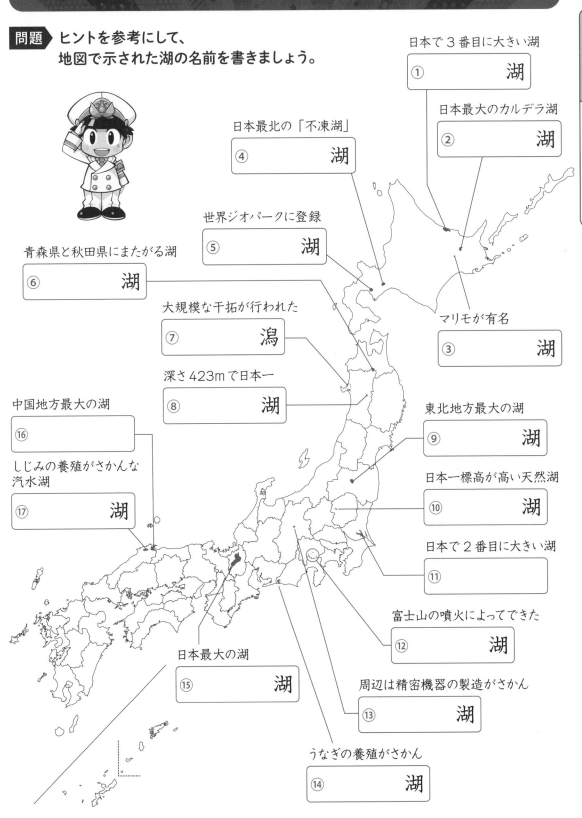

18 日本の海と湾

学習日　　月　　日
正答数　　／18

問題 ヒントを参考にして、
地図で示された海もしくは湾の名前を書きましょう。

冬には流氷が見られる
① 海
日本列島とユーラシア
大陸に挟まれる

解答▶▶▶別冊⑩ページ

19 日本の島

学習日　　月　　日
正答数　　／19

問題 ヒントを参考にして、地図で示された島もしくは諸島、群島の名前を書きましょう。

日本最北端の島
① 　　　島

北方領土で２番目に大きい島
② 　　　島

北方領土のひとつ
③ 　　　群島

北方領土のひとつ
④ 　　　島

天然記念物のトキが繁殖
⑤ 　　　島

日本最東端の島
⑥ 　　　島

日本最南端の島
⑦ 　　　島

東京都に属する
⑧ 　　　諸島

世界自然遺産で別名「東洋のガラパゴス」
⑨ 　　　諸島

瀬戸内海最大の島
⑩ 　　　島

昔は流刑地として使われた
⑪ 　　　諸島

香川県に属する、オリーブ栽培がさかんな島
⑫ 　　　島

朝鮮半島との窓口
⑬

日本三景「安芸の宮島」
⑭ 　　　島

室町時代に鉄砲が伝来
⑮ 　　　島

世界自然遺産に登録
⑯ 　　　島

世界自然遺産に登録
⑰ 　　　島

沖縄県最大の島
⑱ 　　　島

日本最西端の島
⑲ 　　　島

解答▸▸▸別冊⑪ページ

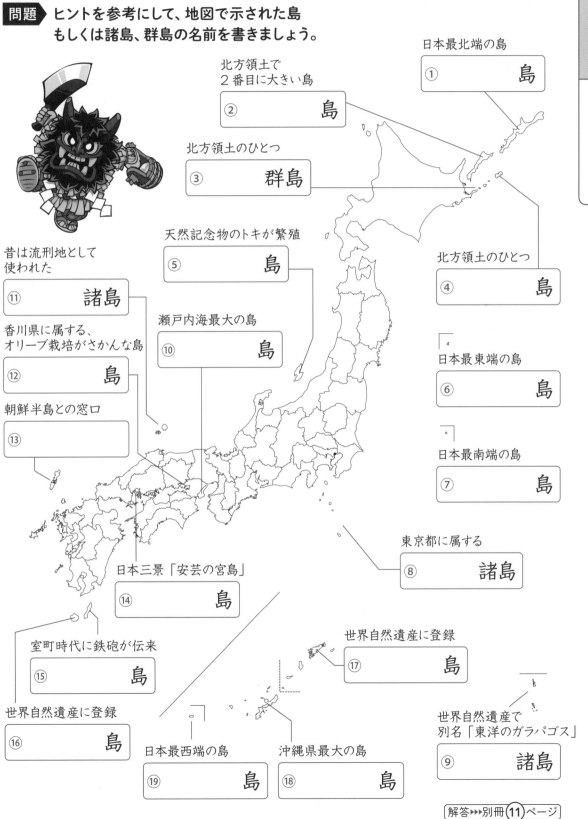

20 日本の主な半島

学習日　　月　　日
正答数　　／18

問題 ヒントを参考にして、
地図で示された半島の名前を書きましょう。

世界自然遺産に登録
① 　　　半島

エネルギー産業の
施設が集中
② 　　　半島

西は松前半島、
東は亀田半島
③ 　　　半島

りんごの生産がさかん
④ 　　　半島

伝統文化の
「なまはげ」が有名
⑤ 　　　半島

水《みず》揚《あ》げ量日本４位の
石巻港がある
⑥ 　　　半島

千葉県の大部分を占める
⑦ 　　　半島

黒船が来航した
浦賀がある
⑧ 　　　半島

日本有数の温泉地
⑨ 　　　半島

電照菊の栽培がさかん
⑩ 　　　半島

水不足対策で
愛知用水を引く
⑪ 　　　半島

日本で最初に
真珠の養殖が始まった
⑫ 　　　半島

棚田の白米千枚田がある
⑬ 　　　半島

日本最大の半島
⑭ 　　　半島

半島全体がほぼ円形
⑮ 　　　半島

雲仙岳が半島の
中央に位置
⑯ 　　　半島

さつまいもの語源
⑰ 　　　半島

噴火によって桜島と陸続きに
⑱ 　　　半島

解答▸▸▸別冊⑪ページ

くらべてみよう！日本の地形・世界の地形

日本で一番高い山は、標高3776メートルの富士山ですが、世界では何番目の高さになるのでしょうか。世界一高い山はエベレスト（チョモランマ）で標高8849メートル。富士山は世界108位の高さにすぎません。

また、世界には富士山の頂上より標高が高い場所に暮らしている人がたくさんいます。ボリビアの首都ラ・パスは標高3640メートルで、富士山とほぼ同じ高さ。さらにペルーの都市ラ・リンコナダの標高は、なんと5100メートルで、そこに約5万人もの人々が暮らしているといいます。

川の長さを世界とくらべると、もっと差があります。日本一長い信濃川（367キロメートル）は、世界150位にも入りません。ちなみに、150位の川はアメリカ合衆国のヒラ川で1050キロメートル。信濃川の約3倍の長さです。

世界一長い川はナイル川で、その距離はなんと6695キロメートル（信濃川の約18倍！）。日本最北端の択捉島から日本最西端の与那国島までの距離が約3200キロメートルですから、日本の端から端までを往復するのと同じくらいの長さの川、ということになります。

川については、川幅も比較すると面白いです。日本一川幅が広いのは荒川で、埼玉県鴻巣市と吉見町の間を流れるところは2537メートルもあります。一方、世界で一番川幅が広いのはアマゾン川。計測の方法や時間によって変わりますが、300〜400キロメートルもあります。直線距離で400キロメートルというと、日本では東京と大阪の間の距離にあたります。

日本と世界では、地形もずいぶんスケールが違いますね。

ラ・パスの風景

エベレスト（チョモランマ）

21 日本の農業1　稲作

学習日　　月　　日
正答数　　／18

問題 ヒントを参考にして、①～⑪に地名を、A～Dに米のブランド名を書きましょう。

米の生産量が多い都道府県の上位3つを書きましょう。

1位

2位

3位

石狩川の上流
① 盆地

客土で一大稲作地帯に
② 平野

北上川流域の稲作地帯
③ 平野

C

雄物川流域の稲作地帯
④ 平野

A

最上川流域の稲作地帯
⑤ 平野

B

信濃川・阿賀野川流域の稲作地帯
⑥ 平野

D

利根川下流に広がる。早場米が有名
⑦ 地帯

堤防に囲まれた輪中が見られる
⑧ 平野

散居村・屋敷森で有名
⑨ 平野

水不足に備えてため池を作った
⑩ 平野

用水路のクリークが見られる
⑪ 平野

解答▸▸▸別冊12ページ

22 日本の農業2　穀物

学習日　　月　　日

正答数　　／11

問題　下の穀物を生産する都道府県の名前を生産量の多い順に書きましょう。

小麦

1位

2位

3位

！ 2位と3位は二毛作が有名な筑紫平野がある県

とうもろこし

1位

2位

3位

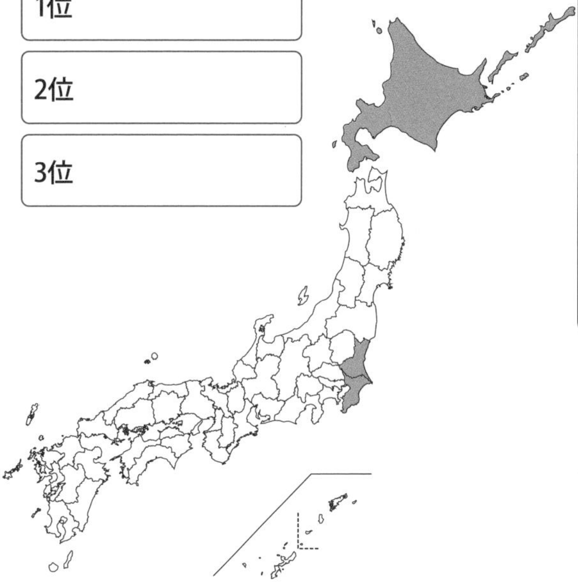

大豆

1位

2位

3位

！ 2位はずんだが有名

落花生（ピーナッツ）

1位

2位

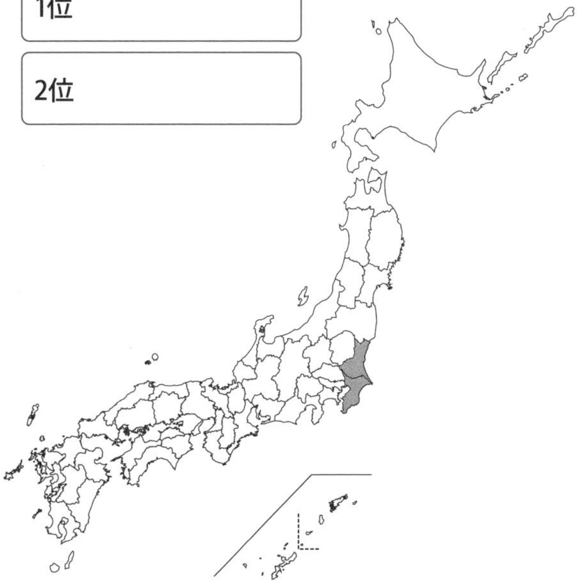

参考　農林水産省「作物統計」（2021）

解答▶▶▶別冊⑫ページ

23 日本の農業3　野菜①

学習日　　月　　日

正答数　　／12

問題 下の野菜を生産する都道府県の名前を生産量の多い順に書きましょう。

じゃがいも

1位

2位

3位

！ シラス台地や関東ローム層など、火山灰の土地で作られる

かんしょ（さつまいも）

1位

2位

3位

！ 2位と3位は関東ローム層の県

にんじん

1位

2位

3位

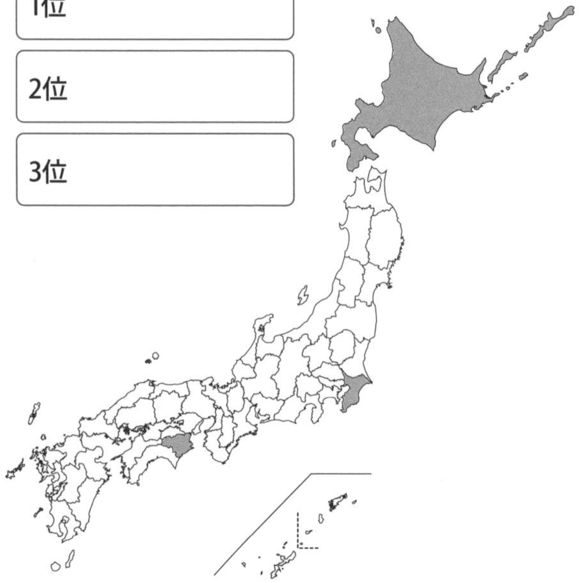

たまねぎ

1位

2位

3位

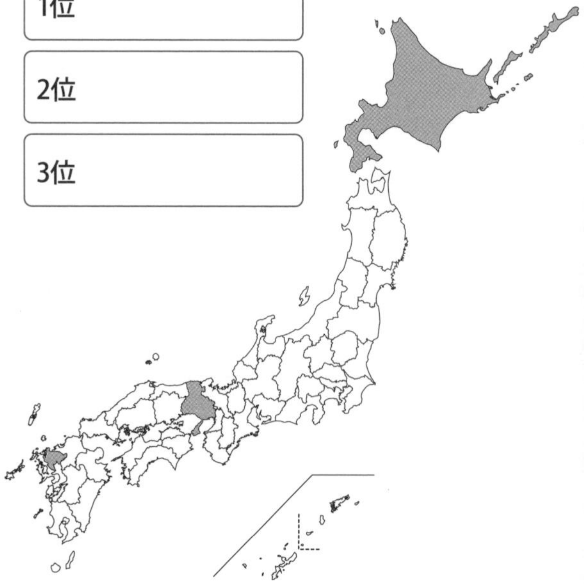

参考　農林水産省「野菜生産出荷統計」(2021)

解答▸▸▸別冊 13 ページ

24 日本の農業4　野菜②

学習日　　月　　日
正答数　　／12

問題 下の野菜を生産する都道府県の名前を生産量の多い順に書きましょう。

キャベツ

1位

2位

3位

! 2位の県は長年、生産量1位だった

レタス

1位

2位

3位

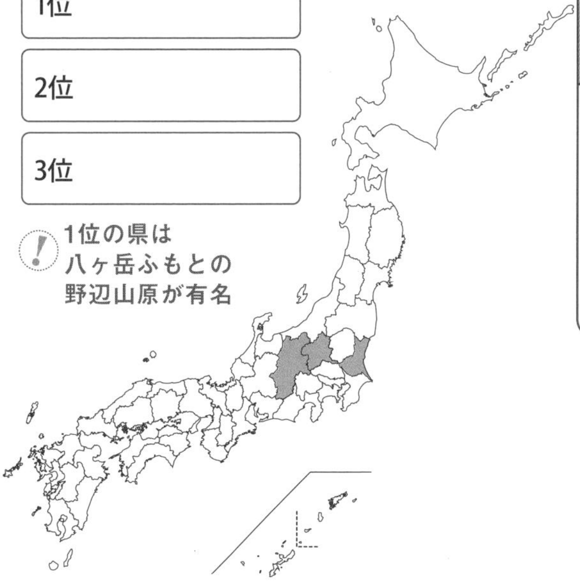

! 1位の県は八ヶ岳ふもとの野辺山原が有名

ほうれん草

1位

2位

3位

ねぎ

1位

2位

3位

! ほうれん草とねぎは鮮度が大事なので大都市近く。ねぎの上位３県の生産量はほとんど変わらない

参考　農林水産省「野菜生産出荷統計」(2021)

解答▸▸▸別冊⑬ページ

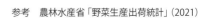

25 日本の農業5　野菜③

学習日　　月　　日

正答数　　／11

問題 下の野菜を生産する都道府県の名前を生産量の多い順に書きましょう。

きゅうり

1位

2位

3位

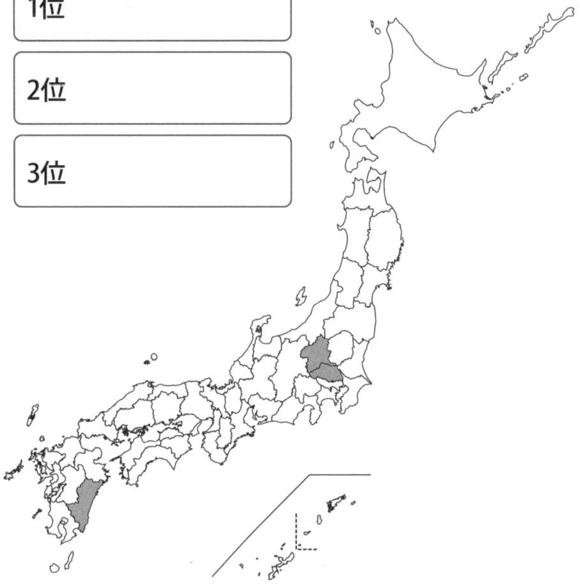

なす

1位

2位

3位

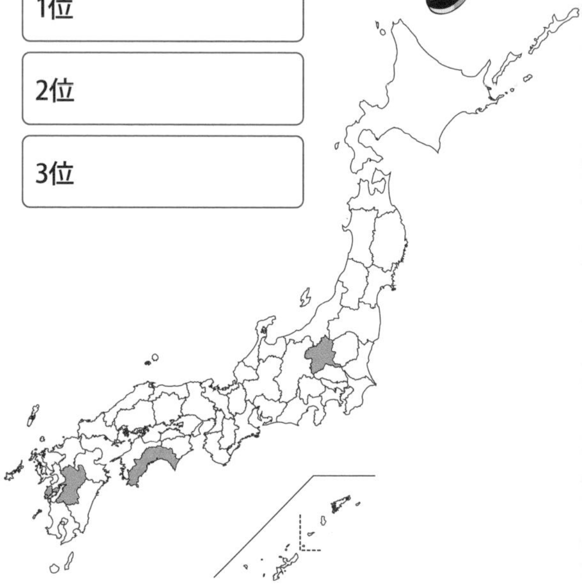

ピーマン

1位

2位

3位

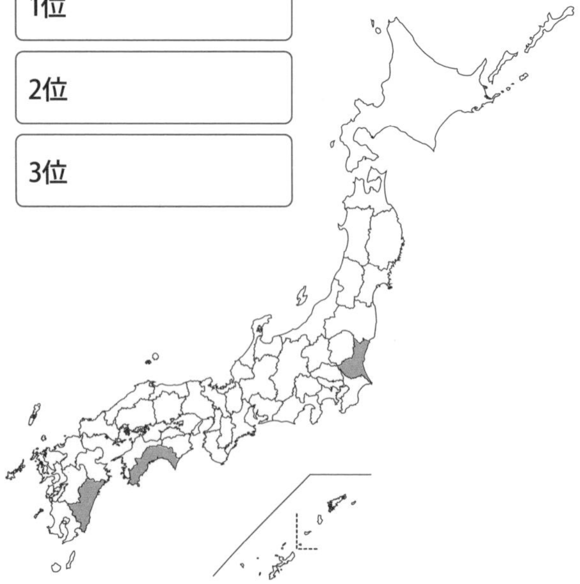

トマト

1位

2位

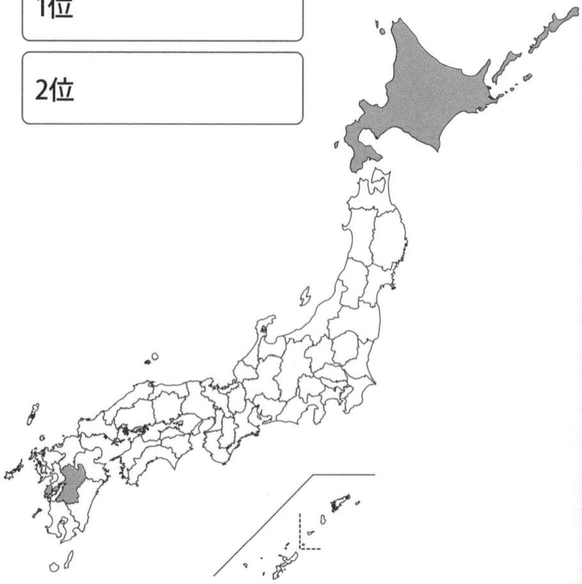

参考　農林水産省「野菜生産出荷統計」(2021)

解答▸▸▸別冊⑭ページ

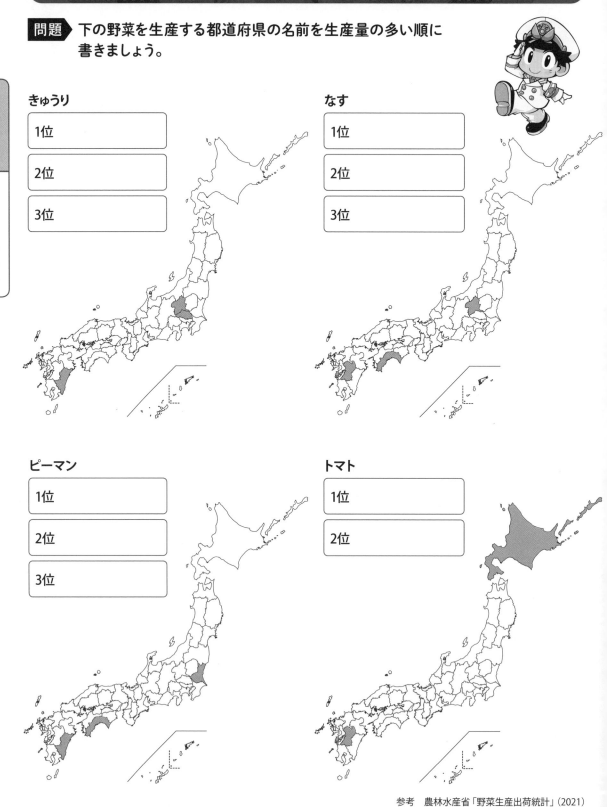

26 日本の農業6　野菜④

学習日　　月　　日
正答数　　／11

問題　下の野菜を生産する都道府県の名前を生産量の多い順に書きましょう。

大根

1位

2位

3位

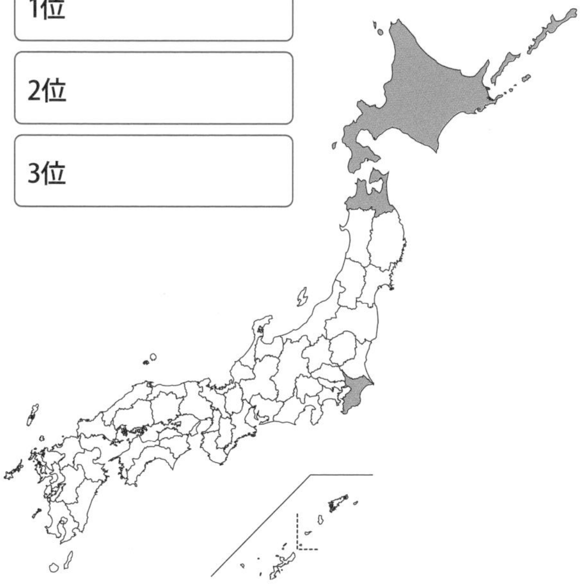

ごぼう

1位

2位

3位

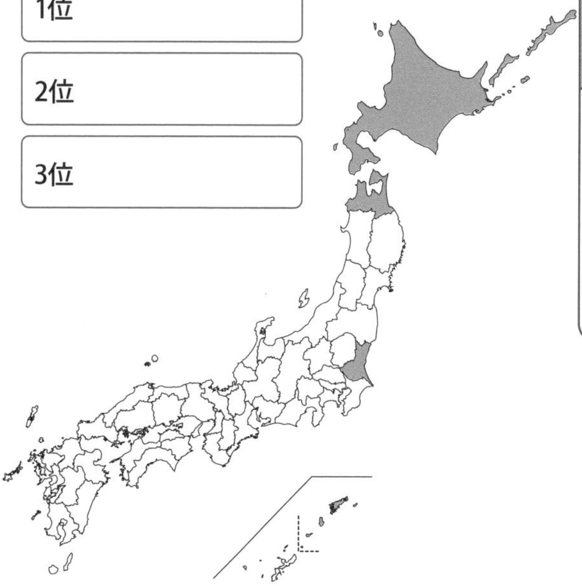

白菜

1位

2位

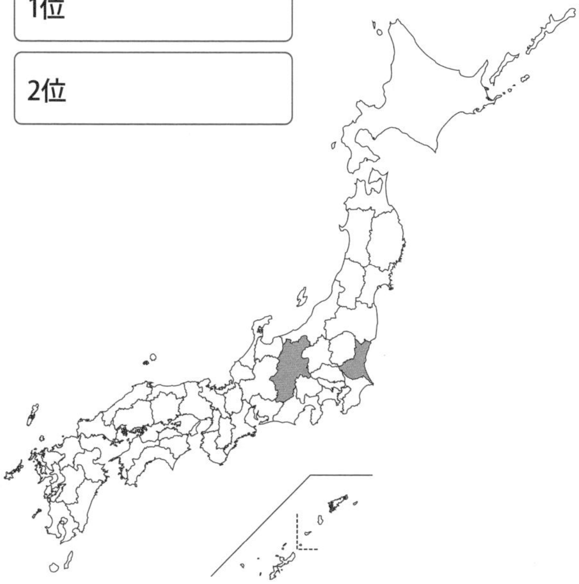

ブロッコリー

1位

2位

3位

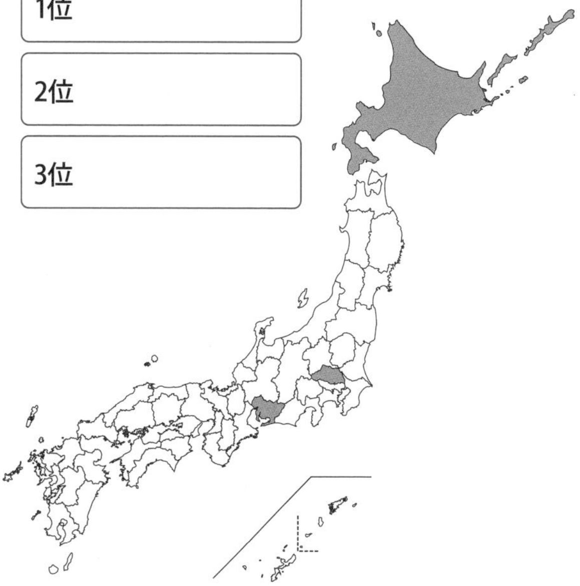

参考　農林水産省「野菜生産出荷統計」(2021)

解答▸▸▸別冊⑭ページ

27 日本の農業7　果物①

学習日　　月　　日
正答数　　／12

問題 下の果物を生産する都道府県の名前を生産量の多い順に書きましょう。

みかん

1位

2位

3位

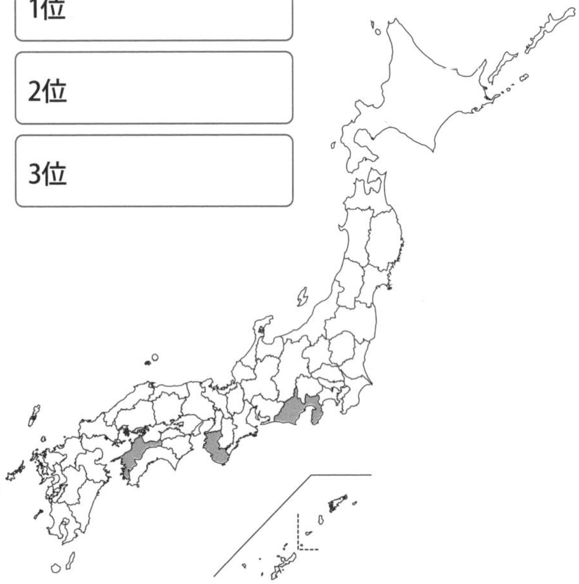

りんご

1位

2位

3位

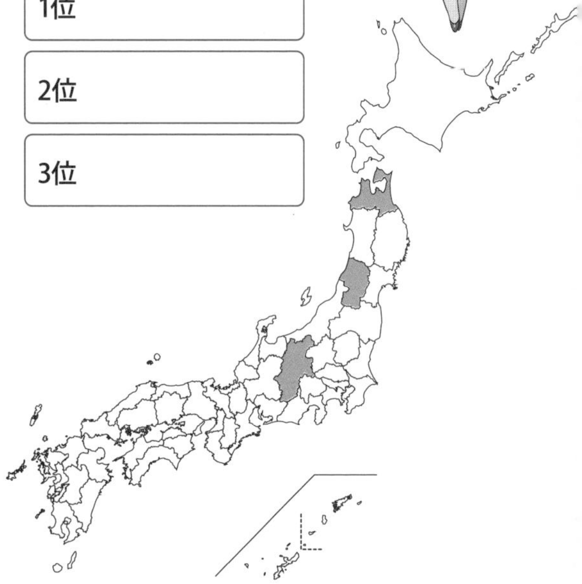

いちご

1位

2位

3位

1位は「とちおとめ」、2位は「あまおう」が有名

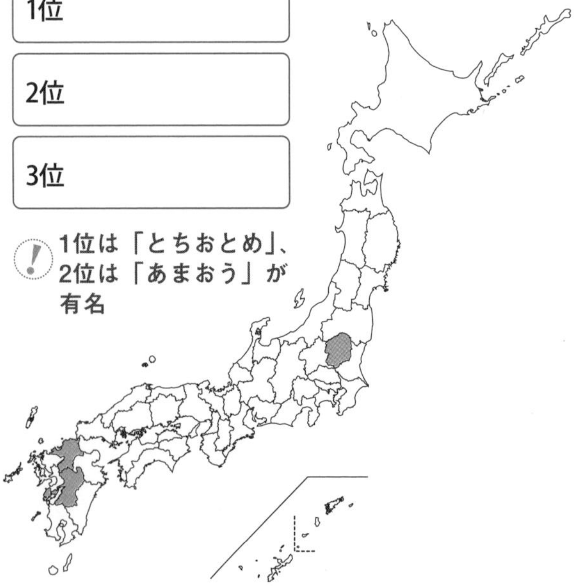

ぶどう

1位

2位

3位

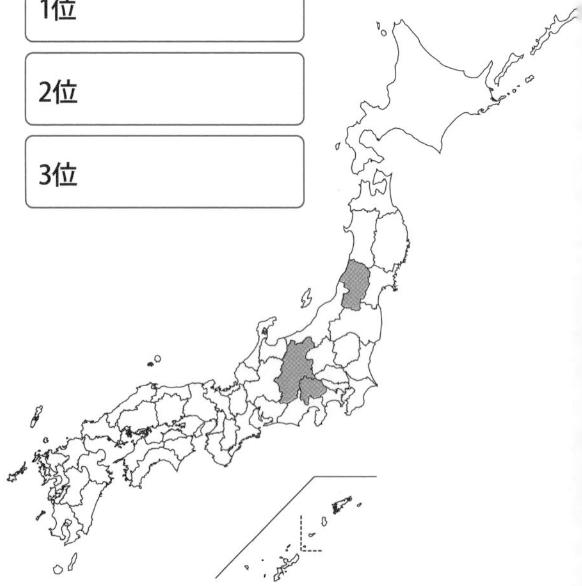

※いちごは、正しくは「野菜」に分類されますが、一般的な認識にしたがって果物として掲載しています。

参考　農林水産省「果樹生産出荷統計」(2021)

解答▸▸▸別冊 15 ページ

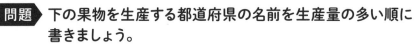

28 日本の農業8　果物②

学習日　　月　　日
正答数　　／10

問題 下の果物を生産する都道府県の名前を生産量の多い順に書きましょう。

もも

1位

2位

3位

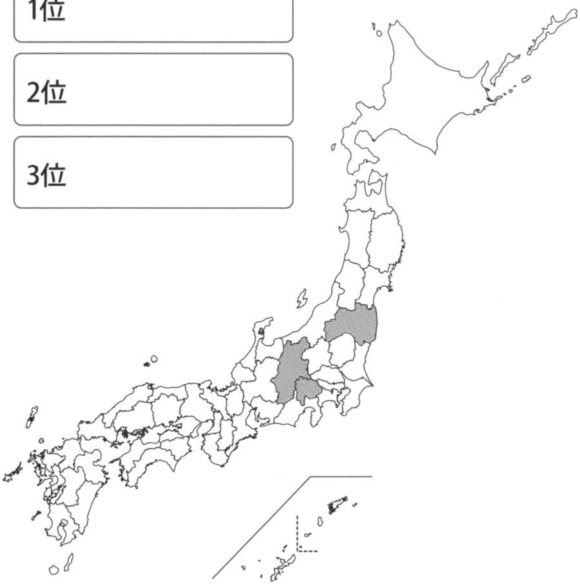

日本なし

1位

2位

3位

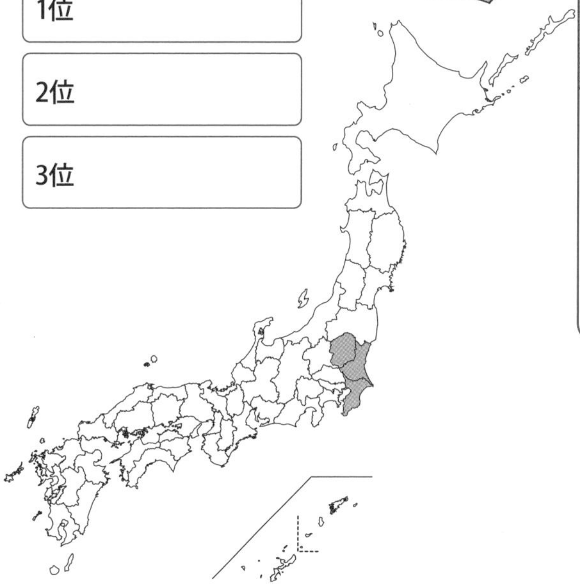

おうとう（さくらんぼ）

1位

2位

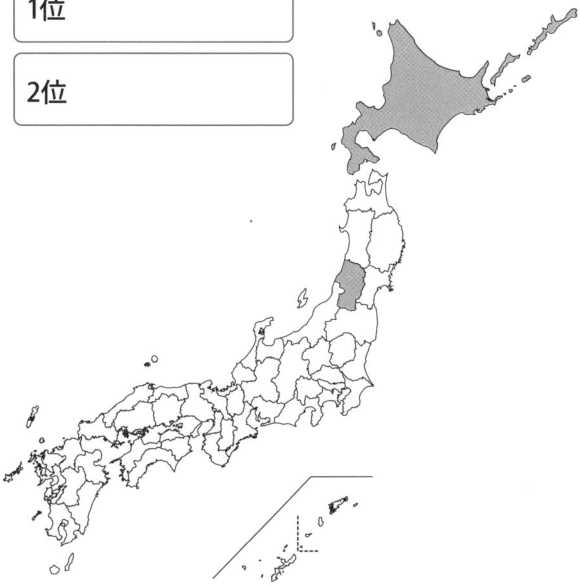

うめ

1位

2位

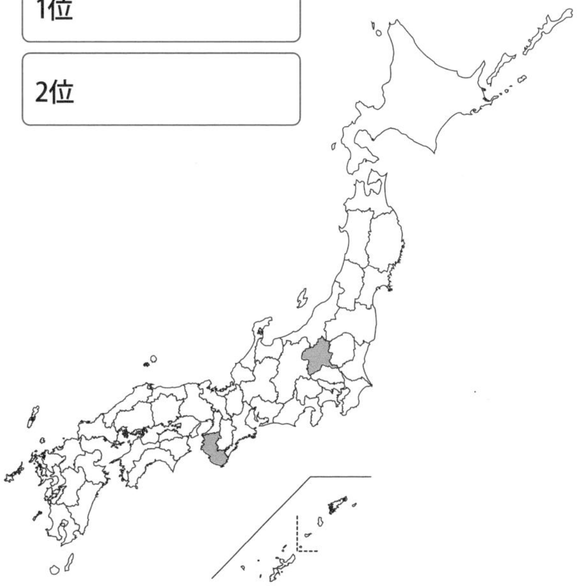

参考　農林水産省「果樹生産出荷統計」（2021）

解答▶▶▶別冊15ページ

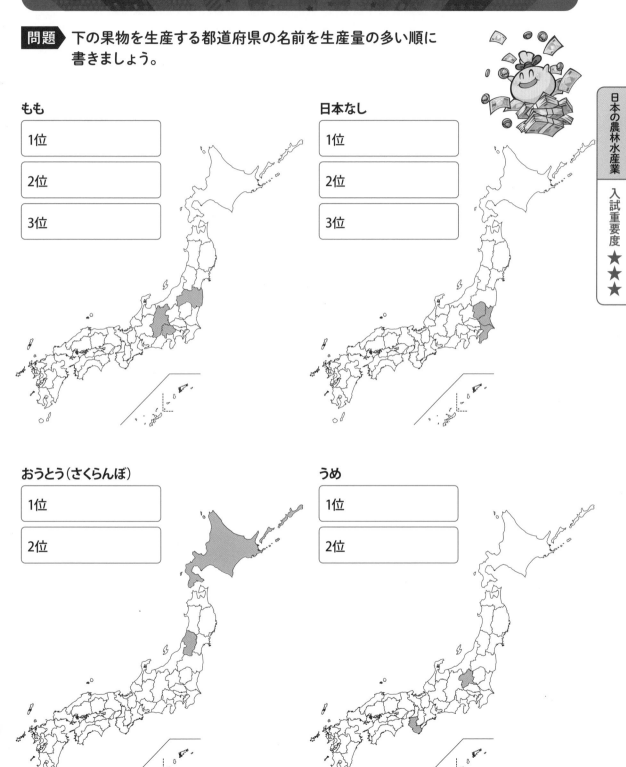

29 日本の農業9 工芸作物・花①

学習日　月　日

正答数　／7

問題　下の作物・花を生産する都道府県の名前を生産量の多い順に書きましょう。

茶

1位

2位

3位

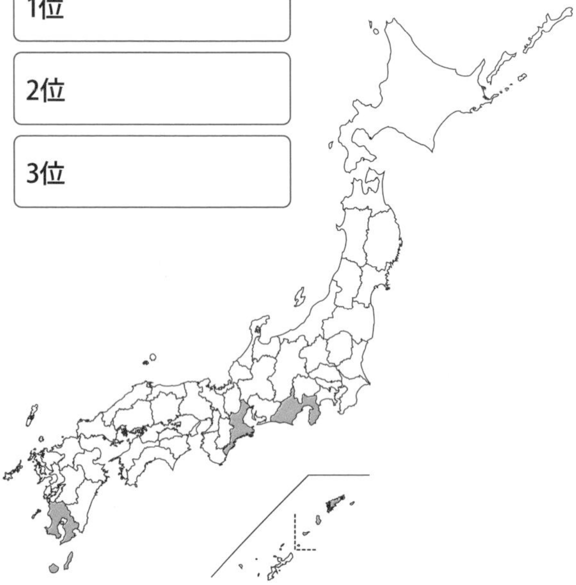

さとうきび

1位

2位

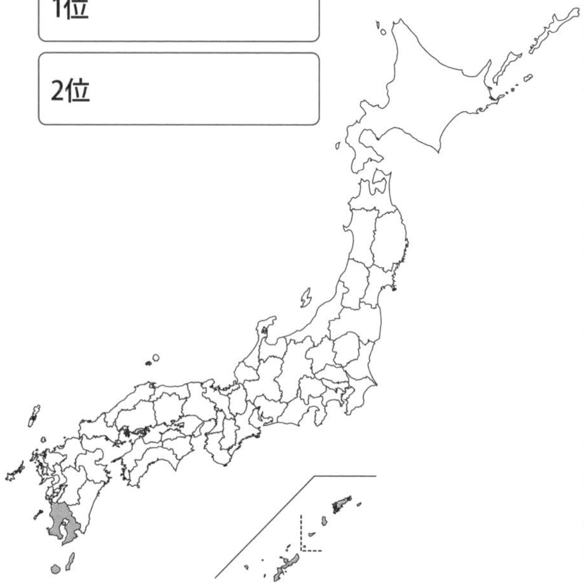

こんにゃくいも

1位

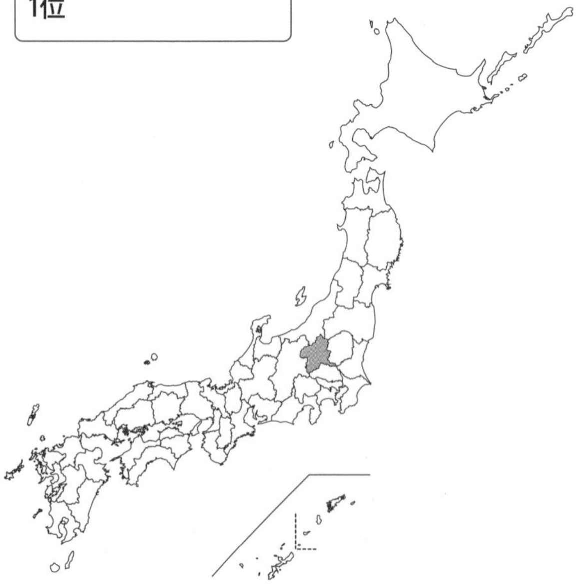

てんさい

1位

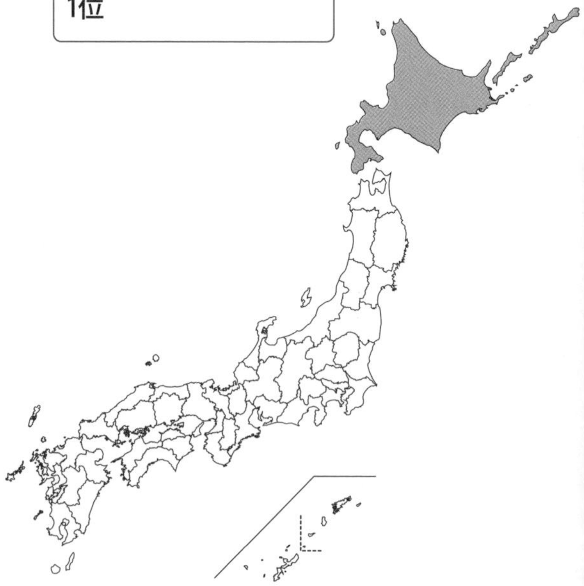

参考　農林水産省「作物統計」(2021)

解答▸▸▸別冊16ページ

30 日本の農業10 工芸作物・花②

学習日　　月　　日

正答数　　／10

問題　下の作物・花を生産する都道府県の名前を生産量の多い順に書きましょう。

チューリップ（球根）

1位

2位

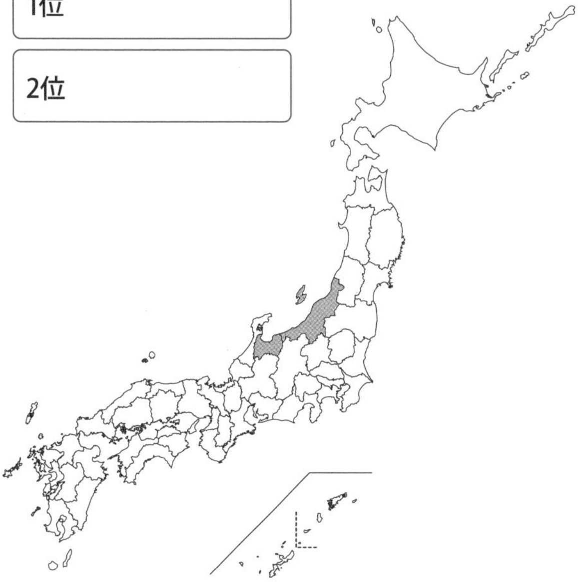

菊

1位

2位

3位

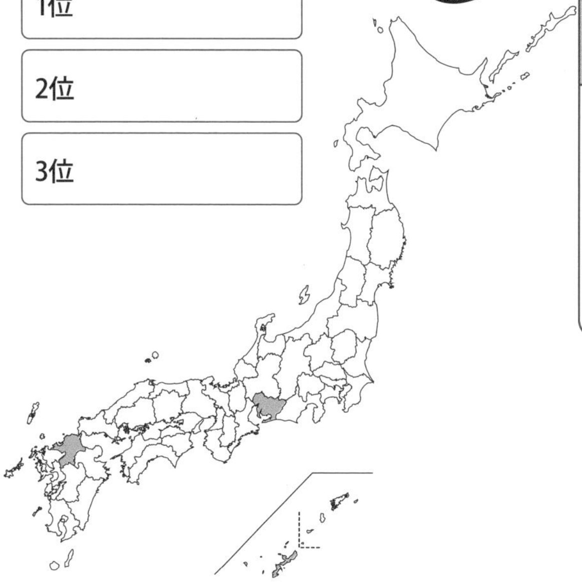

オリーブ

1位

2位

3位

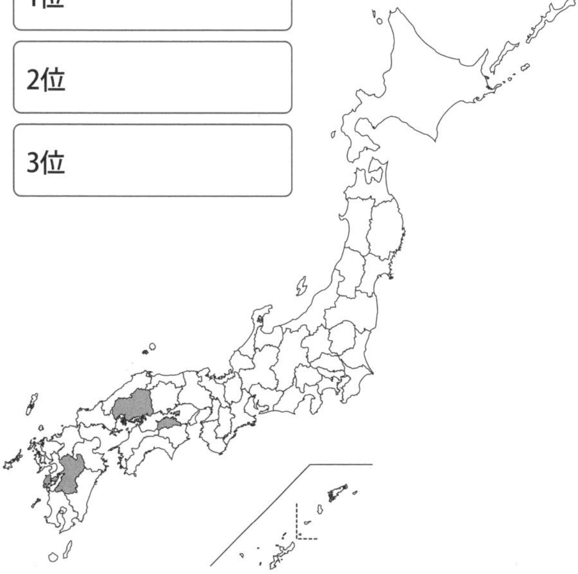

いぐさ

1位

2位

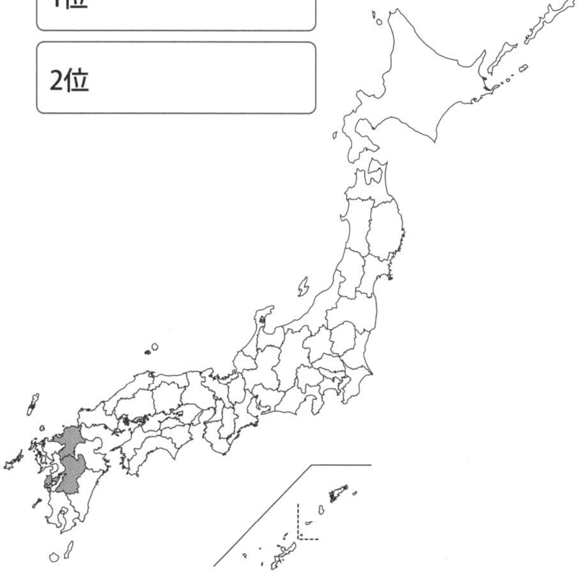

参考　農林水産省「花き生産出荷統計」（2021）、「作物統計」（2018、2021）

解答▶▶▶別冊⑯ページ

31 日本の農業11　畜産

学習日　　月　　日
正答数　　／12

問題 下の畜産動物の飼育頭数が多い順に都道府県の名前を書きましょう。

肉用牛

1位

2位

3位

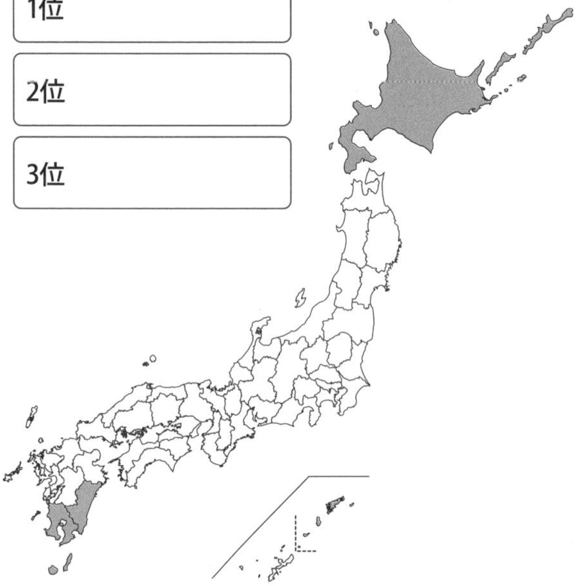

乳用牛

1位

2位

3位

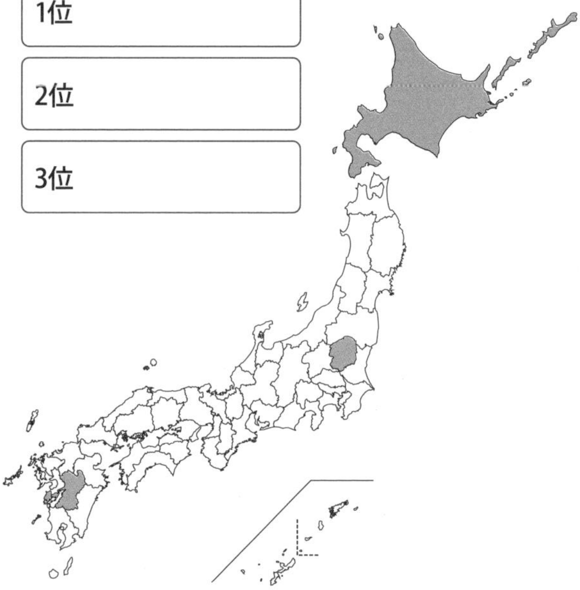

豚

1位

2位

3位

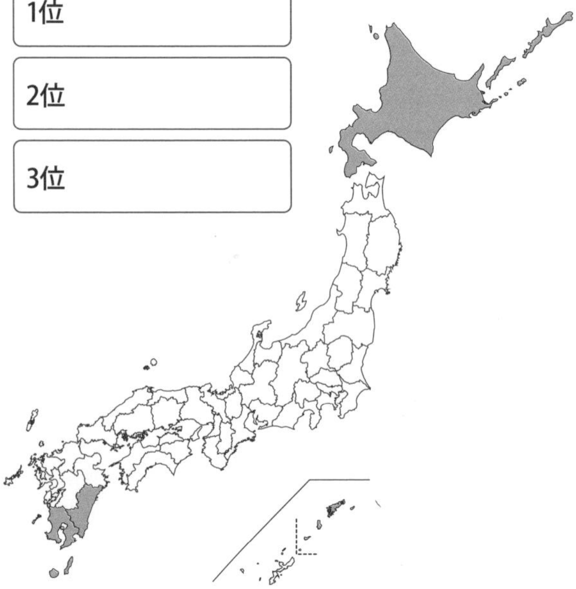

肉用若鶏

1位

2位

3位

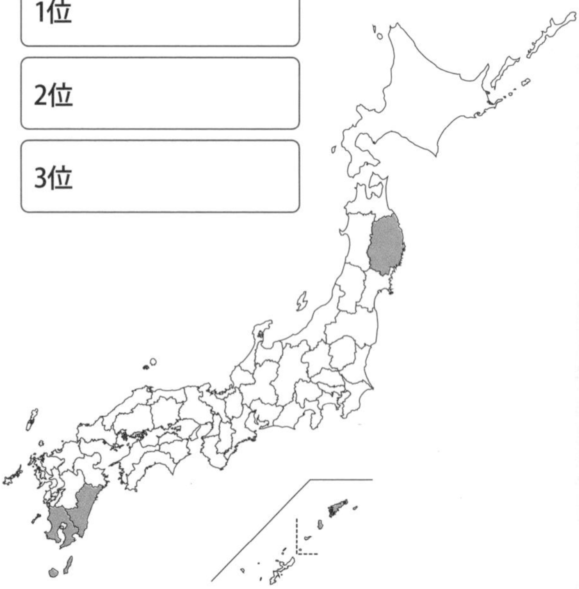

参考　農林水産省「畜産統計」(2021)

解答▸▸▸別冊17ページ

32 日本の林業

学習日　　月　　日
正答数　　／12

問題 木材の産出額が多い都道府県と、輸入額が多い相手国の名前を、多い順に書きましょう。また地図で示された場所の、天然、人工それぞれの三大美林を書きましょう。

林業の産出額が多い都道府県	木材の輸入額が多い輸入相手国
1位	1位
2位	2位
3位	3位

林業には木材生産ときのこ栽培を含みます

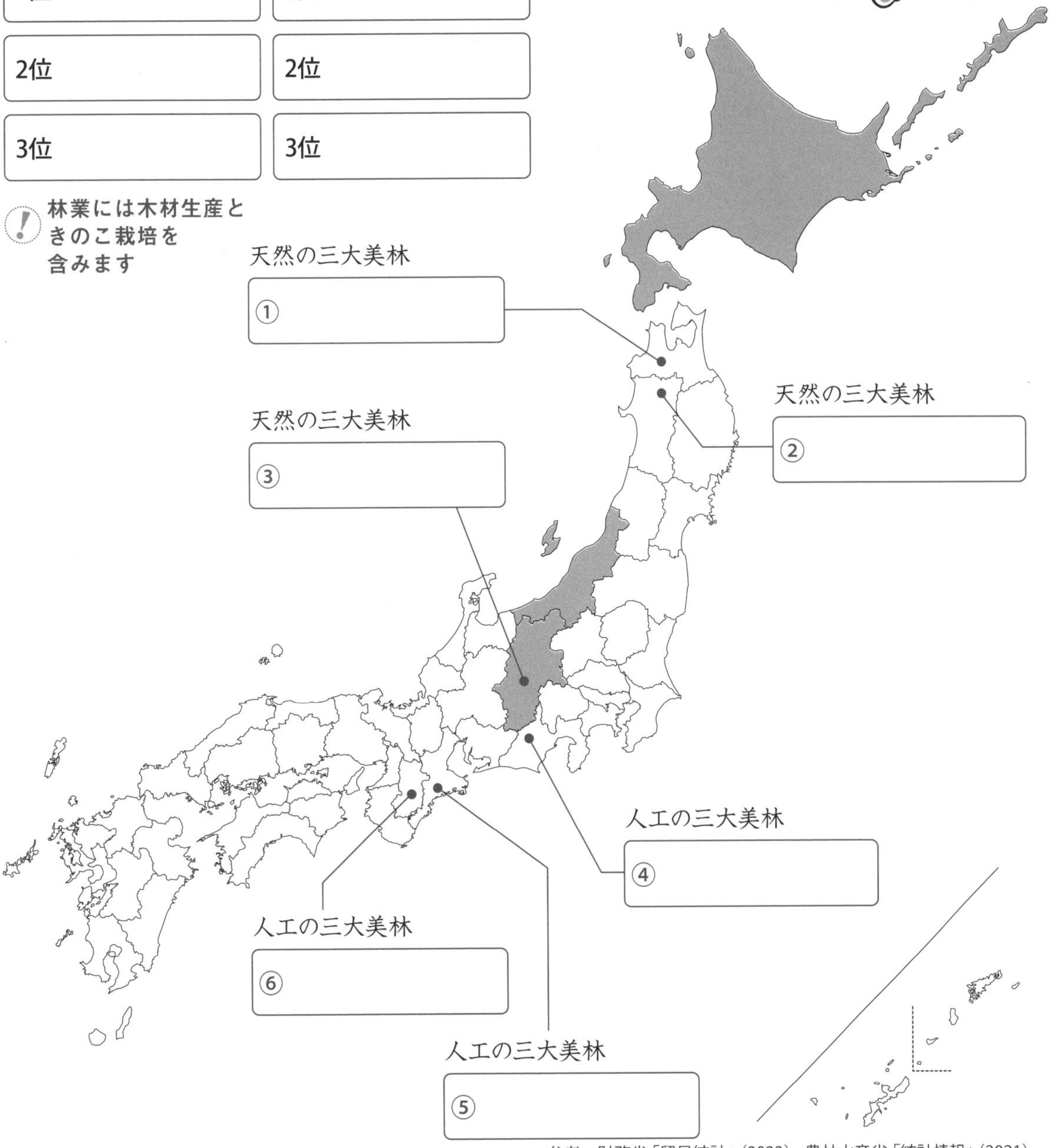

参考　財務省「貿易統計」(2023)、農林水産省「統計情報」(2021)

解答▸▸▸別冊17ページ

33 日本の水産業1 主な漁港

学習日　　月　　日
正答数　　／16

問題 下の水産物の漁獲量1位である都道府県の名前を書きましょう。
またヒントを参考にして、地図に示した漁港の名前を書きましょう。

まぐろの漁獲量
1位

さばの漁獲量
1位

いわしの漁獲量
1位

かつおの漁獲量
1位

かにの漁獲量
1位

あじの漁獲量
1位

たいの漁獲量
1位

たらの漁獲量
1位

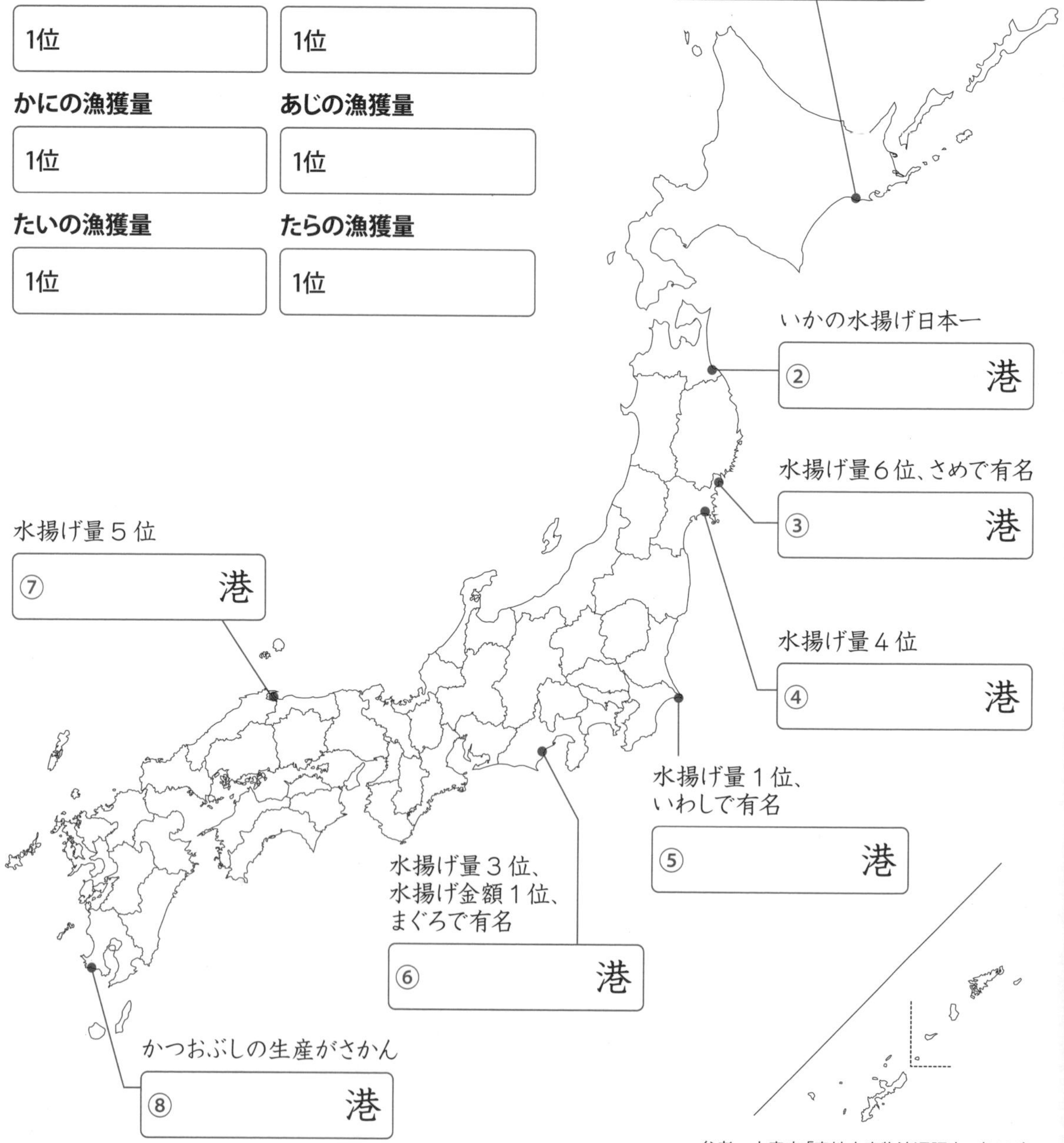

参考　水産庁「産地水産物流通調査」(2021)

解答▸▸▸別冊⑱ページ

34 日本の水産業2 育てる漁業

学習日　　月　　日
正答数　　／17

問題 下の水産物の生産量1位である都道府県の名前を書きましょう。またヒントを参考にして、地図に示した地名を書きましょう。

カキの生産量
1位

のりの生産量
1位

昆布の生産量
1位

真珠の生産量
1位

ホタテ貝の生産量
1位

まだいの生産量
1位

うなぎの生産量
1位

金魚の生産量
1位

参考　農林水産省「漁業・養殖業生産統計」(2021)

解答▸▸▸別冊18ページ

米の品種改良とブランド米

毎日の食卓に乗る日本人の主食といえばお米ですが、昔は今ほどおいしくなく、たくさん収穫できる作物でもありませんでした。その理由として、イネ（植物名としての米）が寒さに弱いことが挙げられます。

もともとイネは熱帯（赤道付近の暑い地域）の植物で、寒さの厳しい北陸地方や東北地方、北海道などは米づくりに適していませんでした。そこで、寒い地域でもたくさんのおいしいお米を作れるようにと研究されたのが、イネの品種改良です。

はじめは、「米の穫《と》れる量（収量）の増加」を目標に品種改良は進められました。1921年、日本ではじめての人工交配によって「陸羽《りくう》132号」が生まれます。寒さに強い品種と味の良い品種とをかけあわせてできた新しい米の品種です。

その後も研究は続き、1956年には、後に日本を代表するブランド米となる「コシヒカリ」が誕生します。コシヒカリは陸羽132号を改良して生まれた「農林1号」と、「農林22号」をかけあわせて生まれた品種。言ってみれば、陸羽132号の孫というわけですが、このコシヒカリはこれまでの収量重視ではなく、おいしい米を目指して作られた品種でもありました。

ここから品種改良は「おいしさの追求」へと目的が変化していきます。

現在では、全国に数多くのブランド米が存在します。宮城県の「ササニシキ」「ひとめぼれ」、秋田県の「あきたこまち」、山形県の「はえぬき」などは有名です。なお、品種改良の原点ともいえる陸羽132号は現在でも、日本酒の原料として栽培が続けられています。

他にも様々なブランド米が存在します。お米屋さんやスーパーで探してみてください。

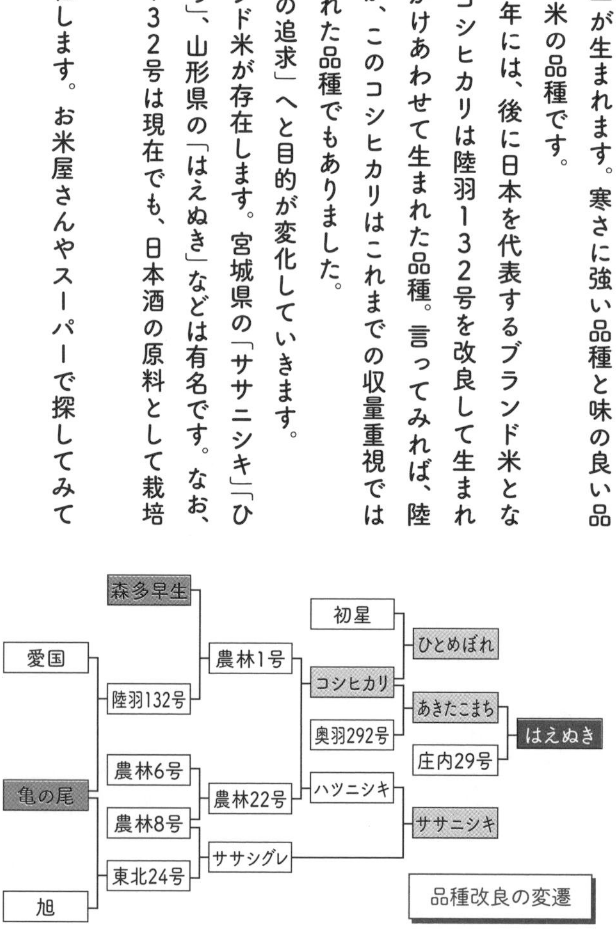

品種改良の変遷

35 日本の主な発電所

学習日　　月　　日
正答数　　／4

問題 地図上の●は主な発電所を示しています。
それぞれ何をエネルギーにしている発電所か書きましょう。

ヒント 発電方法には、水力・火力・原子力・地熱をエネルギーとして利用する4種類があります。

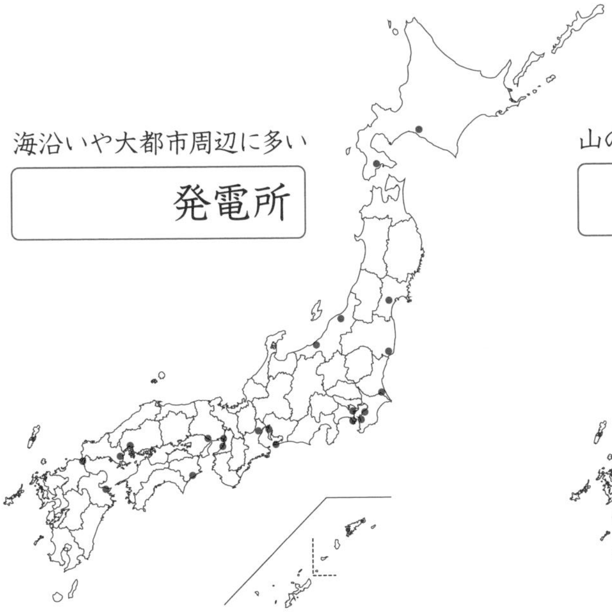

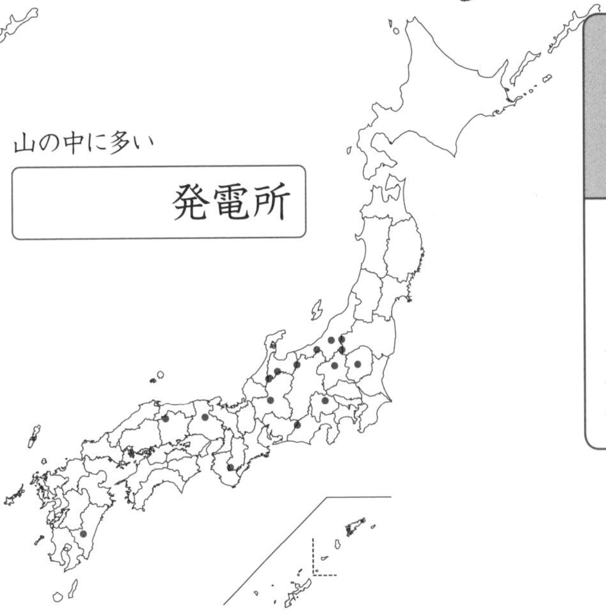

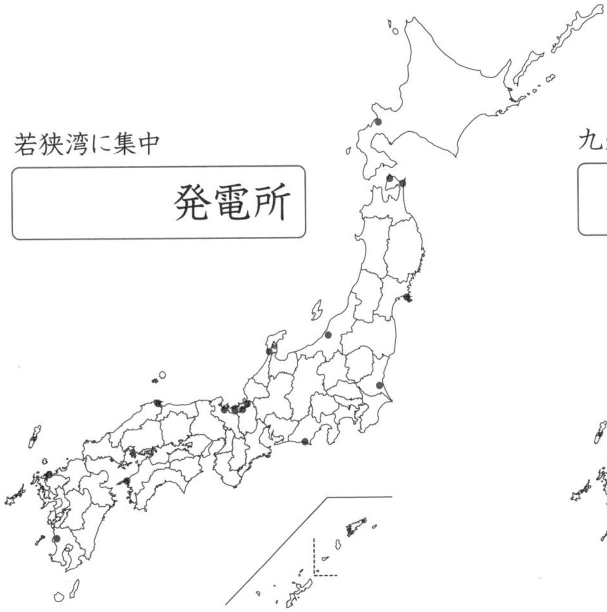

解答▸▸▸別冊⑲ページ

36 日本の工業1 工業地帯・工業地域

学習日　　月　　日

正答数　　／12

問題 ヒントを参考にして、地図で示された工業地帯・工業地域の名前を書きましょう。

鉄鋼業・石油化学工業がさかん
① 　　　工業地域

金属・石油化学工業がさかん
② 　　　工業地域

機械工業・印刷業がさかん
③ 　　　工業地帯

自動車や電子機器の組み立て工場が多い
④ 　　　工業地域

伝統工業がさかん
⑤ 　　　工業地域

製紙・パルプ工業・楽器・オートバイ製造がさかん
⑥ 　　　工業地域

自動車工業がさかん
⑦ 　　　工業地帯

茨城県から福岡県まで帯状に連なる工業地帯・工業地域のこと
⑧

金属・せんい工業がさかん
⑨ 　　　工業地帯

金属・石油化学工業がさかん
⑩ 　　　工業地域

かつては鉄鋼業、現在は食料品工業
⑪ 　　　工業地帯(地域)

鉄鋼業・石油化学工業がさかん
⑫ 　　　工業地域

解答▸▸▸別冊19ページ

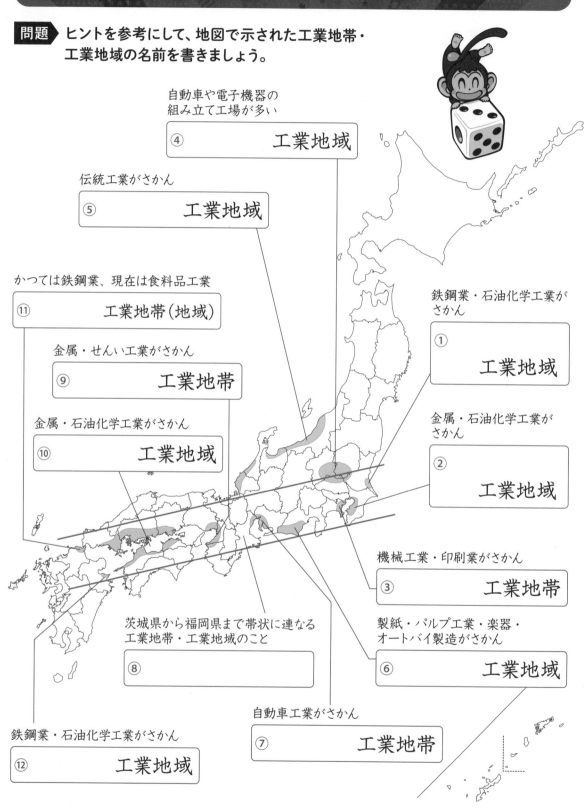

37 日本の工業2 自動車工業

学習日　　月　　日
正答数　　／10

入試重要度★★☆

問題 地図で示された自動車工業がさかんな都市の名前を書きましょう。

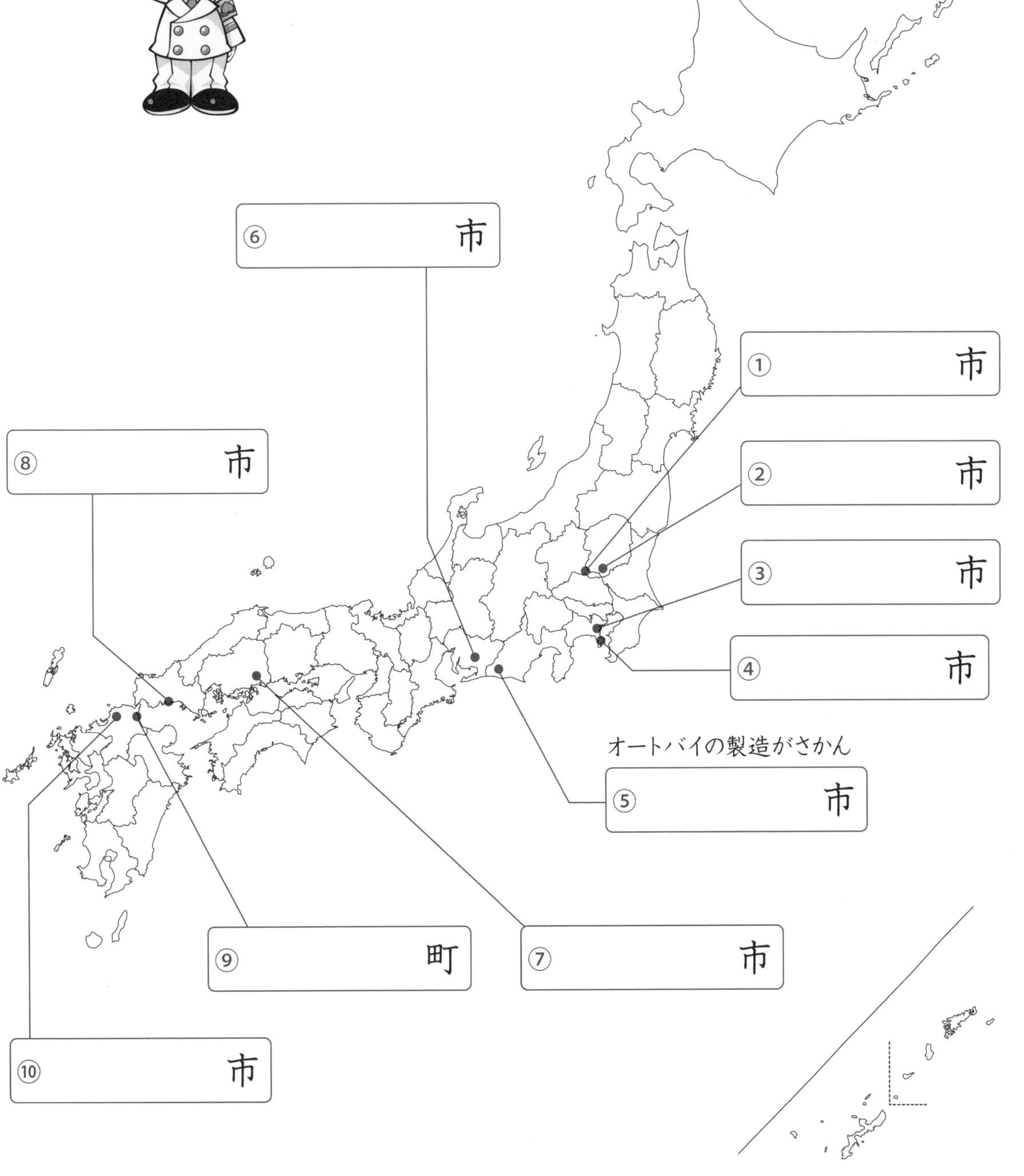

解答▸▸▸別冊20ページ

38 日本の工業3 鉄鋼業

学習日　　月　　日
正答数　　／11

問題 地図で示された鉄鋼業がさかんな都市の名前を書きましょう。

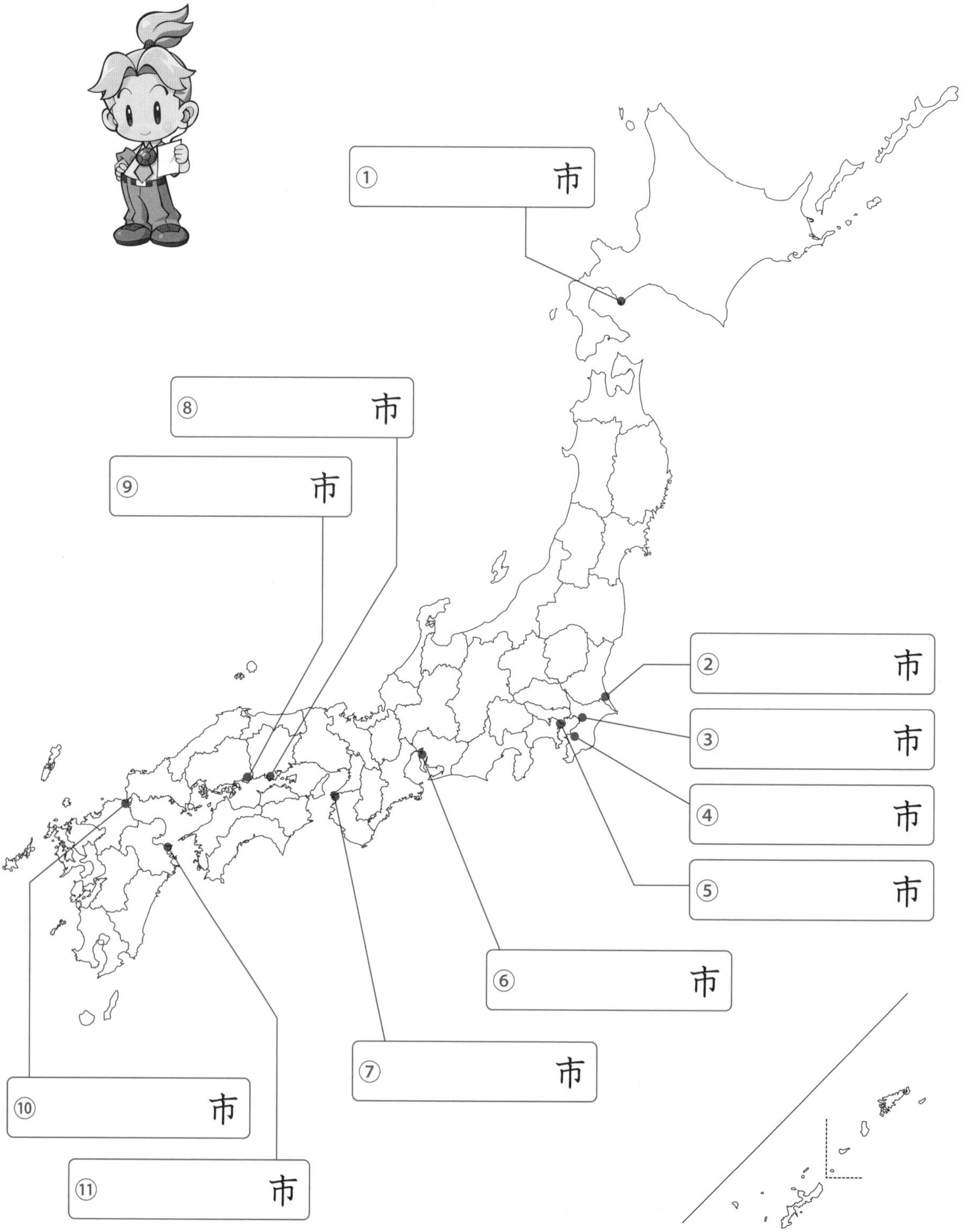

解答▸▸▸別冊⑳ページ

39 日本の工業4 石油化学工業

学習日　　月　　日

正答数　　／9

問題 地図で示された石油化学工業がさかんな都市の名前を書きましょう。

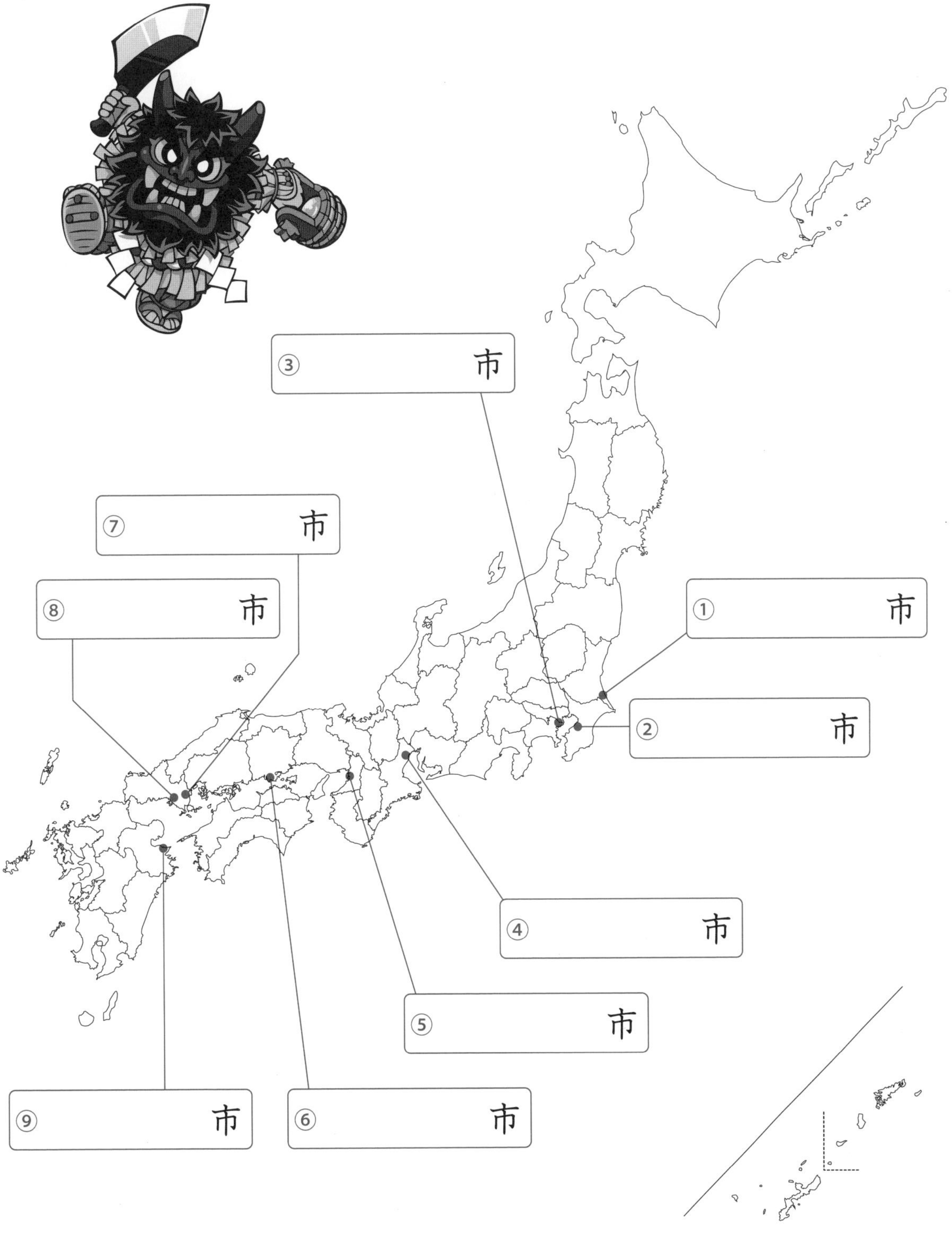

解答▸▸▸別冊21ページ

40 日本の工業5 電気機器・電子工業

学習日　　月　　日
正答数　　／7

問題 ヒントを参考にして、地図で示された電気機器生産がさかんな都市の名前を書きましょう。またA、Bには、それぞれ当てはまる名称を書きましょう。

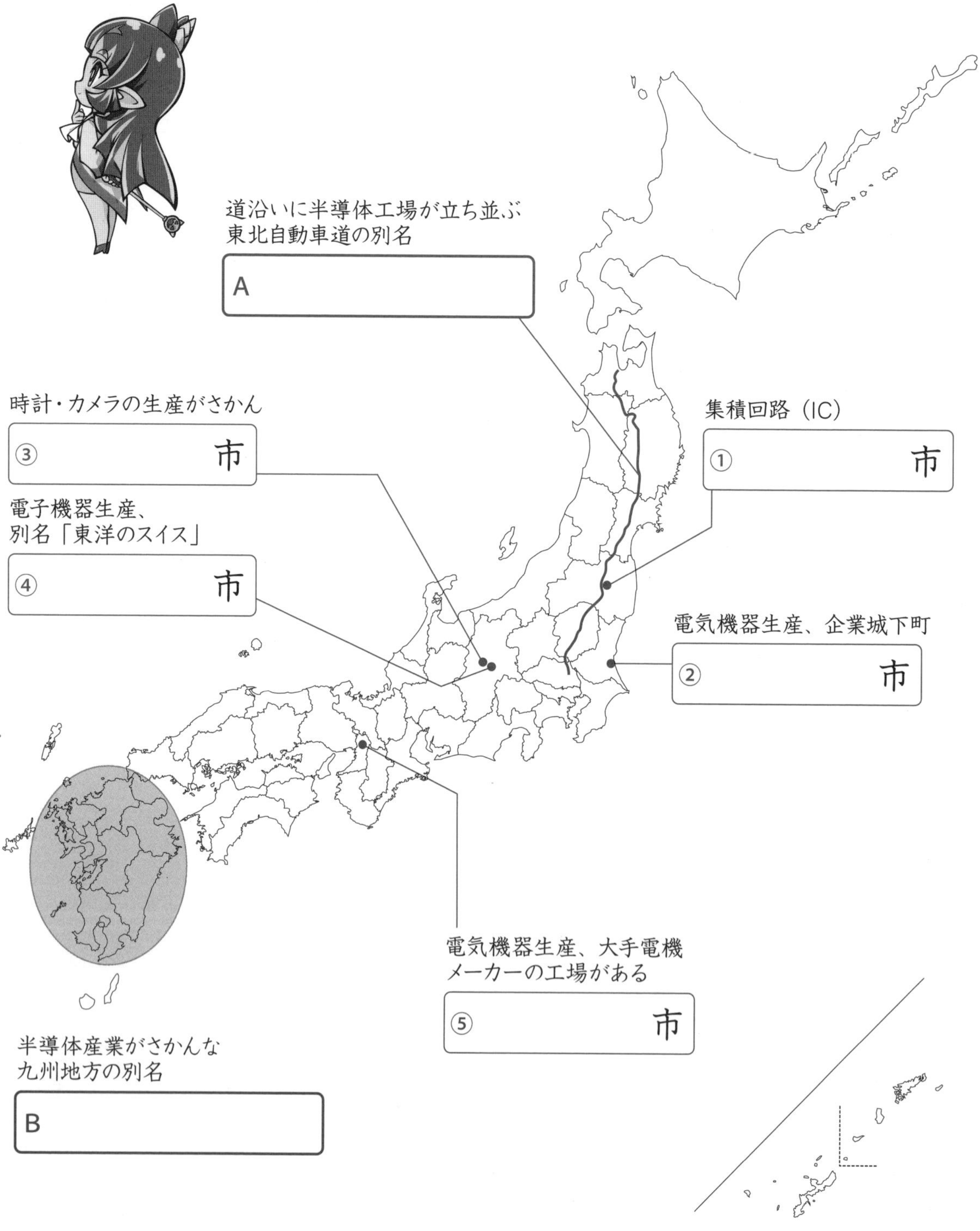

道沿いに半導体工場が立ち並ぶ東北自動車道の別名

A

時計・カメラの生産がさかん

③　　　　市

電子機器生産、別名「東洋のスイス」

④　　　　市

集積回路（IC）

①　　　　市

電気機器生産、企業城下町

②　　　　市

電気機器生産、大手電機メーカーの工場がある

⑤　　　　市

半導体産業がさかんな九州地方の別名

B

解答▸▸▸別冊21ページ

41 日本の工業6 造船業

学習日　　月　　日

正答数　　／9

問題 地図で示された造船業がさかんな都市の名前を書きましょう。

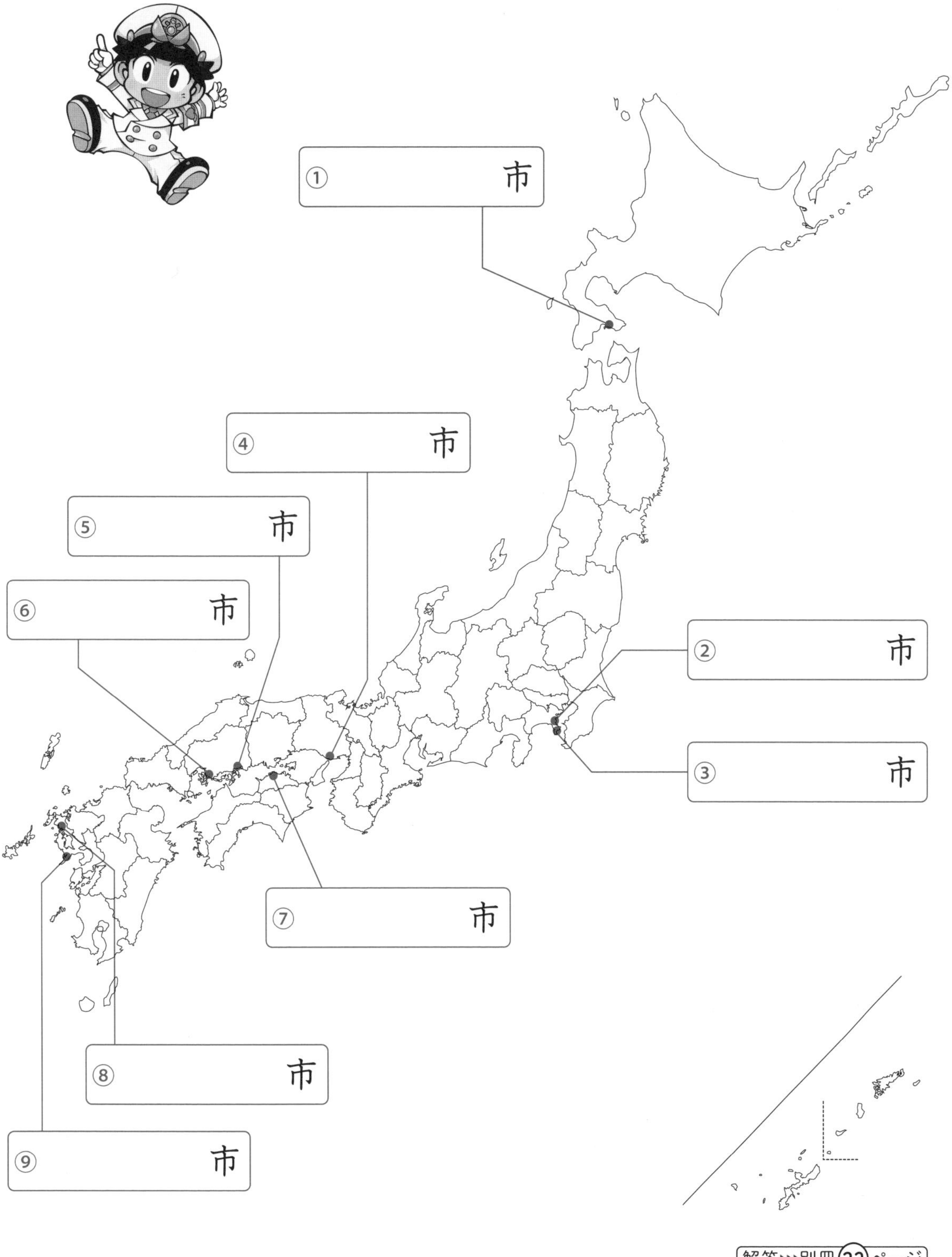

日本の工業

入試重要度★★☆

解答▸▸▸別冊22ページ

42 日本の工業7 伝統的工芸品

学習日　　月　　日
正答数　　／19

問題 ヒントを参考にして、伝統的工芸品の生産がさかんな都市の名前を書きましょう。

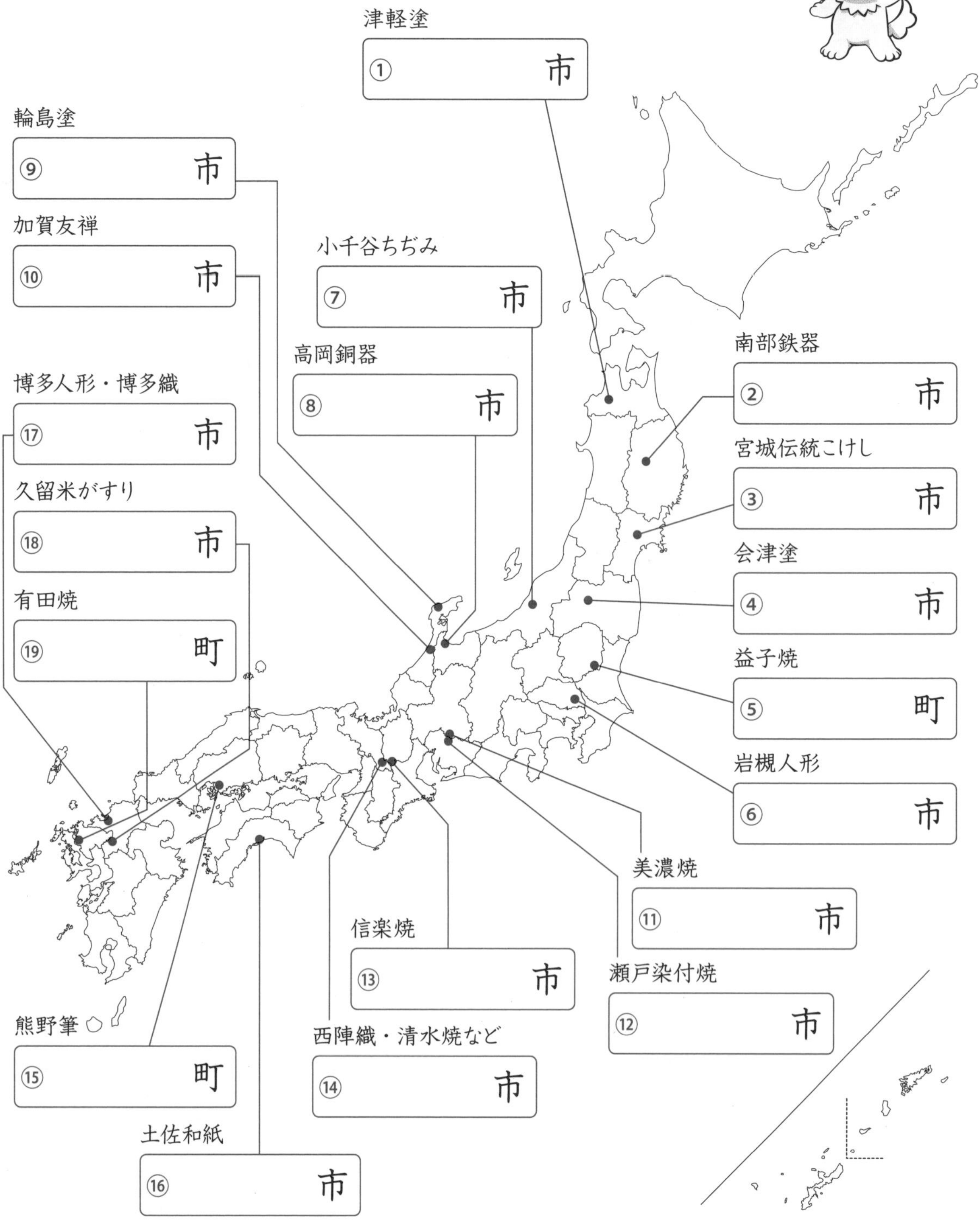

解答▸▸▸別冊㉒ページ

43 日本の工業8 その他の工業・地域

学習日　　月　　日

正答数　　／17

問題 ヒントを参考にして、工業がさかんな都市の名前を書きましょう。

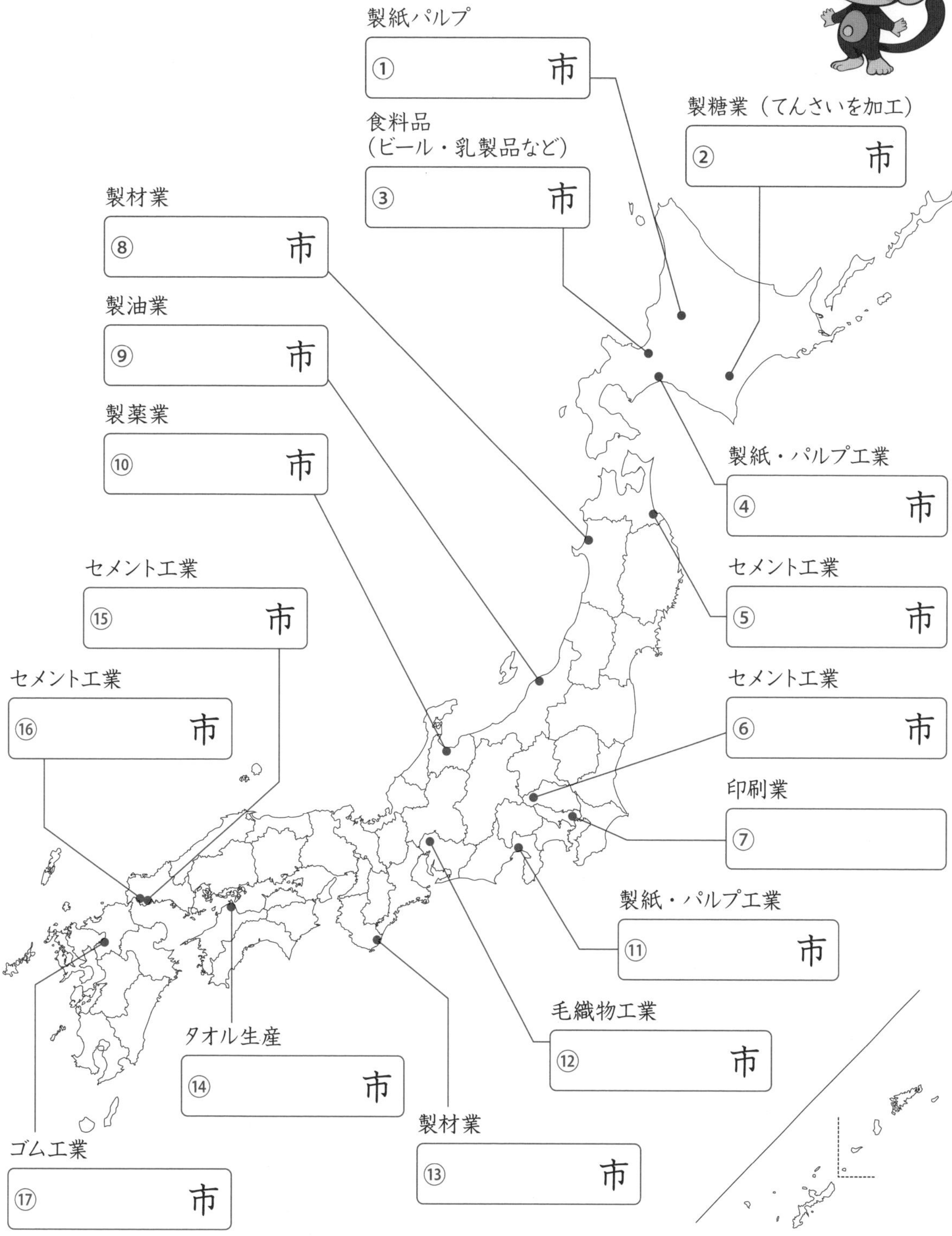

解答▸▸▸別冊23ページ

44 日本の公害問題

学習日　　月　　日
正答数　　／15

問題 ヒントを参考にして、地図で示された場所で起きた公害の名前や地名、原因物質などを書きましょう。

富山県で発生した
四大公害のひとつ

④　　病

④が発生した川

⑤　　川

④の原因物質

⑥

新潟県で発生した
四大公害のひとつ

①　　病

①が発生した川

②　　川

①の原因物質

③

熊本県で発生した
四大公害のひとつ

⑭　　病

⑭の原因物質

⑮

明治時代、日本最初の
公害問題が発生

⑦

有機リン系洗剤の影響《えいきょう》で
アオコが発生

⑧　　湖

工場から出る汚水で
ヘドロが発生

⑨　　港

三重県で発生した
四大公害のひとつ

⑩

⑩の原因物質

⑪

プランクトンの異常増殖《ぞうしょく》
による赤潮が発生

⑬　　海

騒《そう》音《おん》が公害に認定された空港

⑫　　空港

解答▸▸▸別冊㉓ページ

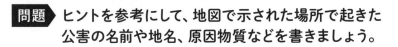

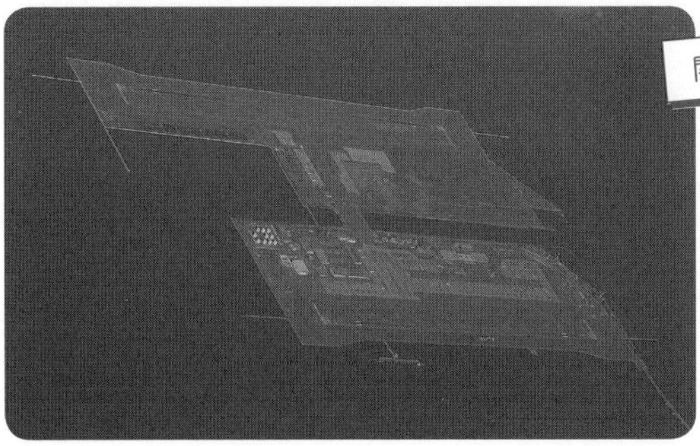

関西国際空港

関西国際空港と大阪国際空港

大阪湾に浮かぶ関西国際空港は、日本初の24時間離着陸が可能な空港として、１９９４年に開港しました。この空港ができるまでは、大阪市のベッドタウンである伊丹市の大阪国際空港（通称：伊丹空港）が西日本の玄関口としての役割を果たしていたのです。

ところが、１９６０年代になると、大型ジェット機の登場や、海外旅行の自由化などの影響を受けて、大阪国際空港に離着陸する飛行機の数が急増します。飛行機は飛んでいる時も離陸・着陸する時も、非常に大きな音を発生させます。空港周辺の住民が飛行機の音に悩まされるようになり、騒音問題が公害化しました。そして１９６０年代後半には、周辺住民が大阪国際空港廃止を求める裁判を起こすほどの社会問題になったのです。

そこで、この問題を解決するために、大阪湾の埋め立て地に新たな空港を建設することが決定しました。これが関西国際空港です。

関西国際空港が開港したあとも、大阪国際空港廃止を求める声はなくなりませんでしたが、運用時間を7時から21時までにし、国内線のみ利用可能という制限を設けることで存続することになりました。大阪国際空港は現在も、関西の国内線の玄関口として機能しています。

なお、大阪府はかつて最も面積が小さい都道府県でしたが、関西国際空港建設のために海を埋め立てたことがきっかけで面積が増え、2番目に小さな都道府県になりました。現在、最も面積が小さいのは香川県です。埋め立てが理由で面積が変わるのであれば、今後も順位の変動はあり得るかもしれませんね。

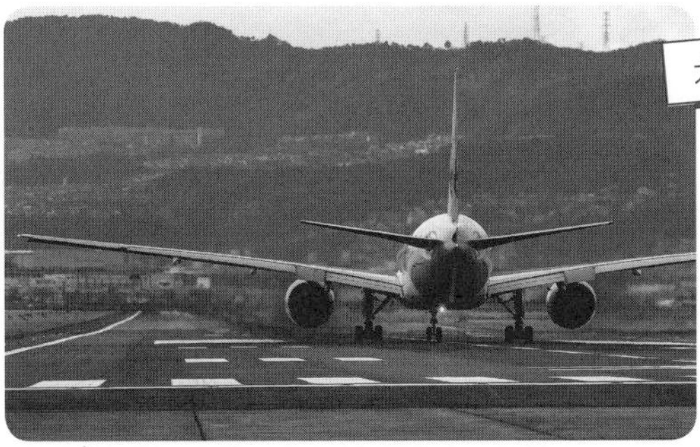

大阪国際空港

45 日本の交通1　鉄道

学習日　　月　　日
正答数　　／22

問題 ヒントを参考にして、A〜Jの新幹線の名前を書きましょう。
また地図で示された駅の名前を書きましょう。

札幌まで延伸《えんしん》予定
A　　　新幹線

1964年に開業した日本初の新幹線
G　　　新幹線

令和になって初めて開業した新幹線
J　　　新幹線

東北地方を縦断
B　　　新幹線

中国地方を横断
H　　　新幹線

秋田県を走るミニ新幹線
C　　　新幹線

九州地方を縦断
I　　　新幹線

山形県を走るミニ新幹線
D　　　新幹線

関東地方と新潟県を結ぶ
E　　　新幹線

関東地方と北陸を結ぶ
F　　　新幹線

日本の交通
入試重要度★★★

解答▸▸▸別冊24ページ

46 日本の交通２　高速道路

学習日　　月　　日
正答数　　／11

問題 ヒントに書かれた区間を結ぶ、高速道路の名前を書きましょう。

埼玉県川口 JCT～青森県青森 IC

① 　　　　　　自動車道

東京都練馬 IC～新潟県長岡 JCT

② 　　　　　　自動車道

神奈川県川崎市～千葉県木更津市

③

東京都東京 IC～愛知県小牧 IC

④ 　　　　　　高速道路

東京都高井戸 IC～愛知県小牧 IC

⑤ 　　　　　　自動車道

神奈川県海老名南 JCT～
愛知県豊田東 JCT

⑥ 　　　　　　高速道路

滋賀県米原 JCT～
新潟県新潟中央 JCT

⑦ 　　　　　　自動車道

愛知県小牧 IC～兵庫県西宮 IC

⑧ 　　　　　　高速道路

大阪府吹田 JCT～山口県下関 IC

⑨ 　　　　　　自動車道

兵庫県神戸 JCT～山口県下関 JCT

⑩ 　　　　　　自動車道

福岡県門司 IC～鹿児島県鹿児島 IC

⑪ 　　　　　　自動車道

解答▸▸▸別冊㉔ページ

47 日本の交通3 橋・トンネル

学習日　　月　　日
正答数　　／11

問題 ヒントを参考にして、
橋、道路もしくはトンネルの名前を書きましょう。

北海道～青森県を結ぶ
日本最長の海底トンネル

① 　　　　トンネル

東京湾を横断する道路

②

首都高速道路にある
日本最長の道路トンネル

③ 　　　　トンネル

江戸時代の五街道の起点

④ 　　　　橋

関越自動車道にある
道路トンネル

⑤ 　　　　トンネル

兵庫県明石市～淡路島

⑥ 　　　　橋

淡路島～徳島県鳴門市

⑦ 　　　　橋

岡山県倉敷市～香川県坂出市

⑧ 　　　　橋

広島県尾道市～愛媛県今治市

⑨

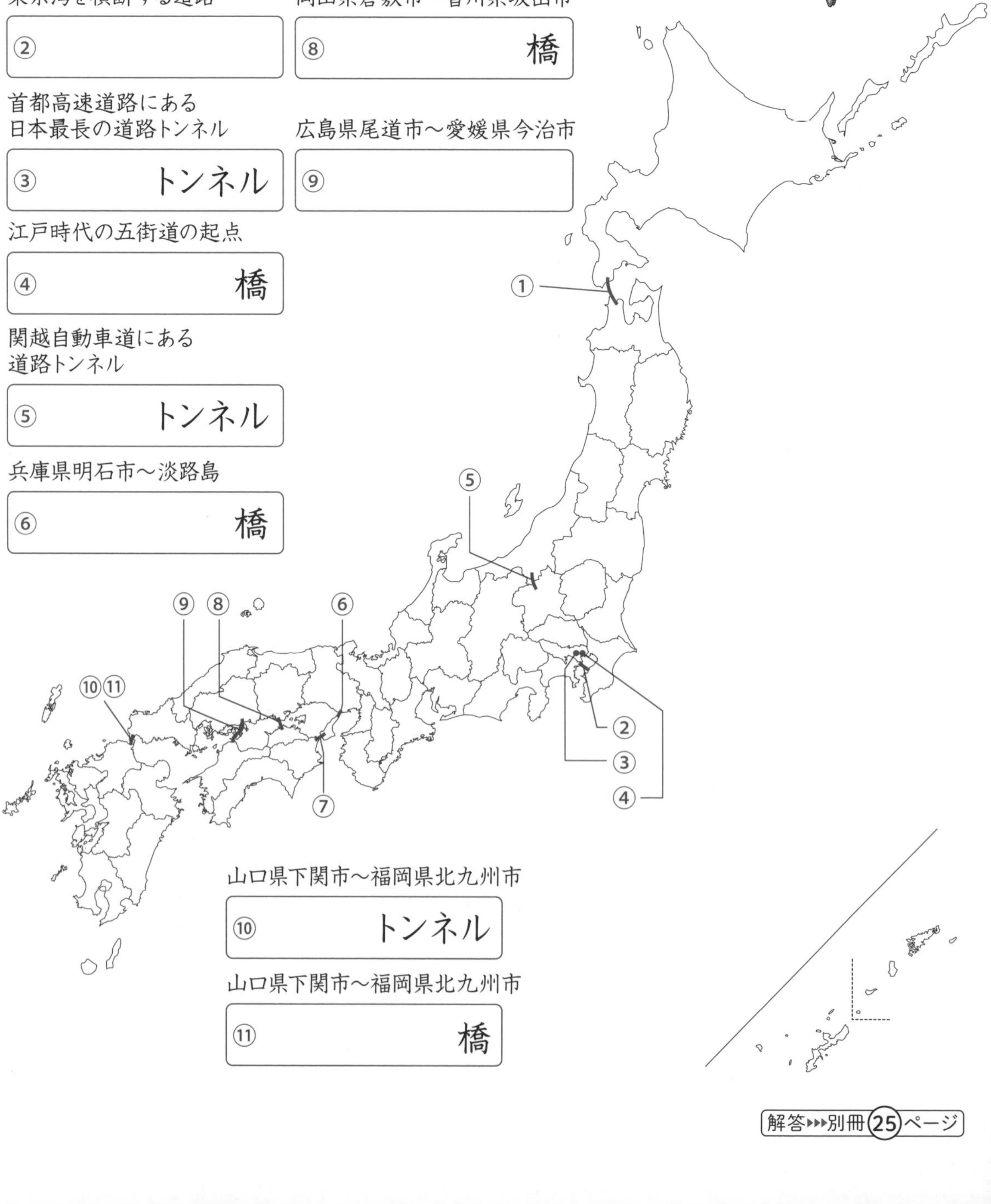

山口県下関市～福岡県北九州市

⑩ 　　　　トンネル

山口県下関市～福岡県北九州市

⑪ 　　　　橋

解答▸▸▸別冊㉕ページ

48 日本の貿易港

学習日　　月　　日
正答数　　／20

問題 ヒントを参考にして、空港もしくは港の名前を書きましょう。
また、①～③の輸出・輸入品目の上位2つを書きましょう。

ヒント 船では重たくて大きいもの、飛行機では軽くて小さいものを運びます。

日本最大の貿易港

① 　　　空港

輸出品目	輸入品目
1位	1位
2位	2位

中京工業地帯の貿易港

② 　　　港

輸出品目	輸入品目
1位	1位
2位	2位

港には埋立地のポートアイランド

③ 　　　港

輸出品目	輸入品目
1位	1位
2位	2位

九州最大の貿易港

⑧ 　　　港

食料品・
衣類の輸入が多い

④ 　　　港

江戸時代からの貿易港

⑤ 　　　港

東海工業地域の貿易港

⑥ 　　　港

24時間発着可能な空港

⑦ 　　　空港

解答▸▸▸別冊25ページ

49 世界の主な国1 アジア州①

学習日　　月　　日
正答数　　／13

問題　空欄に当てはまる国および地域の名前を書きましょう。

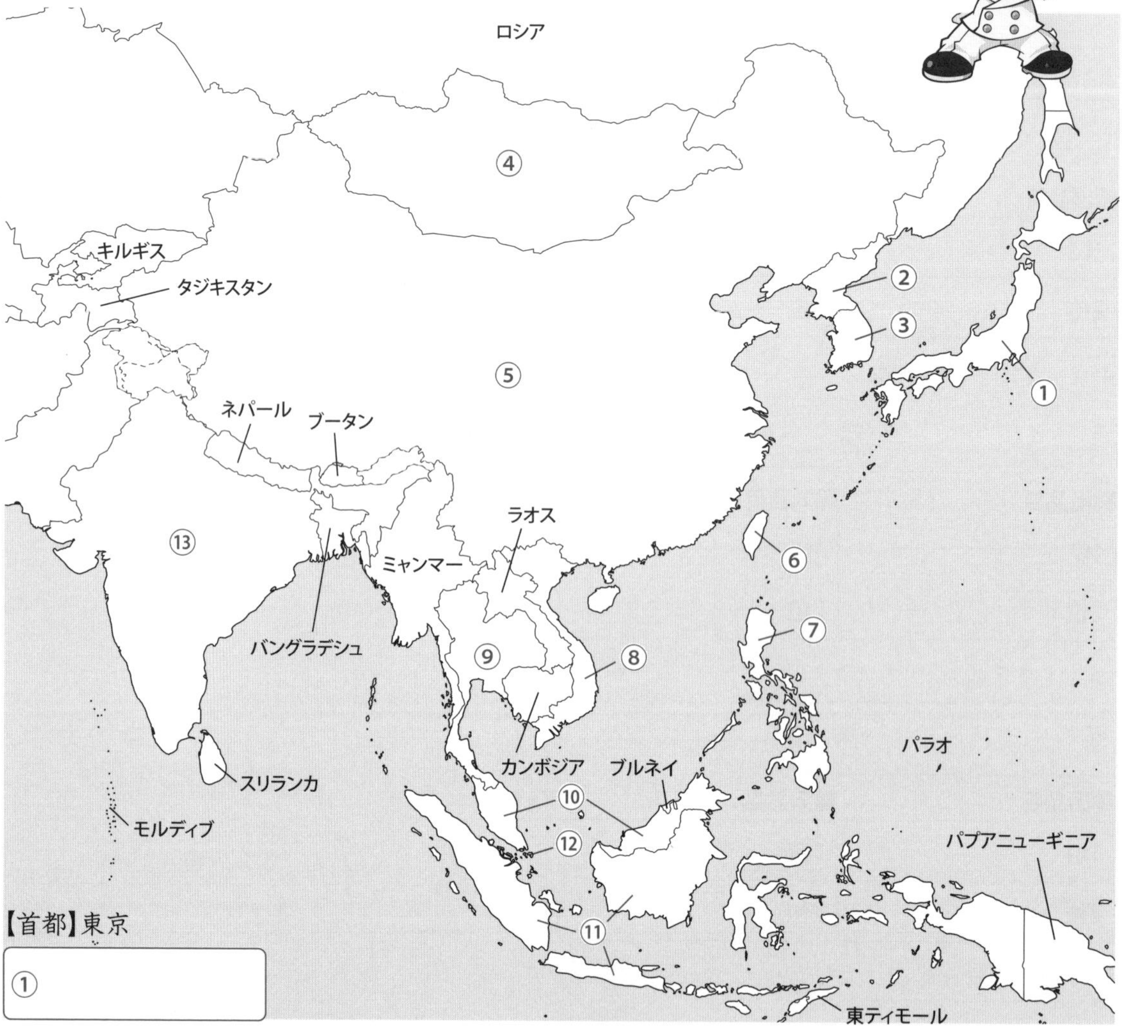

【首都】東京
①

【首都】平壌（ピョンヤン）
②

【首都】ソウル
③

【首都】ウランバートル
④

【首都】北京（ペキン）
⑤

【首都】台北（タイペイ）
⑥

【首都】マニラ
⑦

【首都】ハノイ
⑧

【首都】バンコク
⑨

【首都】クアラルンプール
⑩

【首都】ジャカルタ
⑪

【首都】シンガポール
⑫

【首都】ニューデリー
⑬

解答▸▸▸別冊㉖ページ

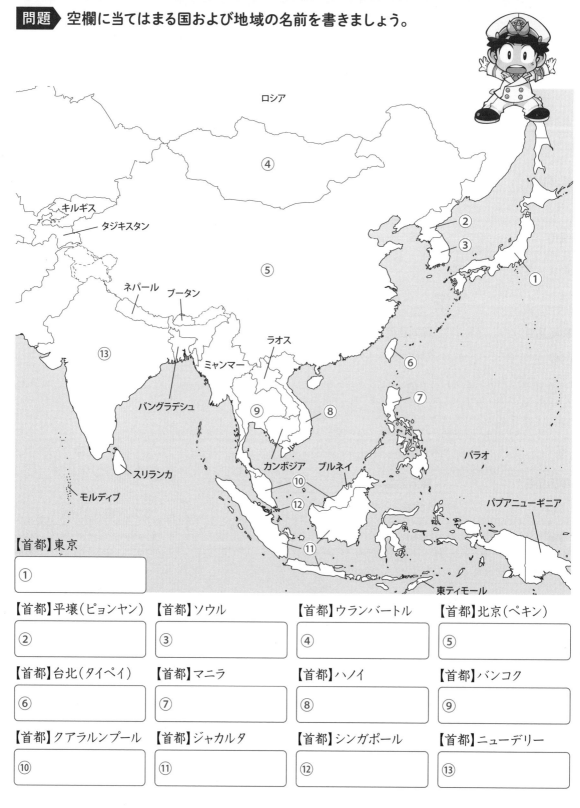

50 世界の主な国2 アジア州②

学習日　　月　　日
正答数　　／10

問題 空欄に当てはまる国および地域の名前を書きましょう。

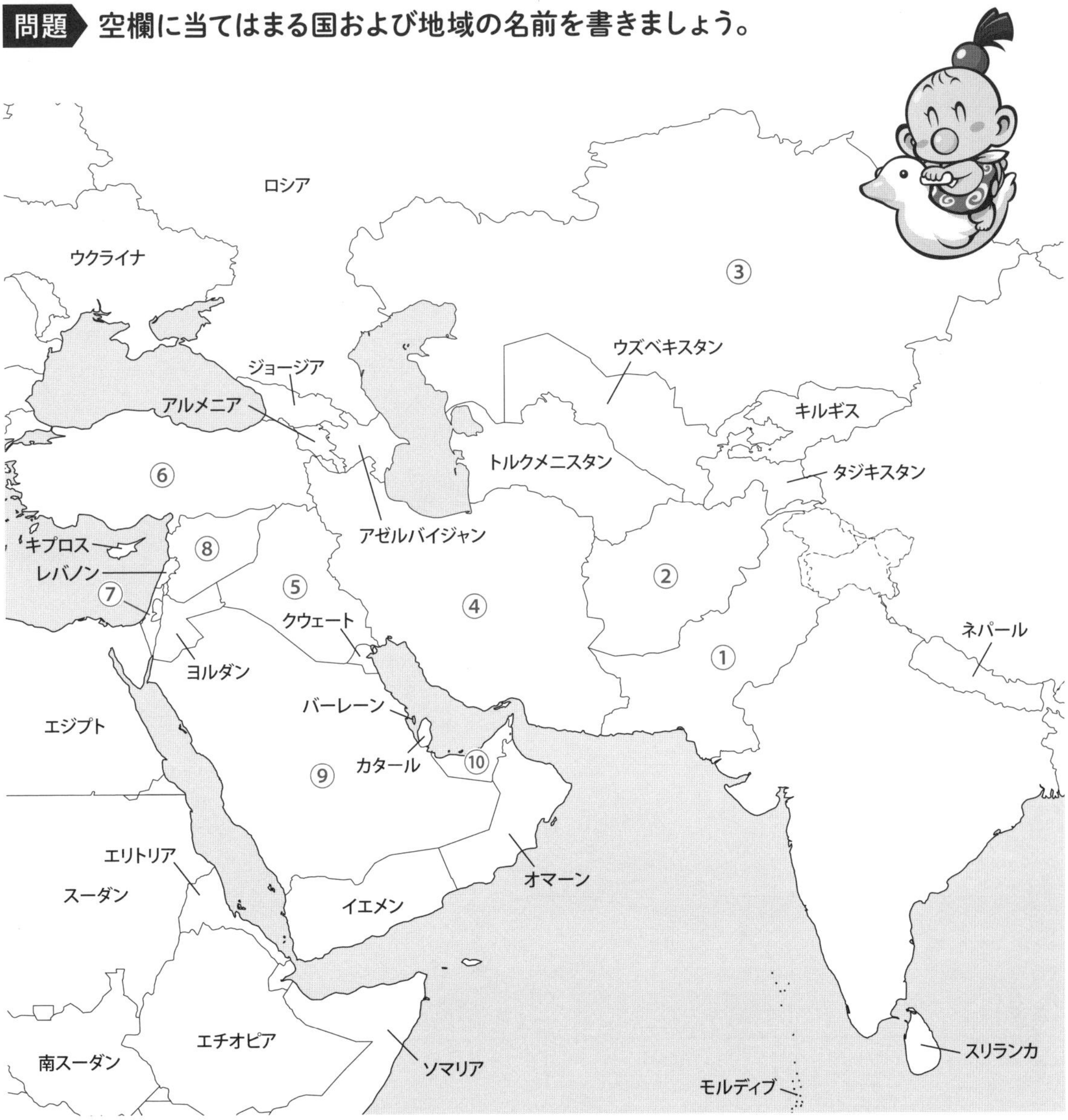

【首都】イスラマバード
①

【首都】カブール
②

【首都】ヌルスルタン
③

【首都】テヘラン
④

【首都】バグダッド
⑤

【首都】アンカラ
⑥

【首都】エルサレム
⑦

【首都】ダマスカス
⑧

【首都】リヤド
⑨

【首都】アブダビ
⑩

解答▸▸▸別冊㉖ページ

世界の国々
入試重要度★★☆

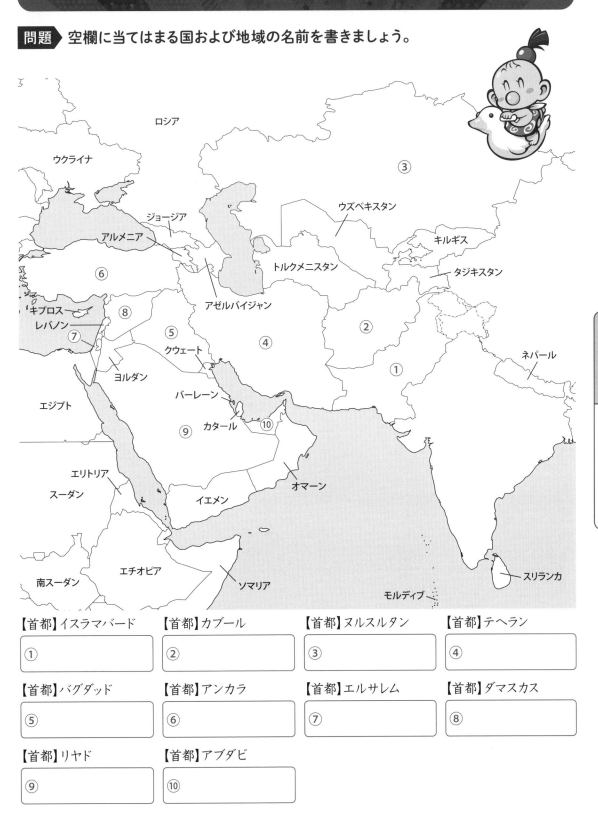

51 世界の主な国3 ヨーロッパ州

学習日　　月　　日
正答数　　／16

問題　空欄に当てはまる国および地域の名前を書きましょう。

【首都】モスクワ
①

【首都】キーウ
②

【首都】ヘルシンキ
③

【首都】オスロ
④

【首都】コペンハーゲン
⑤

【首都】ワルシャワ
⑥

【首都】ベルリン
⑦

【首都】アムステルダム
⑧

【首都】ロンドン
⑨

【首都】パリ
⑩

【首都】ベルン
⑪

【首都】ローマ
⑫

【首都】ベオグラード
⑬

【首都】アテネ
⑭

【首都】マドリード
⑮

【首都】リスボン
⑯

解答▸▸▸別冊27ページ

世界の国々

入試重要度★★☆

52 世界の主な国4 アフリカ州

学習日　　月　　日
正答数　　／11

問題 空欄に当てはまる国および地域の名前を書きましょう。

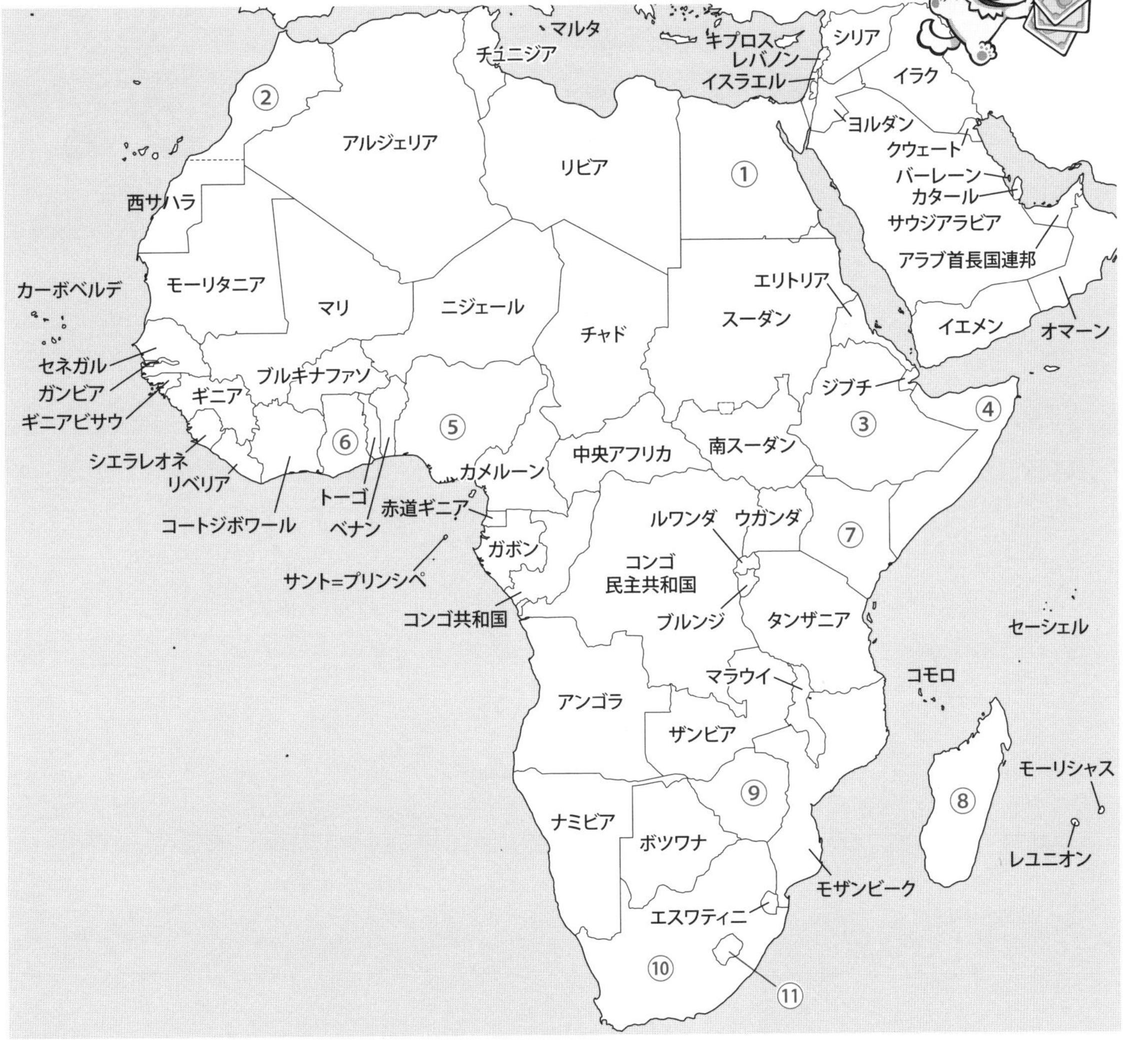

【首都】カイロ
①

【首都】ラバト
②

【首都】アディスアベバ
③

【首都】モガディシュ
④

【首都】アブジャ
⑤

【首都】アクラ
⑥

【首都】ナイロビ
⑦

【首都】アンタナナリボ
⑧

【首都】ハラレ
⑨

【首都】プレトリア
⑩

【首都】マセル
⑪

解答▸▸▸別冊㉗ページ

世界の国々
入試重要度★☆☆

53 世界の主な国5 南アメリカ州

学習日　　月　　日
正答数　　／8

問題 空欄に当てはまる国および地域の名前を書きましょう。

【首都】ボゴタ
①

【首都】カラカス
②

【首都】キト
③

【首都】ブラジリア
④

【首都】リマ
⑤

【首都】ラパス
⑥

【首都】サンティアゴ
⑦

【首都】ブエノスアイレス
⑧

解答▸▸▸別冊28ページ

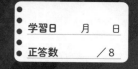

54 世界の主な国６ 北アメリカ州

学習日　　月　　日
正答数　　／8

問題 空欄に当てはまる国および地域の名前を書きましょう。

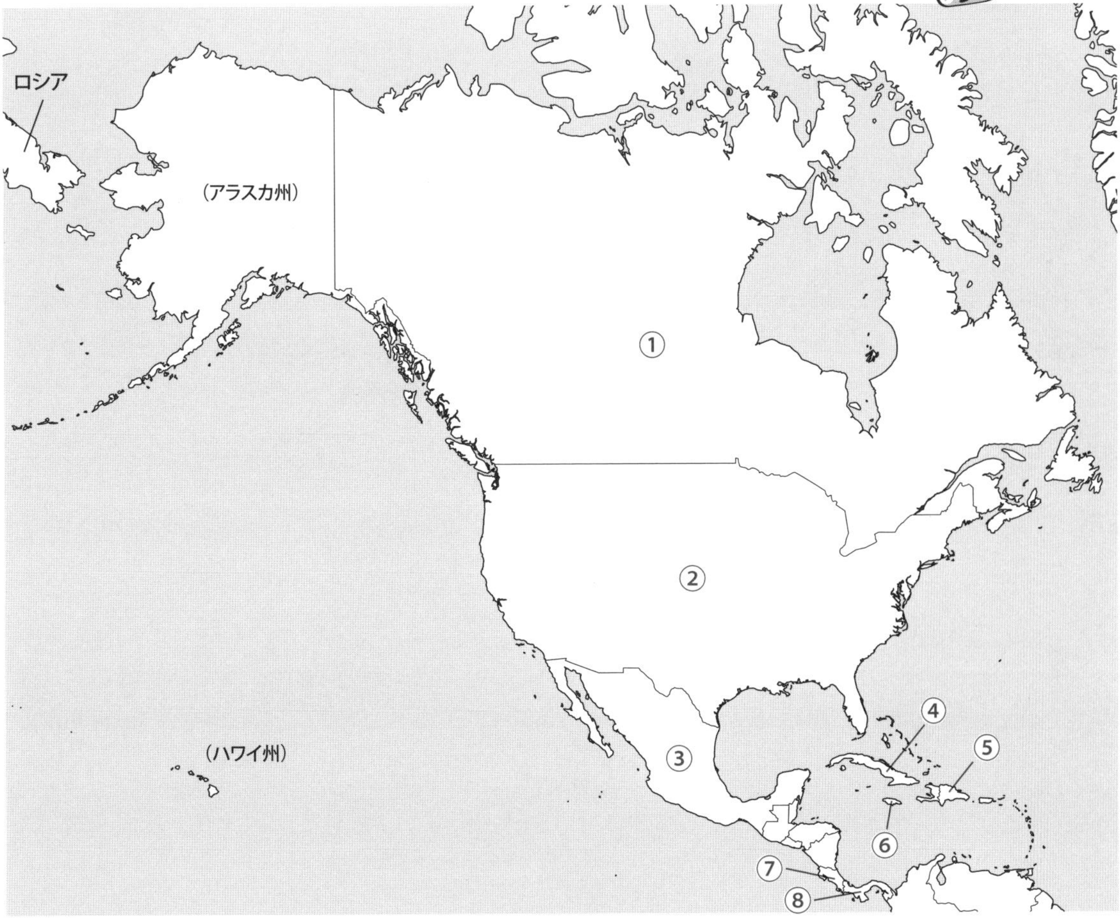

【首都】オタワ
①

【首都】ワシントンD.C.
②

【首都】メキシコシティ
③

【首都】ハバナ
④

【首都】サントドミンゴ
⑤

【首都】キングストン
⑥

【首都】サンホセ
⑦

【首都】パナマシティ
⑧

解答▸▸▸別冊28ページ

55 世界の主な国7 オセアニア州

学習日　　月　　日
正答数　　／8

問題 空欄に当てはまる国および地域の名前を書きましょう。

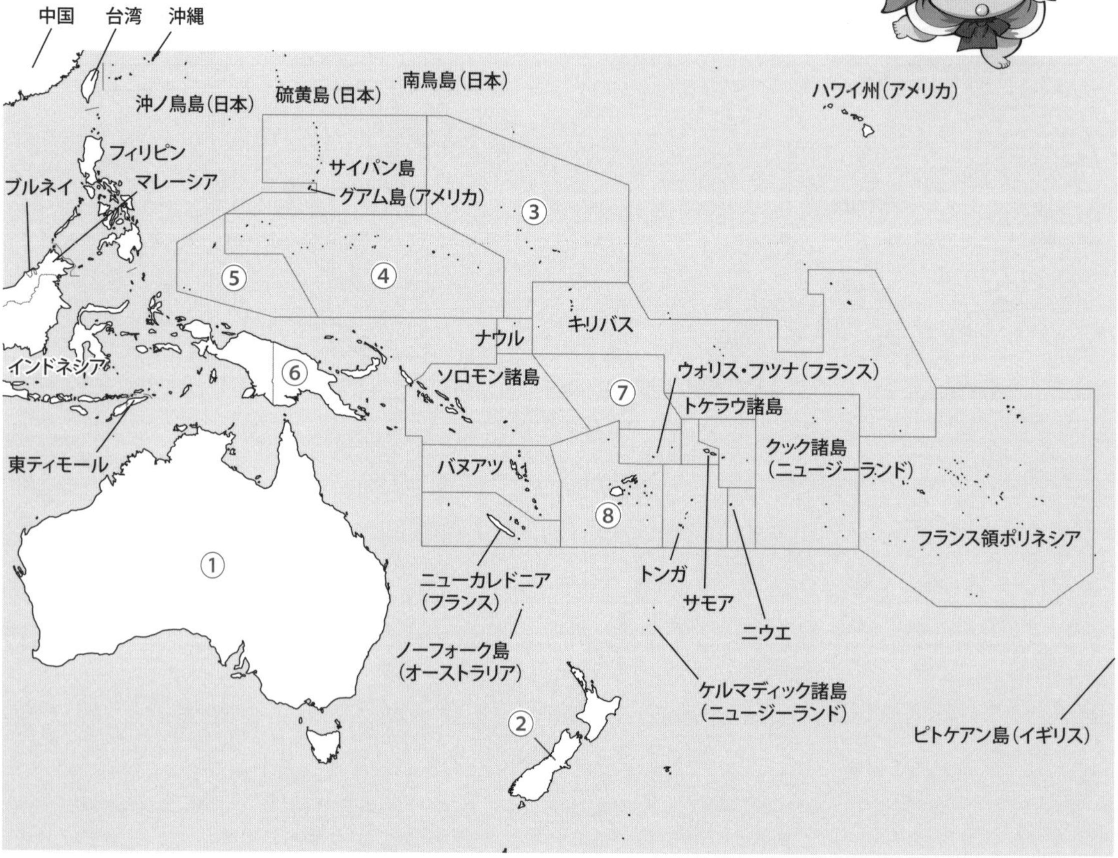

【首都】キャンベラ
①

【首都】ウェリントン
②

【首都】マジュロ
③

【首都】パリキール
④

【首都】マルキョク
⑤

【首都】ポートモレスビー
⑥

【首都】フナフティ
⑦

【首都】スバ
⑧

解答▸▸▸別冊29ページ

世界の環境問題

流氷に乗るホッキョクグマ

酸性雨で枯れてしまった森林

現在、地球規模の環境問題が各地で発生しています。人間の活動が地球の環境を破壊するという例は昔からありましたが、18世紀の産業革命から増え始め、20世紀になってからは特に目立つようになりました。

二酸化炭素などの温室効果ガスが増えることで地球全体の温度が上昇する「地球温暖化」、二酸化硫黄・窒素酸化物などの酸性物質が雨に混じって降り注ぐ「酸性雨」、農業や工業のための大規模な森林伐採による「砂漠化」、海をプラスチックごみが漂う「海洋プラスチック問題」など、多くの環境問題が地球に重大な悪影響を与えています。

しかし、中には改善されている環境問題もあります。

1980年代、地球の周りを取り巻くオゾン層の破壊が進んでいることが明らかになりました。南極付近ではオゾン層に大きな穴が開く現象「オゾンホール」も確認されました。原因は、冷蔵庫やエアコンに使用されていたフロンガスという物質です。現在ではフロンガスは各国の法律で規制されており、国連の専門家委員会は「南極のオゾンホールは、2066年ごろには1980年ごろの状態まで回復する」と発表しました。

地球の未来のために、環境破壊対策は待ったなしの状況です。規模が大きいため簡単な対策ではなにも変わらないと思いがちですが、人間の知恵と工夫で進行を食い止め、環境を回復させることができるのです。

ごみの分別や使わない電気の消灯など、小さくても、できることから対策していきましょう。

海洋プラスチックごみ

宇宙から見たオゾンホール

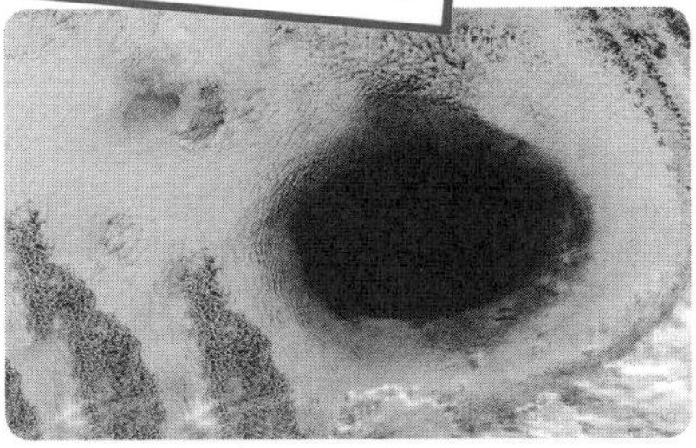

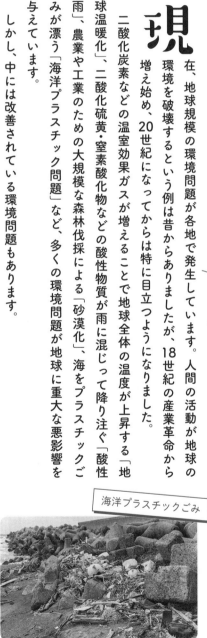

56 天然資源の主な輸入先1

学習日　　月　　日
正答数　　／10

問題 グラフが示す、日本が輸入している化石燃料の品目と、その相手国の名前を輸入量の多い順に書きましょう。

ヒント 円グラフの数字やほかの国名をよく見て考えましょう。

品目

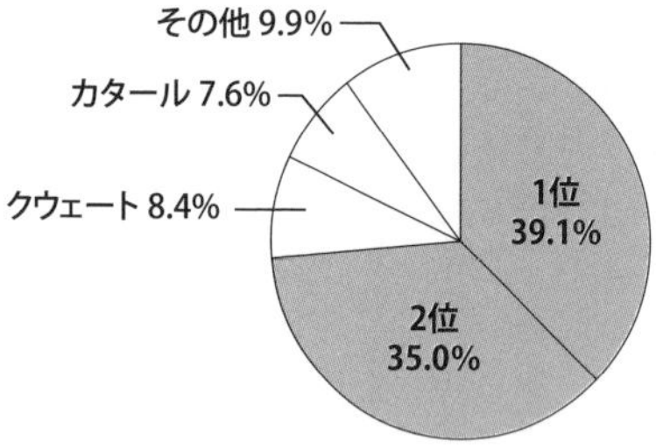

1位

2位

品目

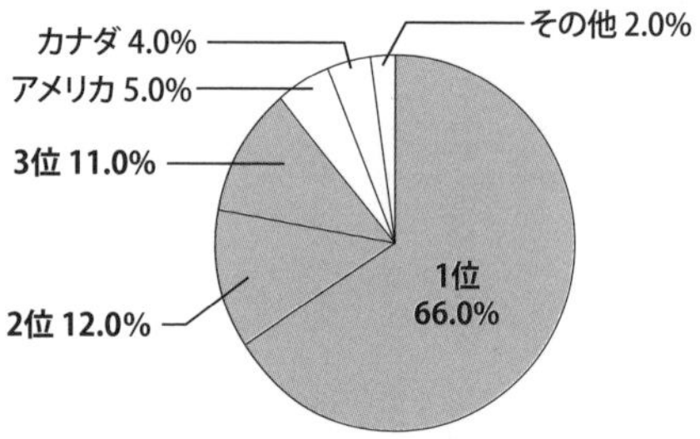

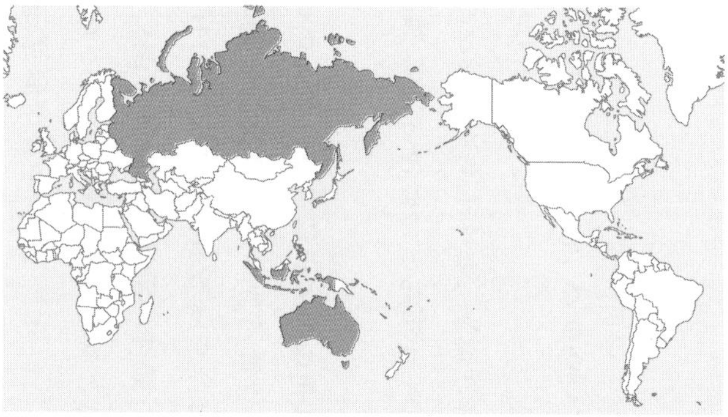

1位

2位

3位

品目

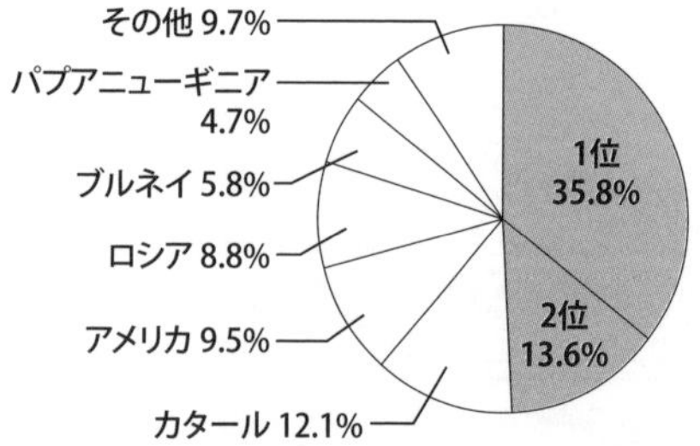

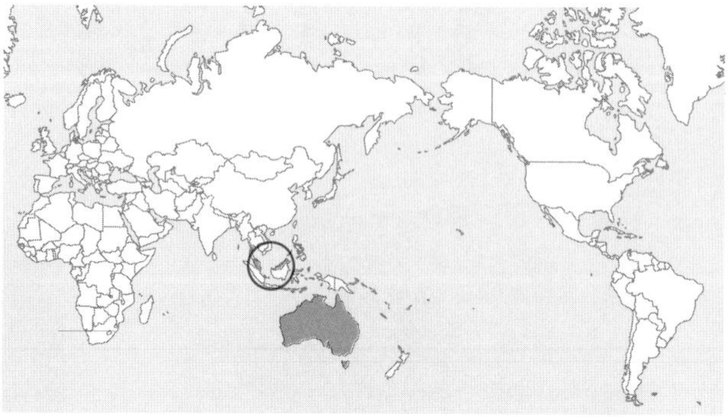

1位

2位

参考　財務省「貿易統計」(2021)

解答▸▸▸別冊(29)ページ

日本の貿易

入試重要度★★★

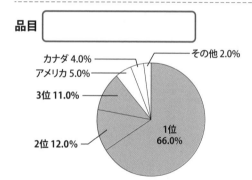

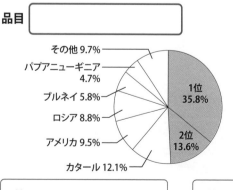

57 天然資源の主な輸入先2

学習日　　月　　日

正答数　　／9

問題 グラフが示す、日本が輸入している天然資源の品目と、その相手国の名前を輸入量の多い順に書きましょう。

ヒント 円グラフの数字やほかの国名をよく見て考えましょう。

品目

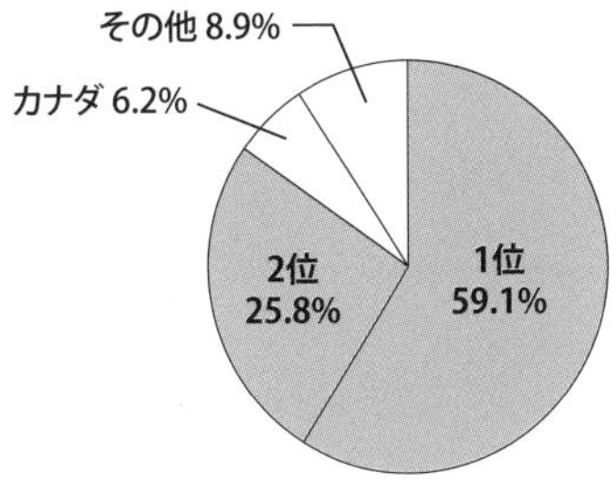

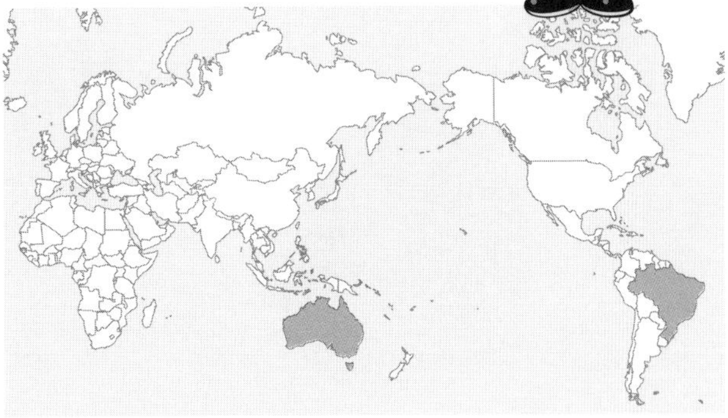

1位

2位

品目

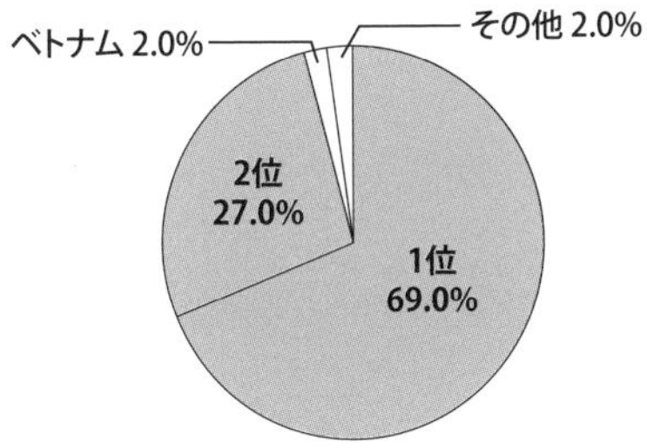

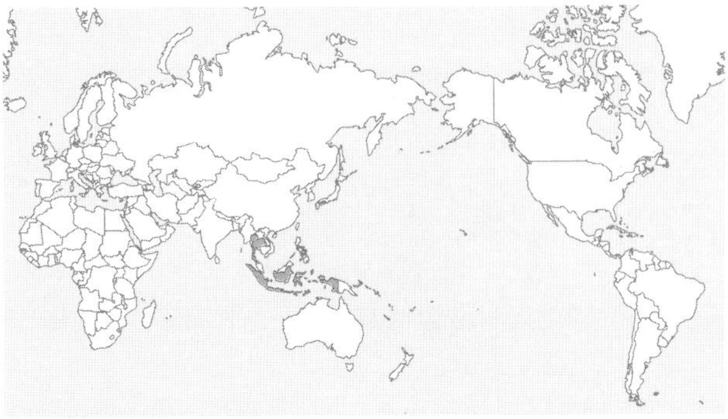

1位

2位

品目

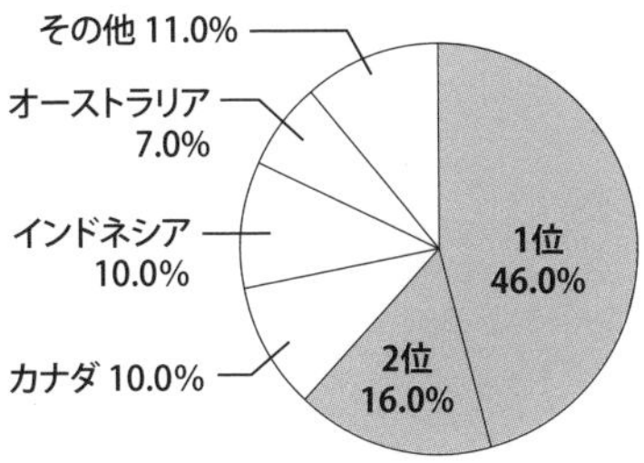

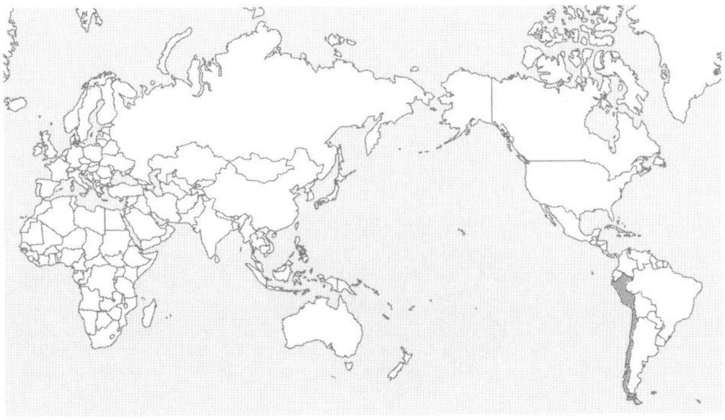

1位

2位

参考　財務省「貿易統計」（2018、2021）

解答▸▸▸別冊㉚ページ

日本の貿易

入試重要度★★★

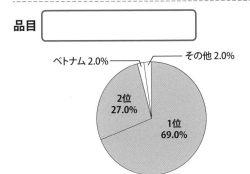

58 農産物の主な輸入先1

学習日　　月　　日
正答数　　／11

問題 グラフが示す、日本が輸入している農産物の品目と、その相手国の名前を輸入量の多い順に書きましょう。

ヒント 円グラフの数字やほかの国名をよく見て考えましょう。

品目

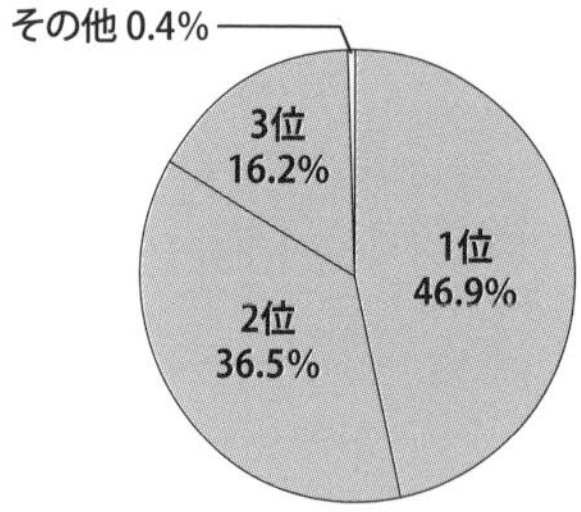

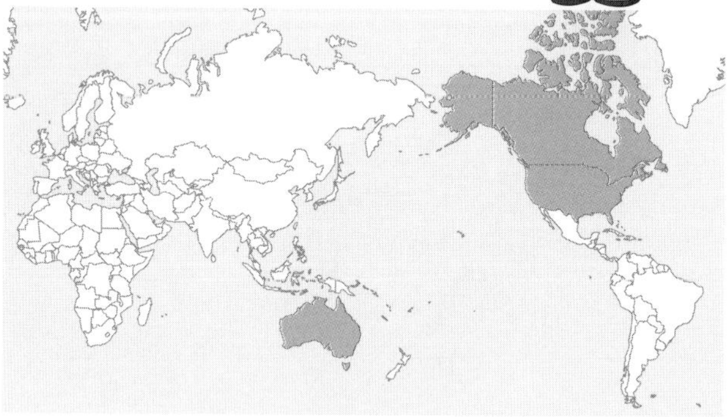

1位　　　　2位　　　　3位

品目

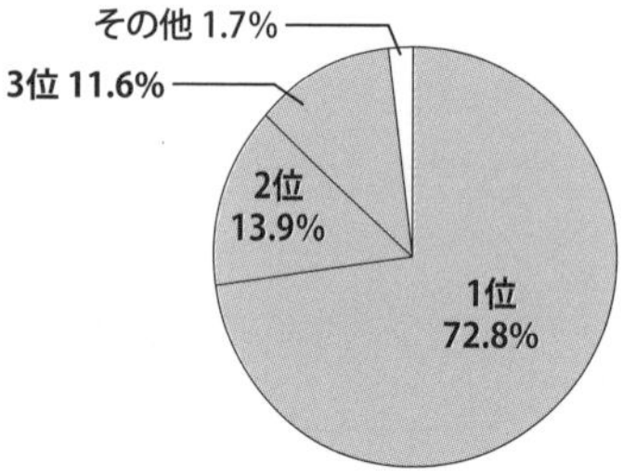

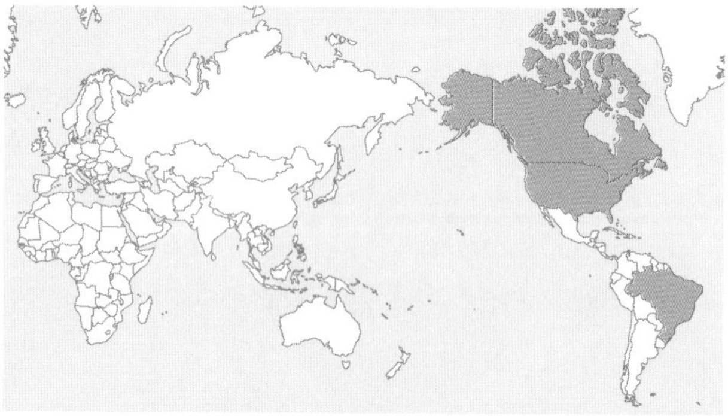

1位　　　　2位　　　　3位

品目

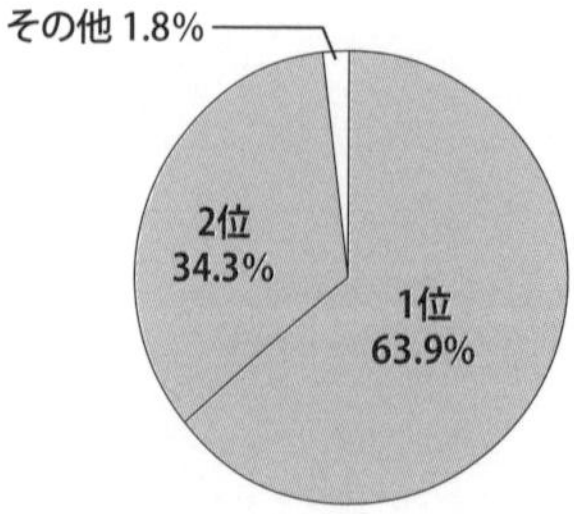

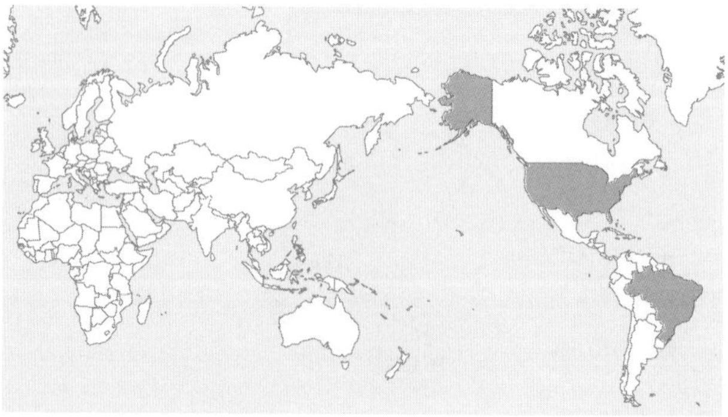

1位　　　　2位

参考　財務省「貿易統計」(2021)

解答▸▸▸別冊30ページ

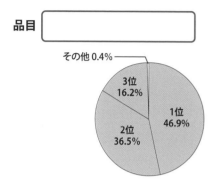

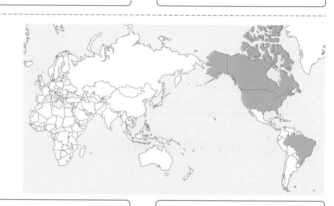

59 農産物の主な輸入先2

学習日　　月　　日
正答数　　／12

問題 グラフが示す、日本が輸入している農産物の品目と、その相手国の名前を輸入量の多い順に書きましょう。

ヒント 円グラフの数字やほかの国名をよく見て考えましょう。

品目

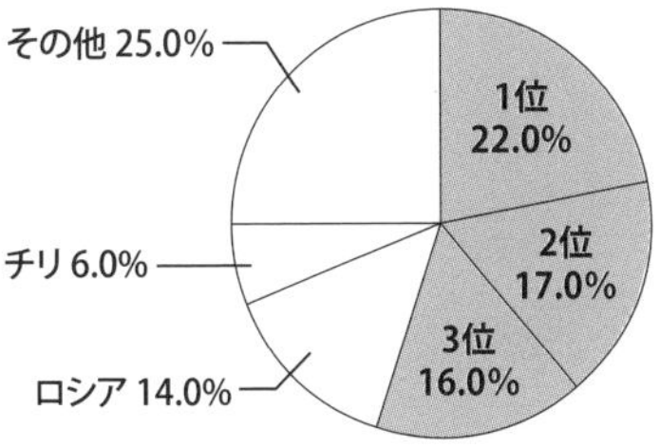

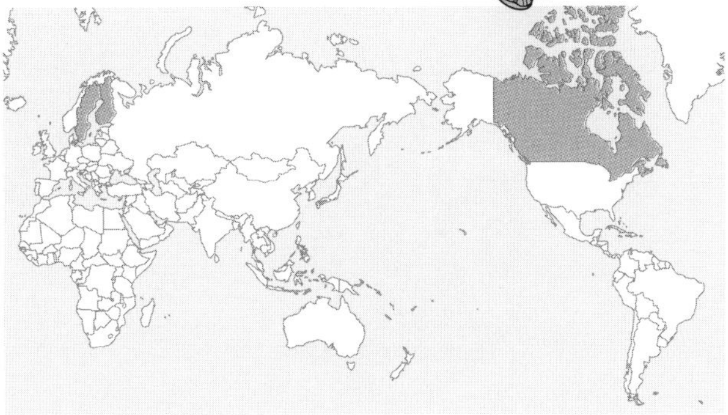

1位　　2位　　3位

品目

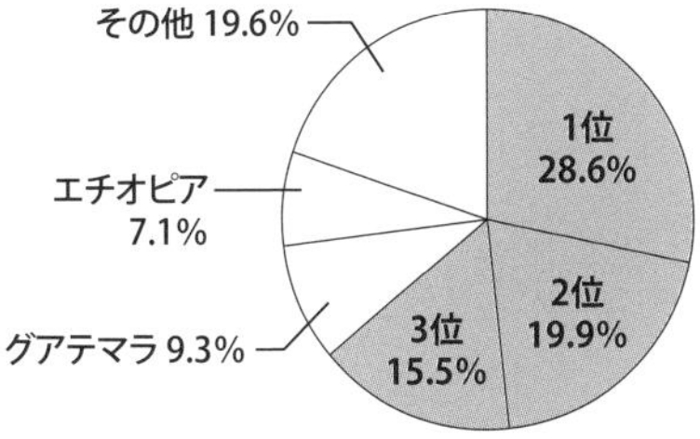

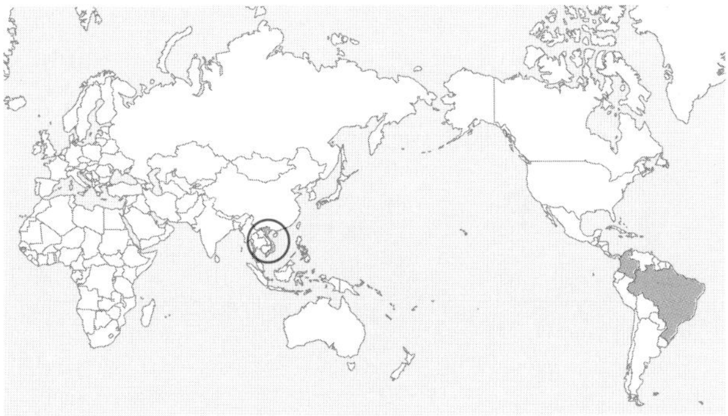

1位　　2位　　3位

品目

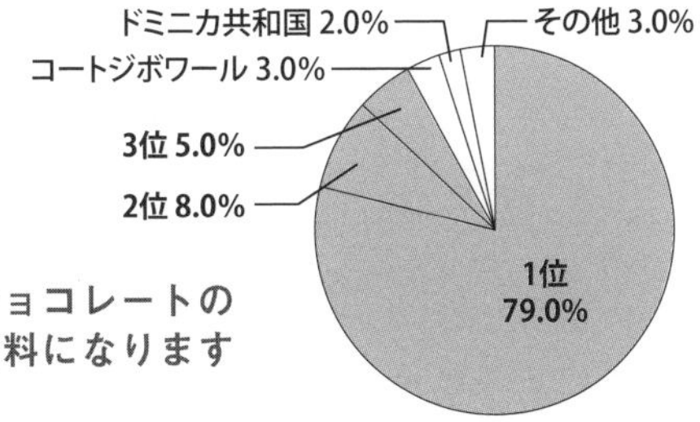

チョコレートの原料になります

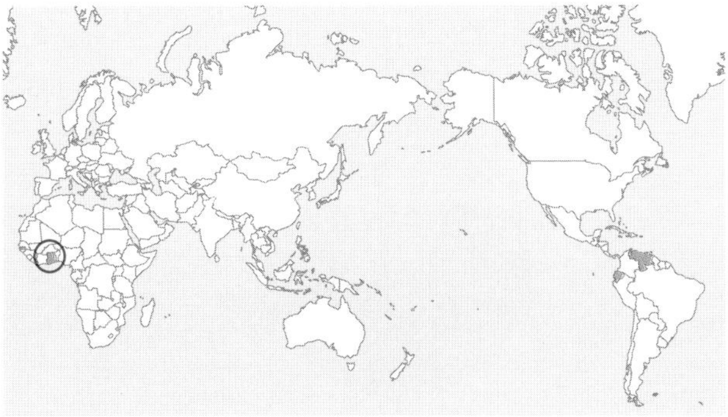

1位　　2位　　3位

参考　財務省「貿易統計」(2021、2022)

解答▸▸▸別冊31ページ

日本の貿易

入試重要度★☆☆

60 畜産物の主な輸入先

学習日　　月　　日
正答数　　／10

問題 グラフが示す、日本が輸入している畜産物の品目と、その相手国の名前を輸入量の多い順に書きましょう。

ヒント 円グラフの数字やほかの国名をよく見て考えましょう。

品目 [　　　　]

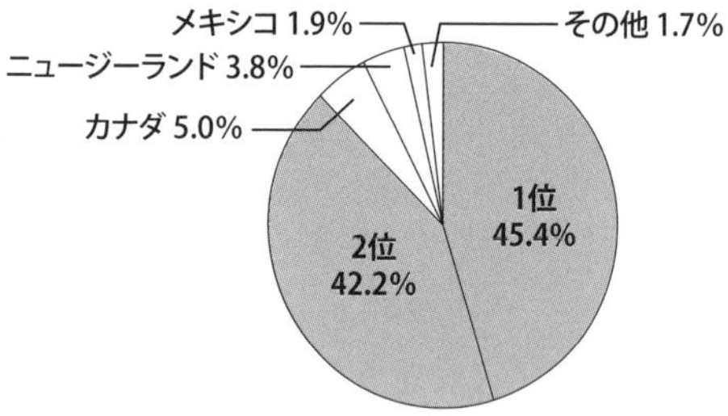

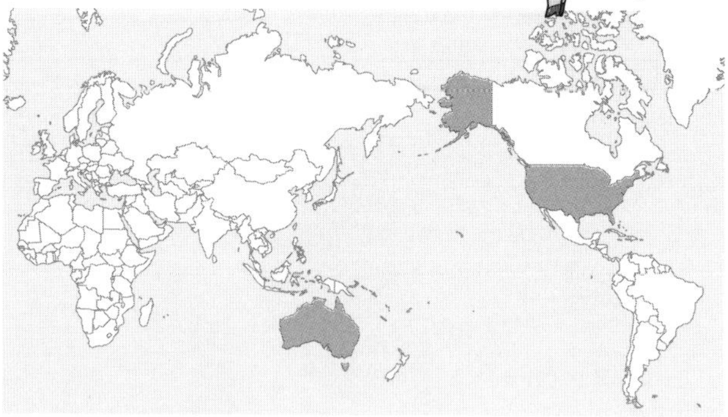

1位 [　　　　]　2位 [　　　　]

品目 [　　　　]

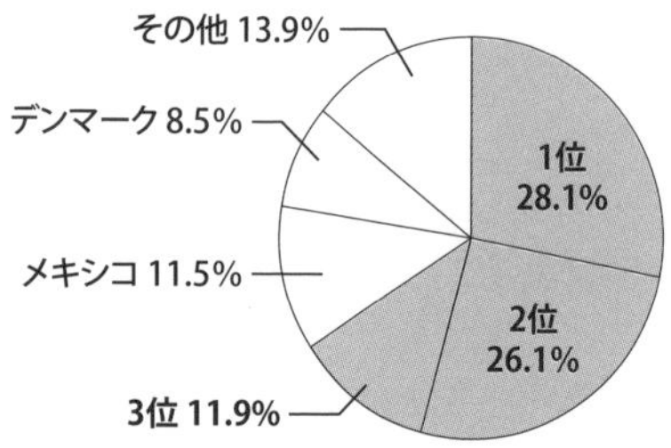

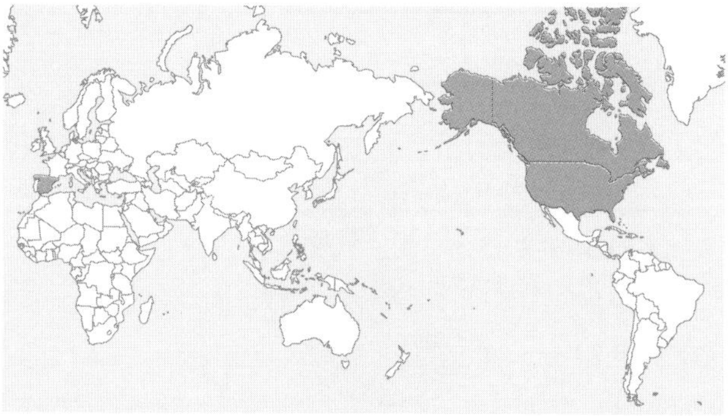

1位 [　　　　]　2位 [　　　　]　3位 [　　　　]

品目 [　　　　]

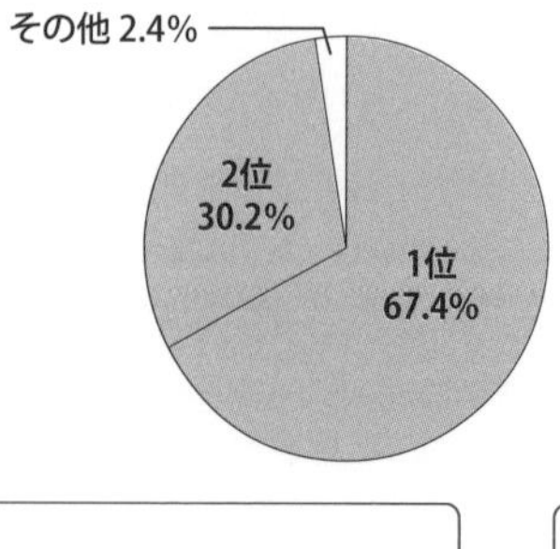

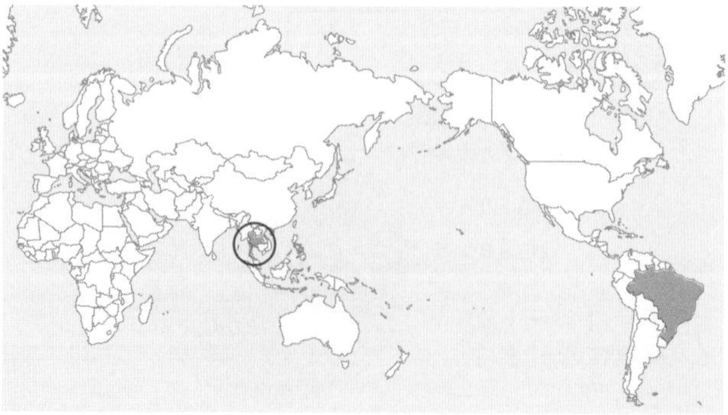

1位 [　　　　]　2位 [　　　　]

参考　財務省「貿易統計」(2021)

解答▸▸▸別冊(31)ページ

工業製品の主な輸入先

学習日　　月　　日

正答数　　／10

問題 グラフが示す、日本が輸入している工業製品の品目と、その相手国の名前を輸入量の多い順に書きましょう。

ヒント 円グラフの数字やほかの国名をよく見て考えましょう。

品目

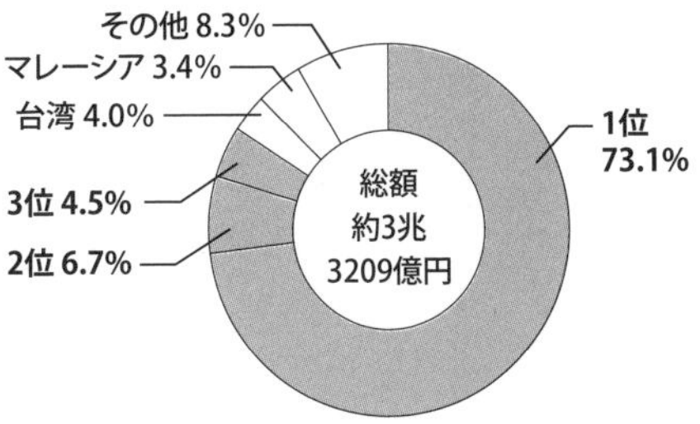

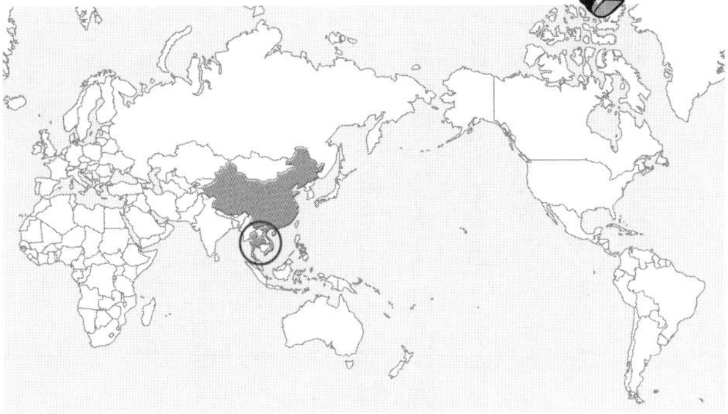

1位　　　2位　　　3位

品目

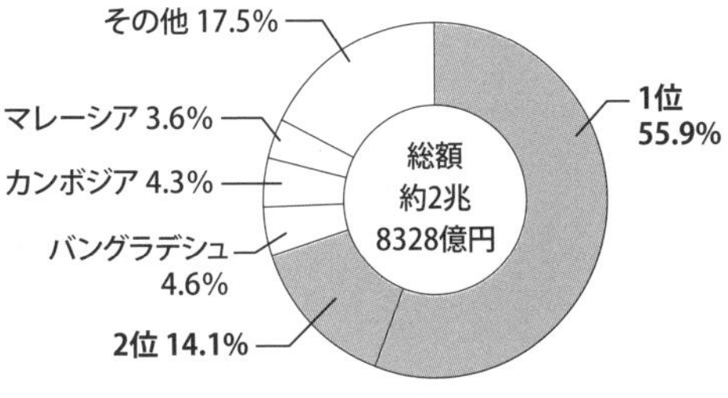

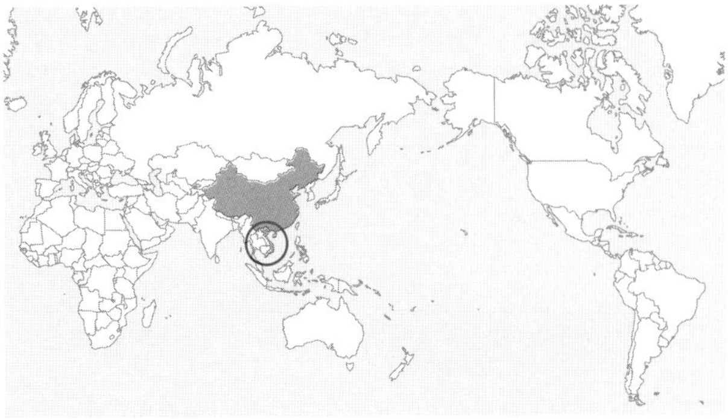

1位　　　2位

品目

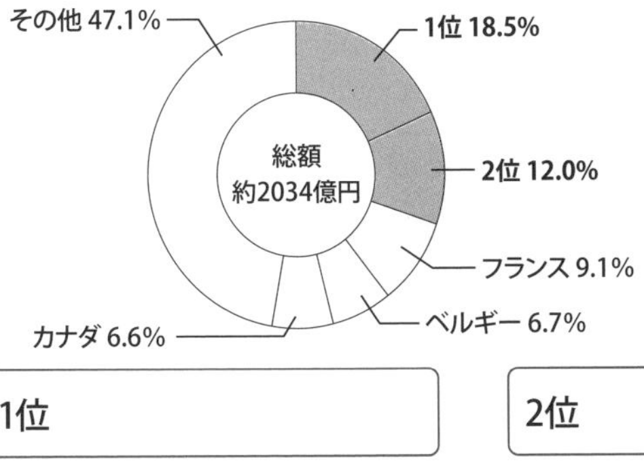

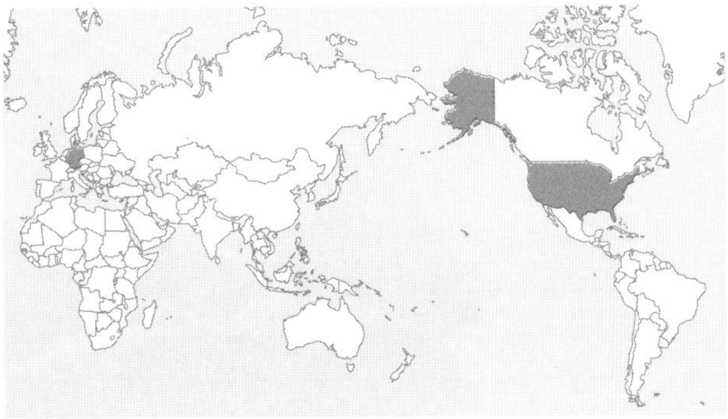

1位　　　2位

参考　財務省「貿易統計」(2021)

解答▸▸▸別冊32ページ

レアメタルと都市鉱山

地球上には現在確認されているだけで、118種類の元素があります。そのうち、産出量が少なく、取り出すのが難しい希少な（非常に珍しい）31種類の金属のことを「レアメタル」といいます。

レアメタルは、現代の生活に、絶対に欠かせないものです。身近なところでは、リチウムは充電式電池に、インジウムは液晶テレビのパネルに、タングステンはドリル・カッターなどの工具に、それぞれ用いられています。スマートフォンを作るためには、何種類ものレアメタルが必要となります。

資源に乏しい日本は、レアメタルもほとんど自国で採掘できないため、その多くを外国からの輸入に頼っていますが、実は日本にはレアメタルが埋もれている鉱山があります。それが「都市鉱山」です。

都市鉱山とは、使用済みの家電・携帯電話・パソコンなどに使われている未回収の金属材料を資源と見なし、それが集まる場所を都市の中の鉱山に見立てたもの。未回収品をリサイクルすることで、レアメタルなど金属資源の確保を目指す考え方です。

日本の都市鉱山には、金が約6千800トン、銀は約6万トン蓄積されているといいます。これは、世界全体の埋蔵量（鉱山に埋まっているとされる量）に対して、金は約16％、銀が約22％もの割合。また他の金属では、すずが約11％、タンタルが約10％、インジウムが約16％と、いずれも非常に高い割合です。

これらの金属をごみと一緒に廃棄せずに、すべてリサイクルに回すことができれば、日本は世界でも有数の「資源大国」になることができるのです。

石油に関するあれこれ

日本のエネルギー消費量は世界第5位。私たちは非常に多くのエネルギーを消費しています。そのエネルギーの大半は火力発電で生み出しており、その資源となる石油・石炭・天然ガスなどの化石燃料は、ほぼすべて外国からの輸入に頼っています。

なかでも多くの割合を占めるのが石油です。油田などから採取直後のものを原油といいますが、昔は、真っ黒な色と独特なにおいから「臭水《くそうず》」と呼ばれていました。

日本は年間で約1億5千８００キロリットルの原油を輸入しており、そのうち約94％はサウジアラビア・アラブ首長国連邦などの中東（西アジア）地域が輸入元です。

日本国内で採れる原油は、国内で必要な量の約０・３％しかありません。

周りを海に囲まれている日本は、原油の輸入にタンカーを用います。中東からタンカーで輸送すると片道の航海で約20日、積んでいる原油の積み下ろしに約5日かかるので、往復で約45日間もかかることになります。

中東から日本への最短ルートは、マラッカ・シンガポール海峡を通るルート（オイルロード）です。ここは世界で最も通行が困難な海峡の1つで、大型タンカーは通行ができず、少し小さめの30万トンタンカーを使用しています（超大型の50万トンタンカーは別のルートで2日以上も遠回りしなければいけません）。

小さいといっても、タンカーの長さは約３００メートル。現在はコンピュータで管理制御しているため、乗組員は20名程度で航海しています。長い船旅をできるだけ快適に過ごせるよう、船上では釣りや野球を楽しんだり、クリスマスや年末年始のイベントが企画されるなど、さまざまに工夫されているそうです。

石油タンカーの航路

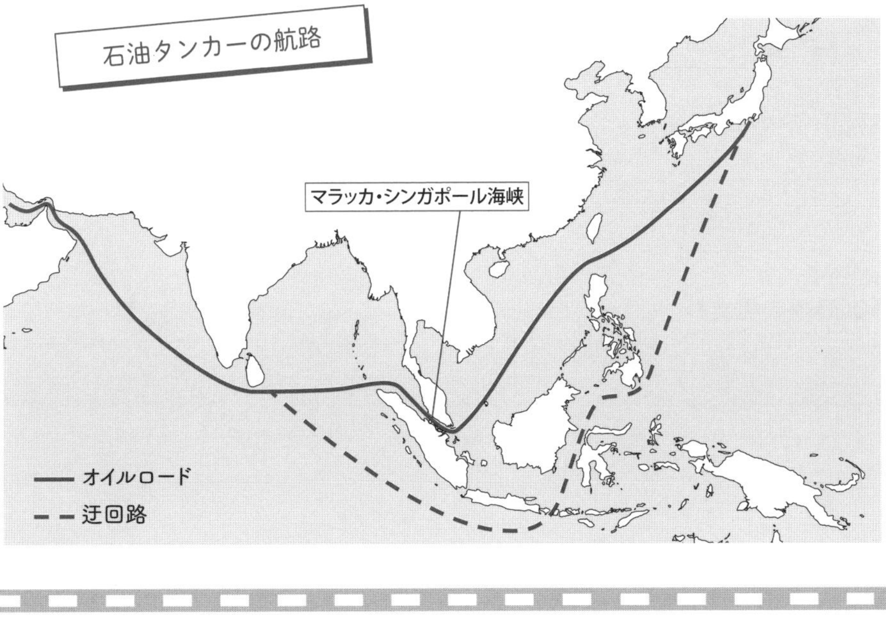

62 九州地方1　地形

学習日　　月　　日
正答数　　／17

問題 ヒントを参考にして、
地図で示された地名を書きましょう。

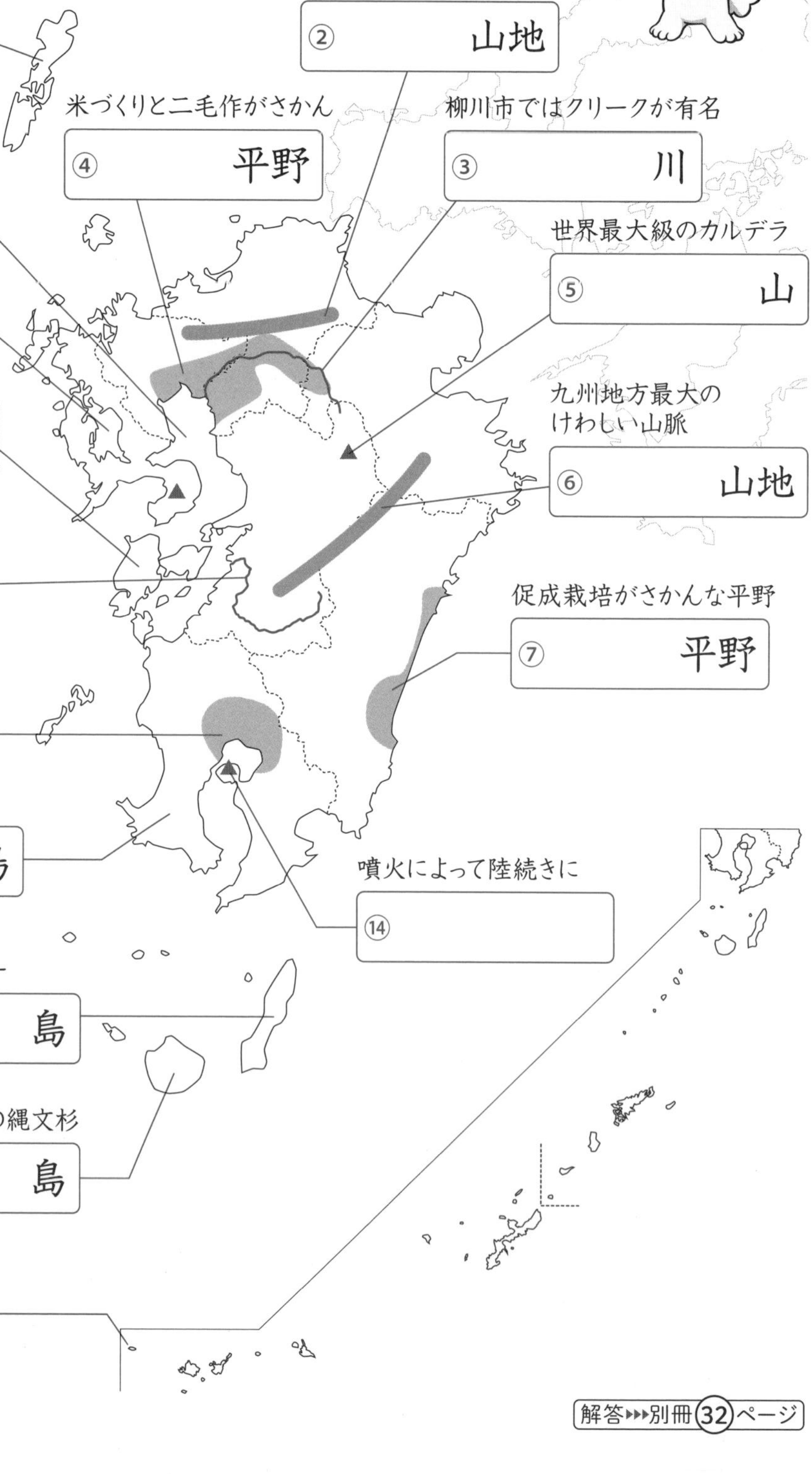

① 江戸時代は朝鮮半島との窓口　［　　　　］

② 東西に走るなだらかな山地　［　　　　山地］

③ 柳川市ではクリークが有名　［　　　　川］

④ 米づくりと二毛作がさかん　［　　　　平野］

⑤ 世界最大級のカルデラ　［　　　　山］

⑥ 九州地方最大のけわしい山脈　［　　　　山地］

⑦ 促成栽培がさかんな平野　［　　　　平野］

⑧ のりの養殖がさかん　［　　　　海］

⑨ 真珠の養殖　［　　　　湾］

⑩ 世界文化遺産に登録　［　　　　諸島］

⑪ 日本三大急流のひとつ　［　　　　川］

⑫ 火山灰が積もってできた水はけのよい土地　［　　　　台地］

⑬ さつまいもの語源　［　　　　半島］

⑭ 噴火によって陸続きに　［　　　　］

⑮ 昔は鉄砲、今は宇宙センター　［　　　　島］

⑯ 世界自然遺産　樹齢5000年の縄文杉　［　　　　島］

⑰ 日本最西端の島　［　　　　島］

地方の地形と産業
入試重要度★★★

解答▸▸▸別冊32ページ

63 九州地方2 工業・交通など

学習日　　月　　日

正答数　　／15

問題 ヒントを参考にして、地図で示された地名を書きましょう。

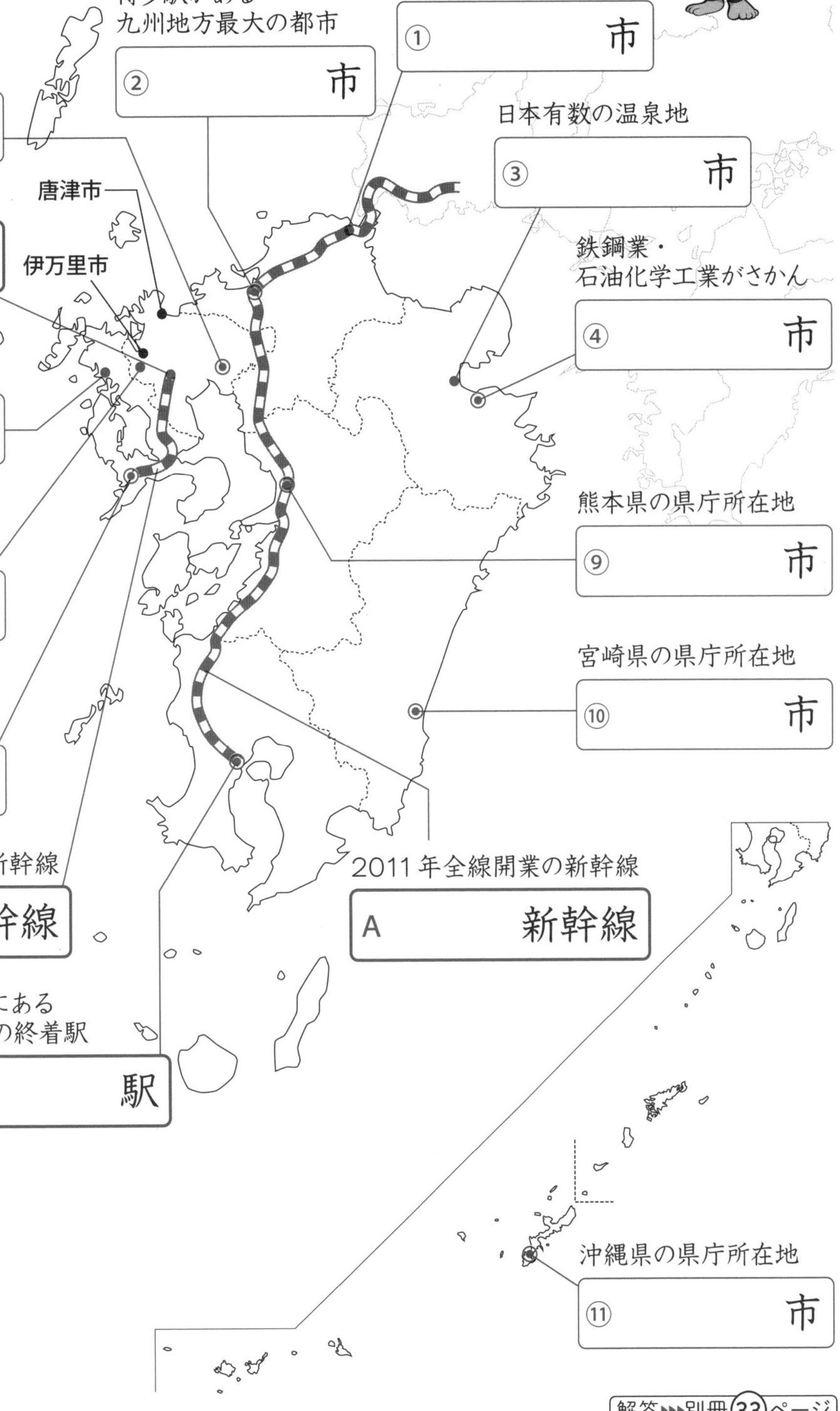

鉄鋼業がさかん。八幡製鉄所がある
① 市

博多駅がある九州地方最大の都市
② 市

日本有数の温泉地
③ 市

鉄鋼業・石油化学工業がさかん
④ 市

佐賀県の県庁所在地
⑤ 市

造船業がさかんな工業都市
⑥ 市

伝統工芸品の焼き物生産がさかん
⑦ 町

長崎県の県庁所在地
⑧ 市

熊本県の県庁所在地
⑨ 市

宮崎県の県庁所在地
⑩ 市

沖縄県の県庁所在地
⑪ 市

2011年全線開業の新幹線
A 新幹線

鹿児島にある新幹線の終着駅
B 駅

新幹線の始発駅
C 駅

2022年に開通した新幹線
D 新幹線

解答▸▸▸別冊33ページ

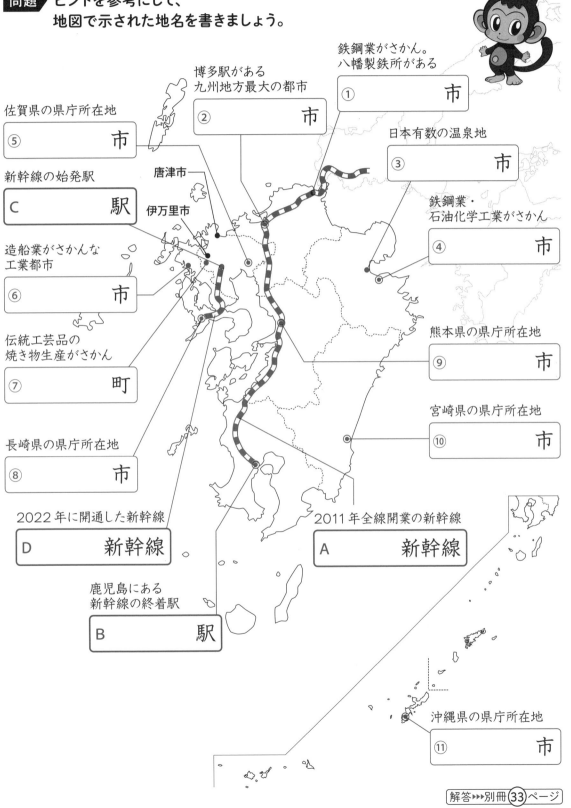

64 中国地方1　地形

学習日　　月　　日
正答数　　／17

問題 ヒントを参考にして、
地図で示された地名を書きましょう。

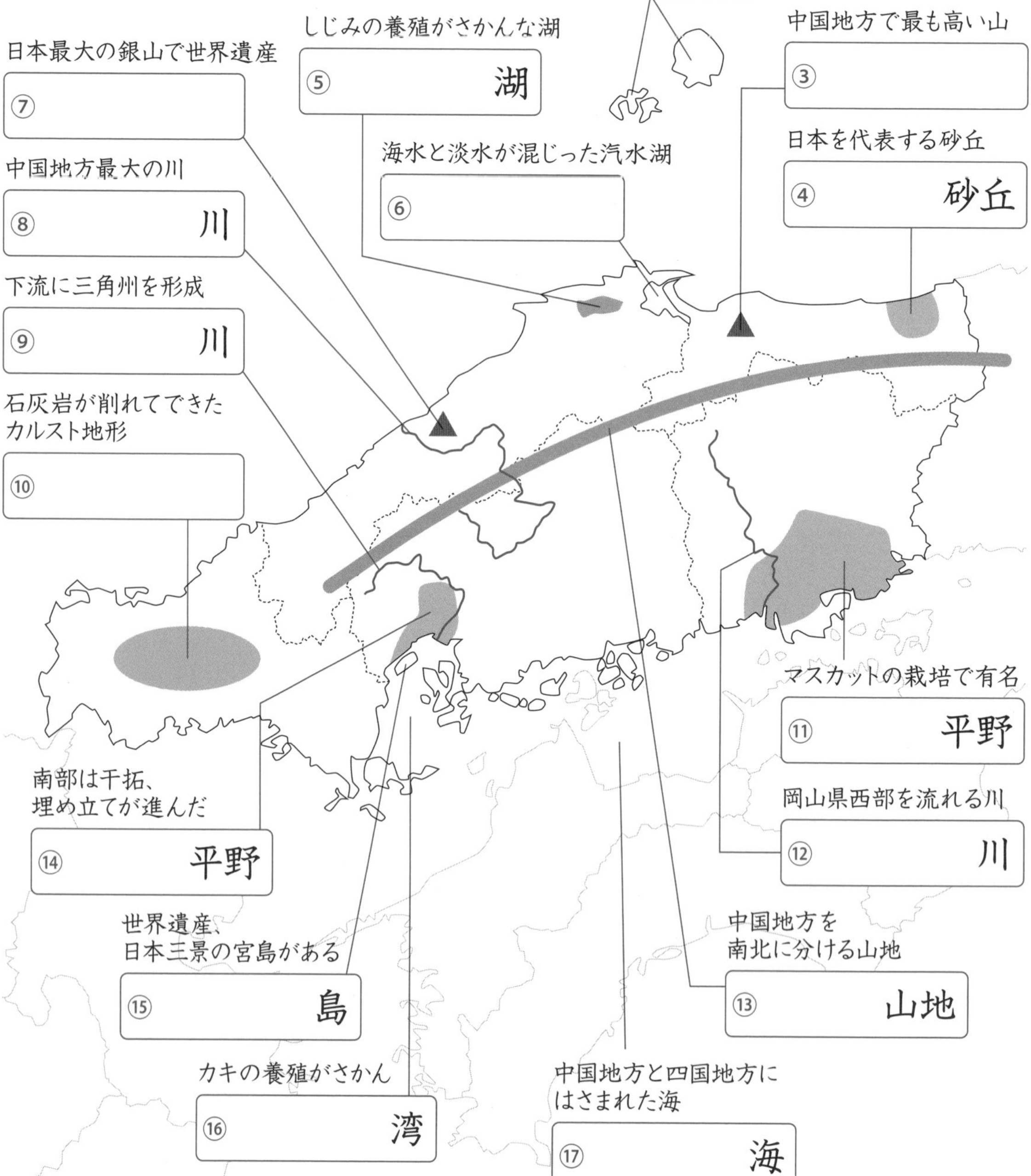
日本とユーラシア大陸にはさまれた海
①　海
昔は罪人の流刑地
②　諸島

地方の地形と産業

入試重要度★★★

解答▸▸▸別冊33ページ

65 中国地方2 工業・交通など

学習日　　月　　日
正答数　　／13

問題 ヒントを参考にして、
地図で示された地名を書きましょう。

解答▸▸▸別冊34ページ

66 四国地方1　地形

学習日　　月　　日
正答数　　／14

問題　ヒントを参考にして、
地図で示された地名を書きましょう。

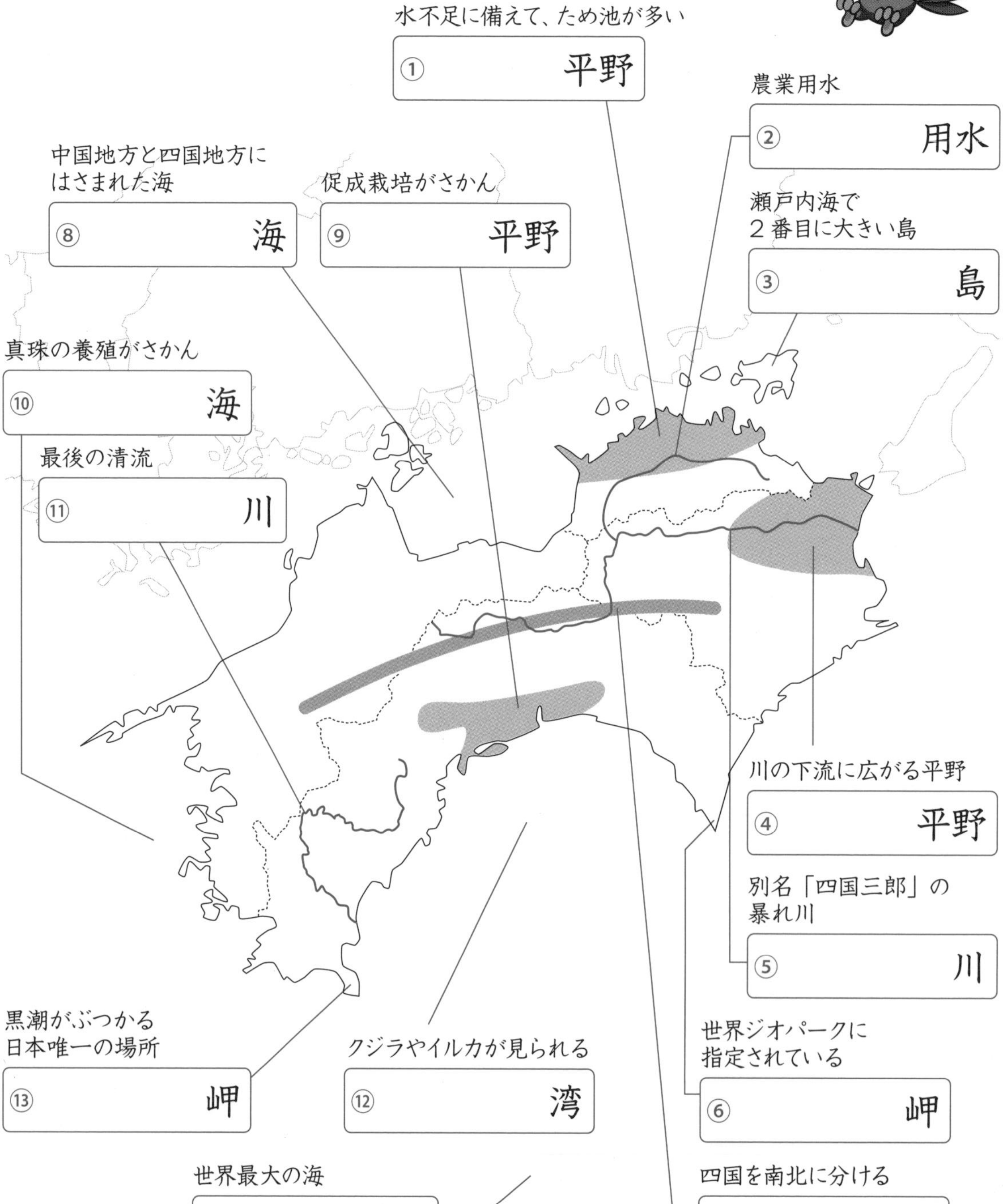

地方の地形と産業
入試重要度★★★

解答▸▸▸別冊 34 ページ

67 四国地方2 工業・交通など

学習日　　月　　日
正答数　　／11

問題 ヒントを参考にして、地図で示された地名を書きましょう。

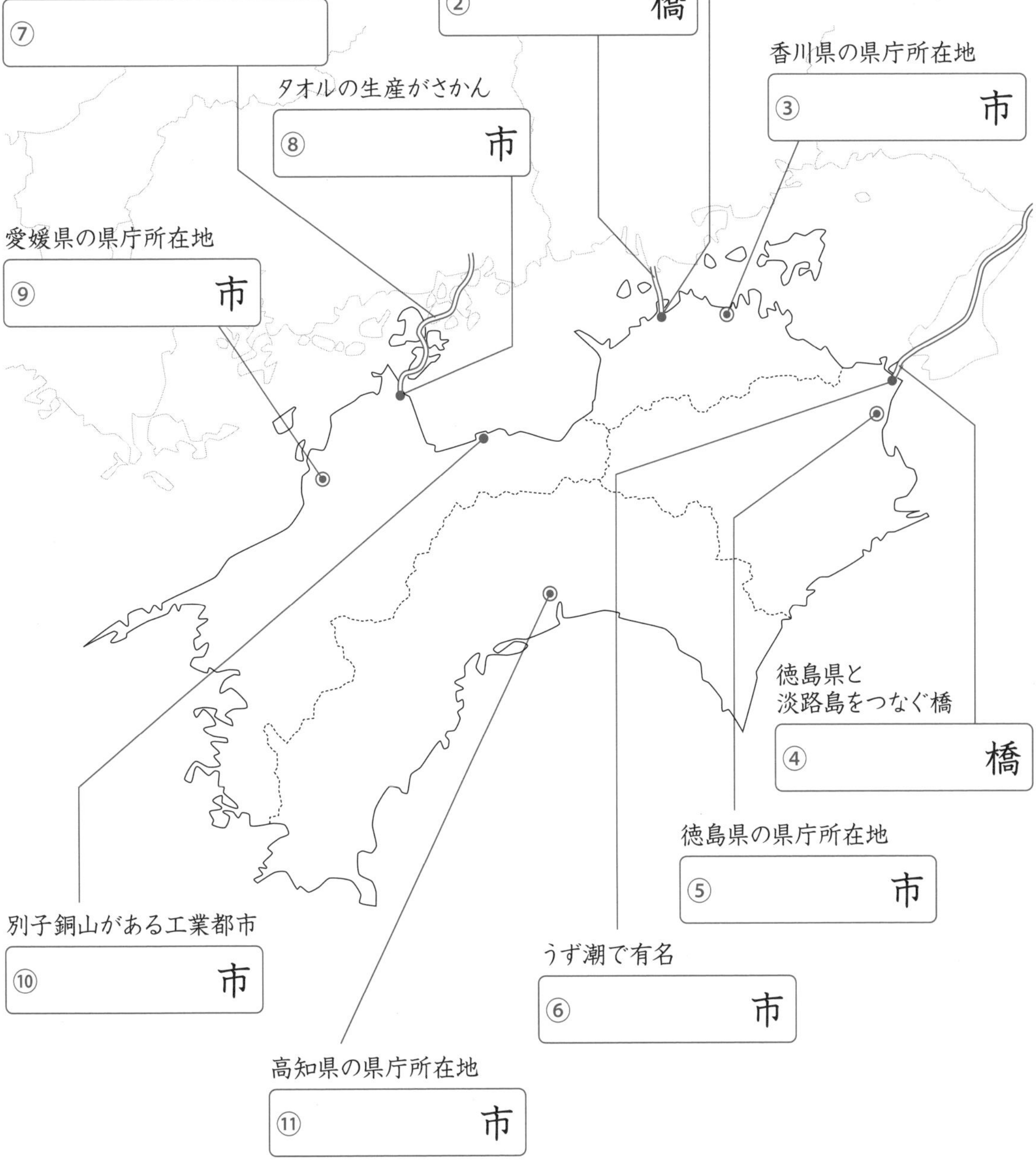
造船業がさかん
① 市
香川県と岡山県を結ぶ
② 橋
愛媛県と広島県を結ぶ

地方の地形と産業

入試重要度★★★

解答▸▸▸別冊35ページ

68 近畿地方1　地形

学習日　　月　　日
正答数　　／15

問題 ヒントを参考にして、
地図で示された地名を書きましょう。

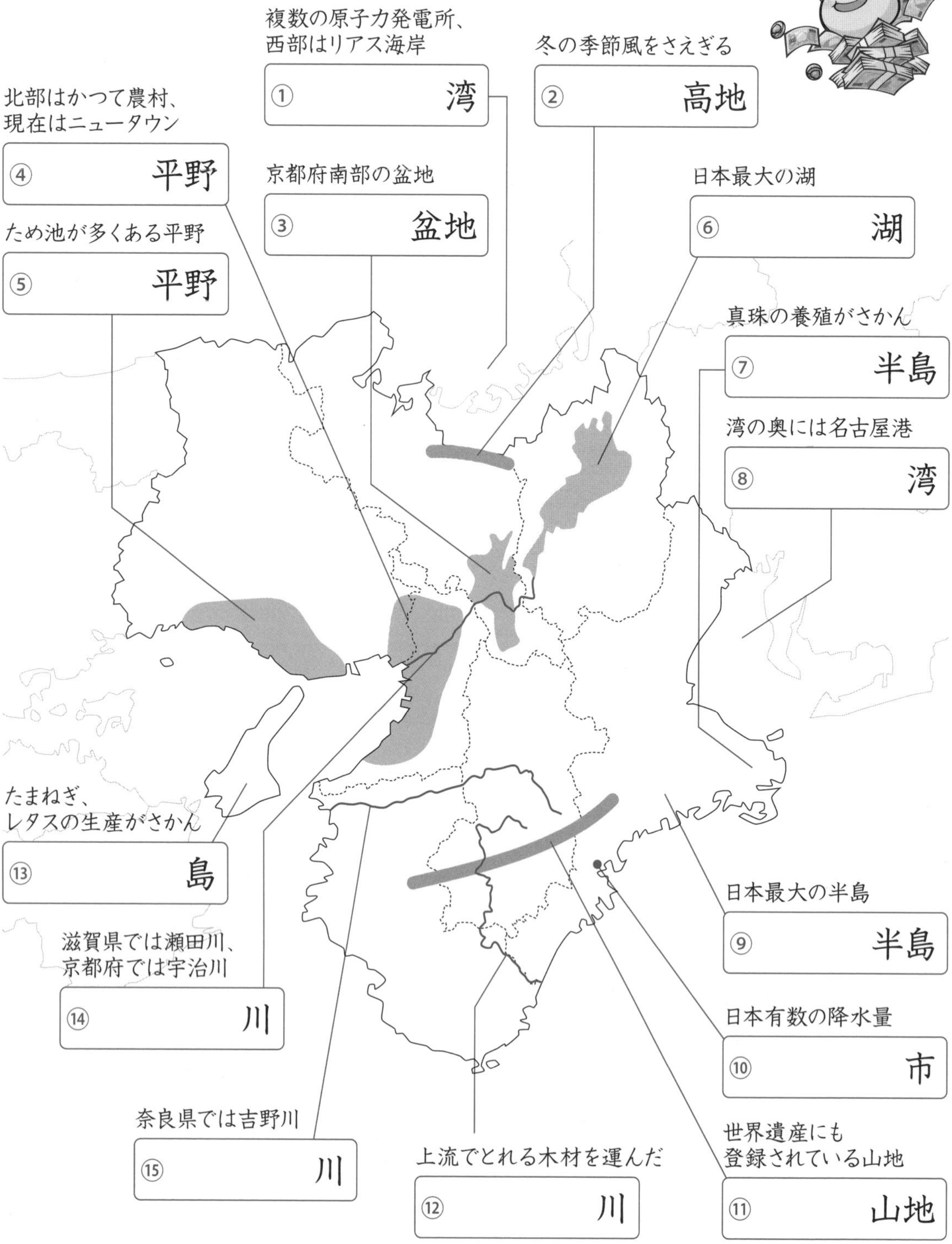

解答▸▸▸別冊35ページ

69 近畿地方2 工業・交通など

学習日　　月　　日

正答数　　／16

問題 ヒントを参考にして、
地図で示された地名を書きましょう。

京都府の府庁所在地
① 　　市

滋賀県の県庁所在地
② 　　市

明石市と淡路島を結ぶ橋
④ 　　橋

大阪府の府庁所在地
③ 　　市

東京駅から新大阪駅までを結ぶ
A 　　新幹線

日本の標準時
子午線が通る
⑤ 　　市

名古屋と神戸を結ぶ高速道路
B 　　高速道路

石油化学。
三重県の人口１位
⑥ 　　市

兵庫県の県庁所在地
⑬ 　　市

三重県の県庁所在地
⑦ 　　市

24時間使用可能な海上空港
C 　　空港

奈良県の県庁所在地
⑧ 　　市

電気機器
⑨ 　　市

和歌山県の県庁所在地
⑫ 　　市

せんい工業
⑪ 　　市

鉄鋼業
⑩ 　　市

解答▶▶▶別冊36ページ

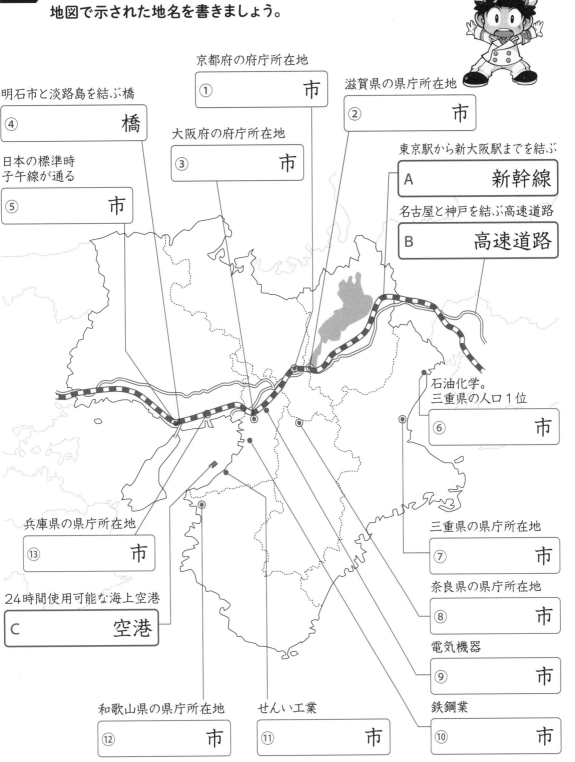

70 中部地方１　地形

学習日　　月　　日
正答数　　／21

問題 ヒントを参考にして、地図で示された地名を書きましょう。

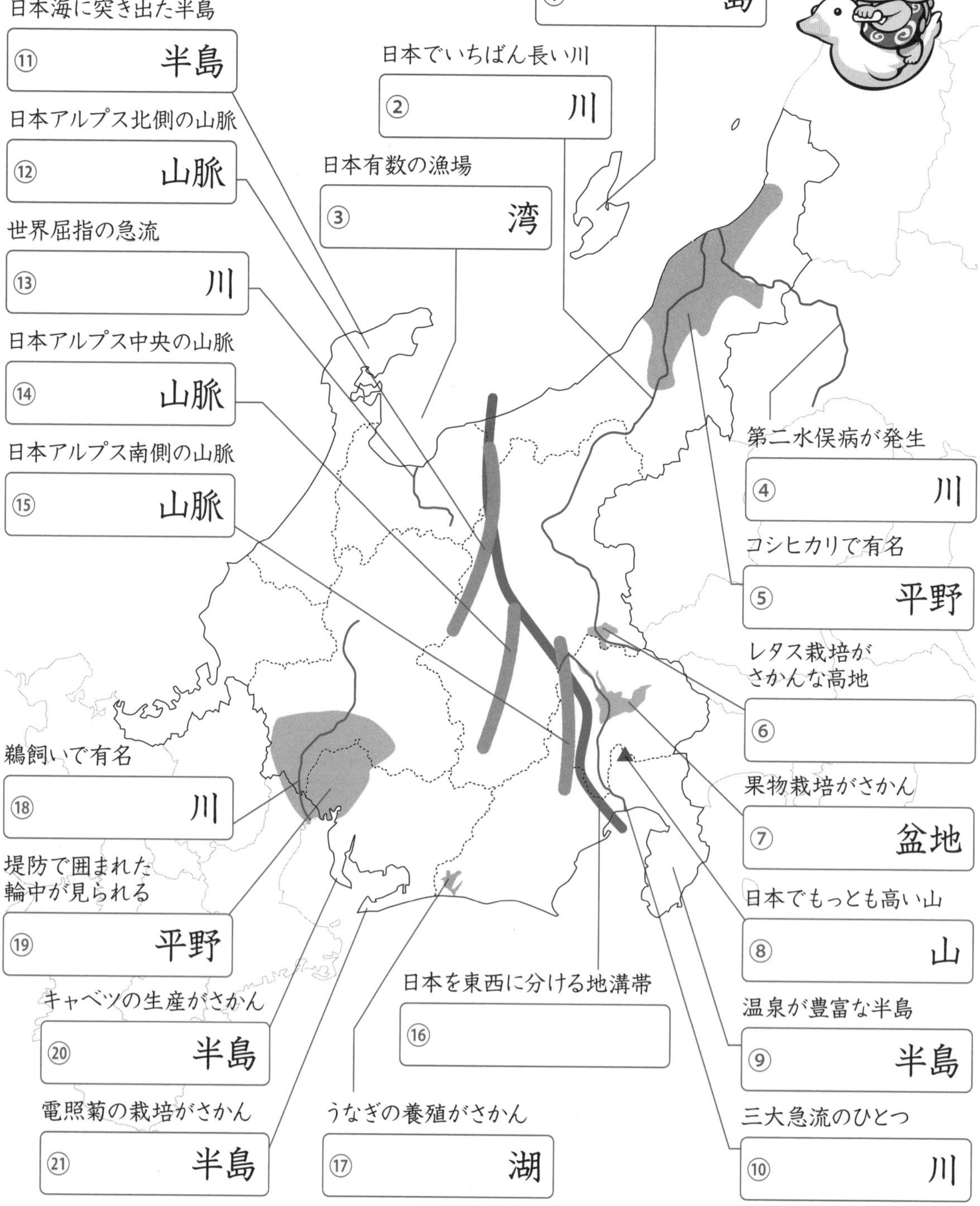

天然記念物のトキが繁殖
① 　　島

日本でいちばん長い川
② 　　川

日本有数の漁場
③ 　　湾

第二水俣病が発生
④ 　　川

コシヒカリで有名
⑤ 　　平野

レタス栽培がさかんな高地
⑥

果物栽培がさかん
⑦ 　　盆地

日本でもっとも高い山
⑧ 　　山

温泉が豊富な半島
⑨ 　　半島

三大急流のひとつ
⑩ 　　川

日本海に突き出た半島
⑪ 　　半島

日本アルプス北側の山脈
⑫ 　　山脈

世界屈指の急流
⑬ 　　川

日本アルプス中央の山脈
⑭ 　　山脈

日本アルプス南側の山脈
⑮ 　　山脈

日本を東西に分ける地溝帯
⑯

うなぎの養殖がさかん
⑰ 　　湖

鵜飼いで有名
⑱ 　　川

堤防で囲まれた輪中が見られる
⑲ 　　平野

キャベツの生産がさかん
⑳ 　　半島

電照菊の栽培がさかん
㉑ 　　半島

地方の地形と産業
入試重要度★★★

解答▸▸▸別冊㊱ページ

71 中部地方2 工業・交通など

学習日　月　日
正答数　／21

問題 ヒントを参考にして、
地図で示された地名を書きましょう。

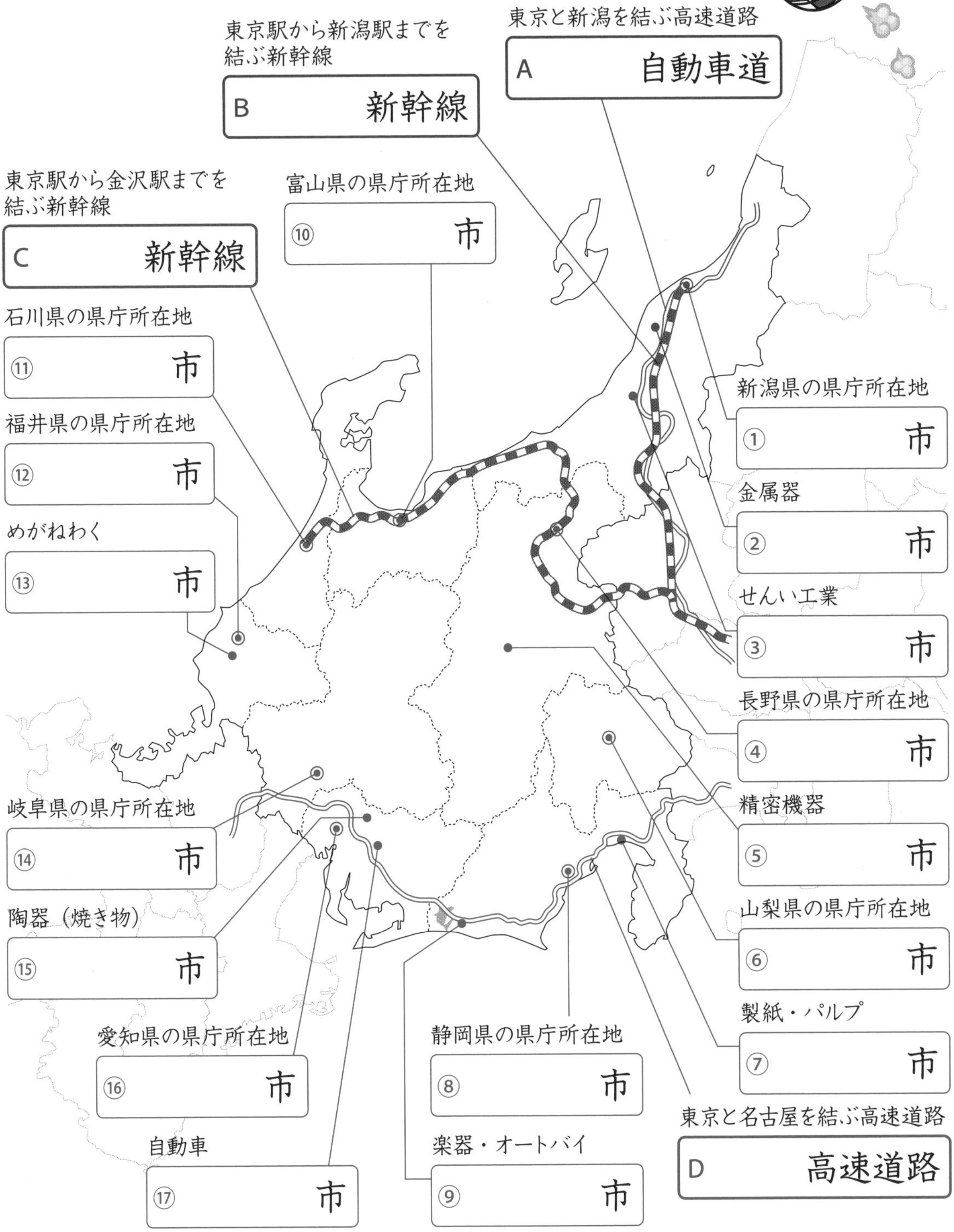

地方の地形と産業
入試重要度★★★

解答▸▸▸別冊㊲ページ

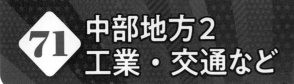

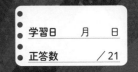

学習日　　月　　日
正答数　　／19

問題 ヒントを参考にして、
地図で示された地名を書きましょう。

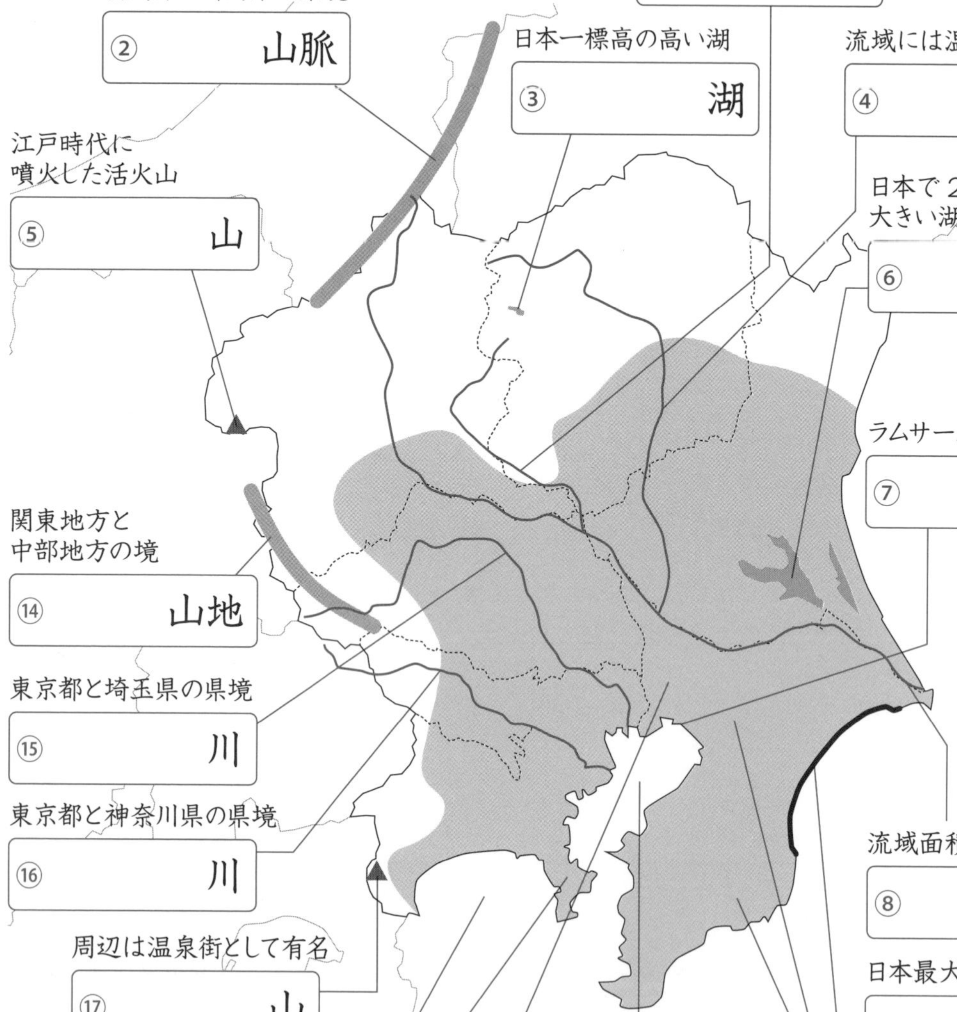

足尾銅山鉱毒事件が発生
① 　　川

新潟県と群馬県の県境
② 　　山脈

日本一標高の高い湖
③ 　　湖

流域には温泉街がある
④ 　　川

江戸時代に
噴火した活火山
⑤ 　　山

日本で２番目に
大きい湖
⑥

ラムサール条約登録地
⑦ 　　干潟

流域面積が日本一
⑧ 　　川

日本最大級の砂浜海岸
⑨ 　　浜

日本最大の平野
⑩ 　　平野

黒潮の影響で南部は温暖
⑪ 　　半島

埋め立てが進む
⑫ 　　湾

平野をおおう赤土の層
⑬ 　　層

関東地方と
中部地方の境
⑭ 　　山地

東京都と埼玉県の県境
⑮ 　　川

東京都と神奈川県の県境
⑯ 　　川

周辺は温泉街として有名
⑰ 　　山

鎌倉・小田原が面する
⑱ 　　湾

ペリーが来航した
浦賀がある
⑲ 　　半島

解答▸▸▸別冊37ページ

73 関東地方2 工業・交通など

学習日　　月　　日
正答数　　／21

問題 ヒントを参考にして、
地図で示された地名を書きましょう。

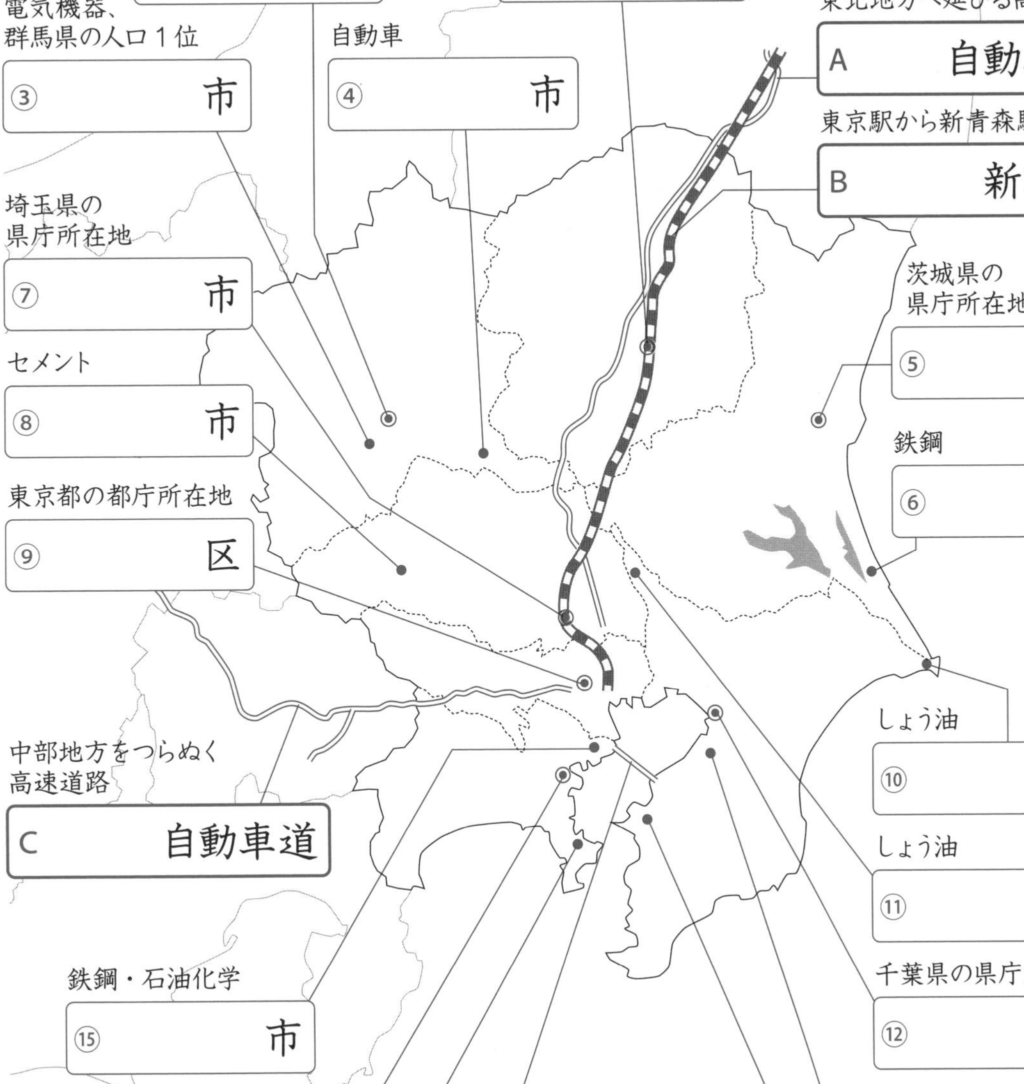

栃木県の県庁所在地
① 市

群馬県の県庁所在地
② 市

電気機器、群馬県の人口１位
③ 市

自動車
④ 市

茨城県の県庁所在地
⑤ 市

鉄鋼
⑥ 市

埼玉県の県庁所在地
⑦ 市

セメント
⑧ 市

東京都の都庁所在地
⑨ 区

しょう油
⑩ 市

しょう油
⑪ 市

千葉県の県庁所在地
⑫ 市

石油化学
⑬ 市

鉄鋼
⑭ 市

鉄鋼・石油化学
⑮ 市

神奈川県の県庁所在地
⑯ 市

自動車
⑰ 市

東北地方へ延びる高速道路
A 自動車道

東京駅から新青森駅まで
B 新幹線

中部地方をつらぬく高速道路
C 自動車道

東京湾を横断
D

解答▸▸▸別冊38ページ

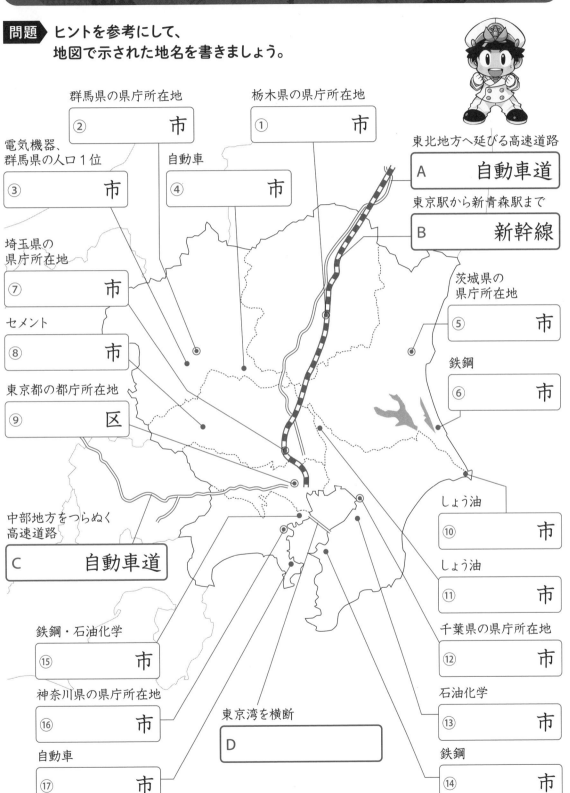

74 東北地方1　地形

学習日　月　日
正答数　／20

問題 ヒントを参考にして、
地図で示された地名を書きましょう。

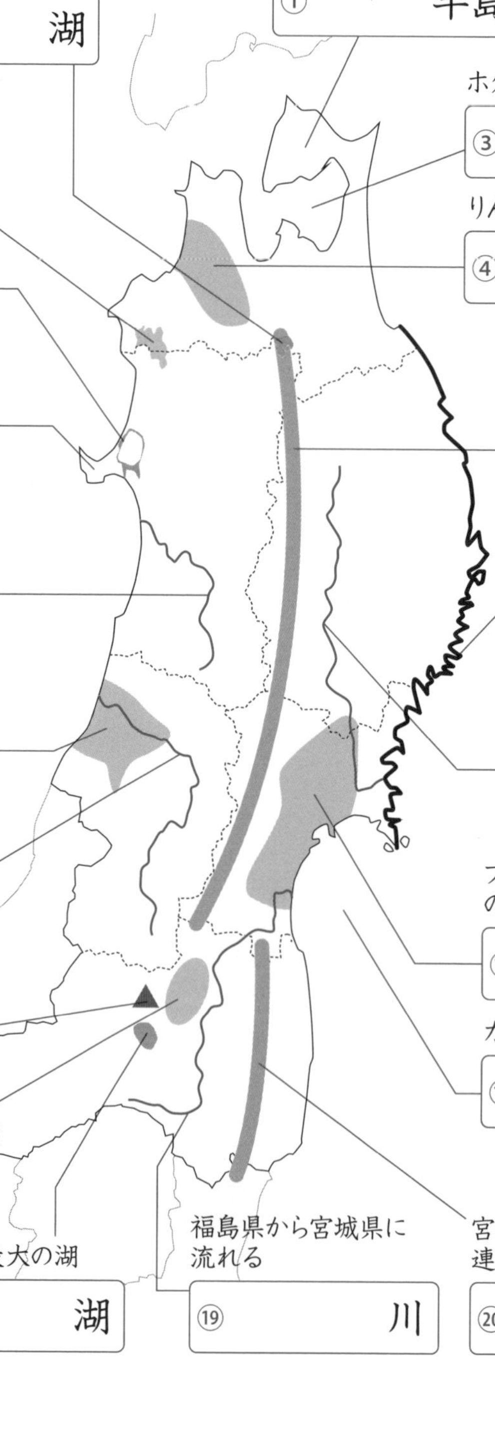

半島全体が国立公園
① 半島

火山の噴火で生まれた
カルデラ湖
② 湖

ホタテ貝の養殖がさかん
③ 湾

りんごの生産がさかん
④ 平野

世界自然遺産
ブナの原生林
⑤ 山地

日本でいちばん長い
山脈
⑥ 山脈

複雑な海岸線の
リアス海岸
⑦ 海岸

東北地方で
もっとも長い川
⑧ 川

八郎潟を埋め立て
⑨ 村

伝統芸能「なまはげ」で有名
⑩ 半島

流域は「あきたこまち」
の産地
⑪ 川

ブランド米「はえぬき」
の生産
⑫ 平野

「五月雨を　集めて早し」
⑬ 川

ブランド米「ひとめぼれ」
の生産
⑭ 平野

カキの養殖がさかん
⑮ 湾

別名「会津富士」
⑯ 山

ももの生産がさかん
⑰ 盆地

東北地方最大の湖
⑱ 湖

福島県から宮城県に
流れる
⑲ 川

宮城県から茨城県に
連なる
⑳ 高地

解答▸▸▸別冊 38 ページ

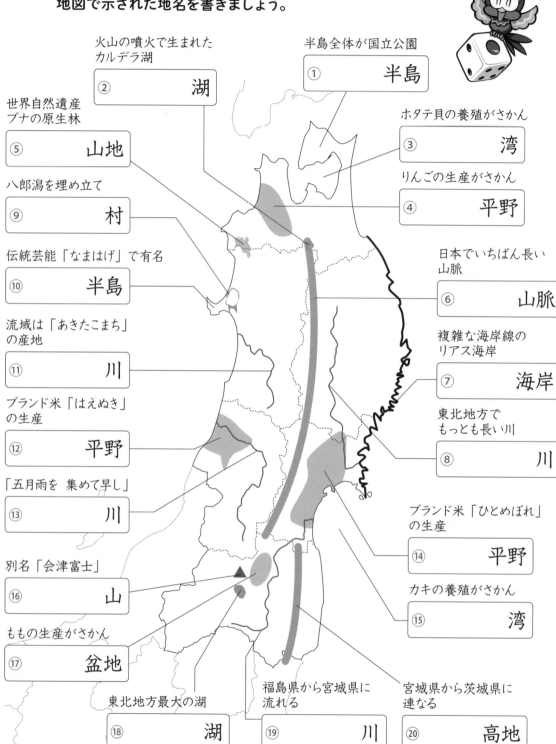

75 東北地方2 工業・交通など

学習日　　月　　日
正答数　　／14

問題 ヒントを参考にして、地図で示された地名を書きましょう。

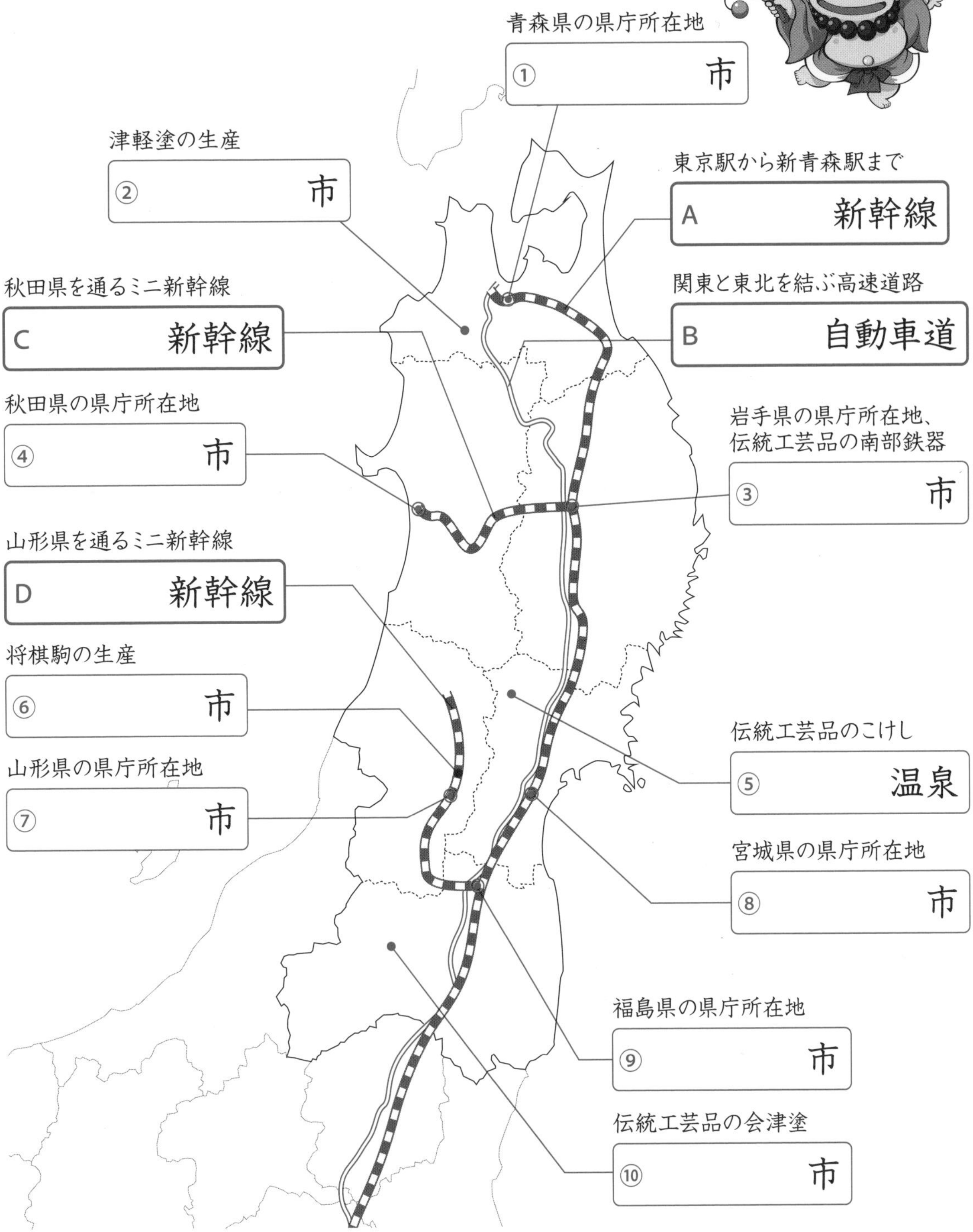

地方の地形と産業

入試重要度★★★

解答▸▸▸別冊39ページ

76 北海道地方1　地形

学習日　　月　　日
正答数　　／16

問題 ヒントを参考にして、
地図で示された地名を書きましょう。

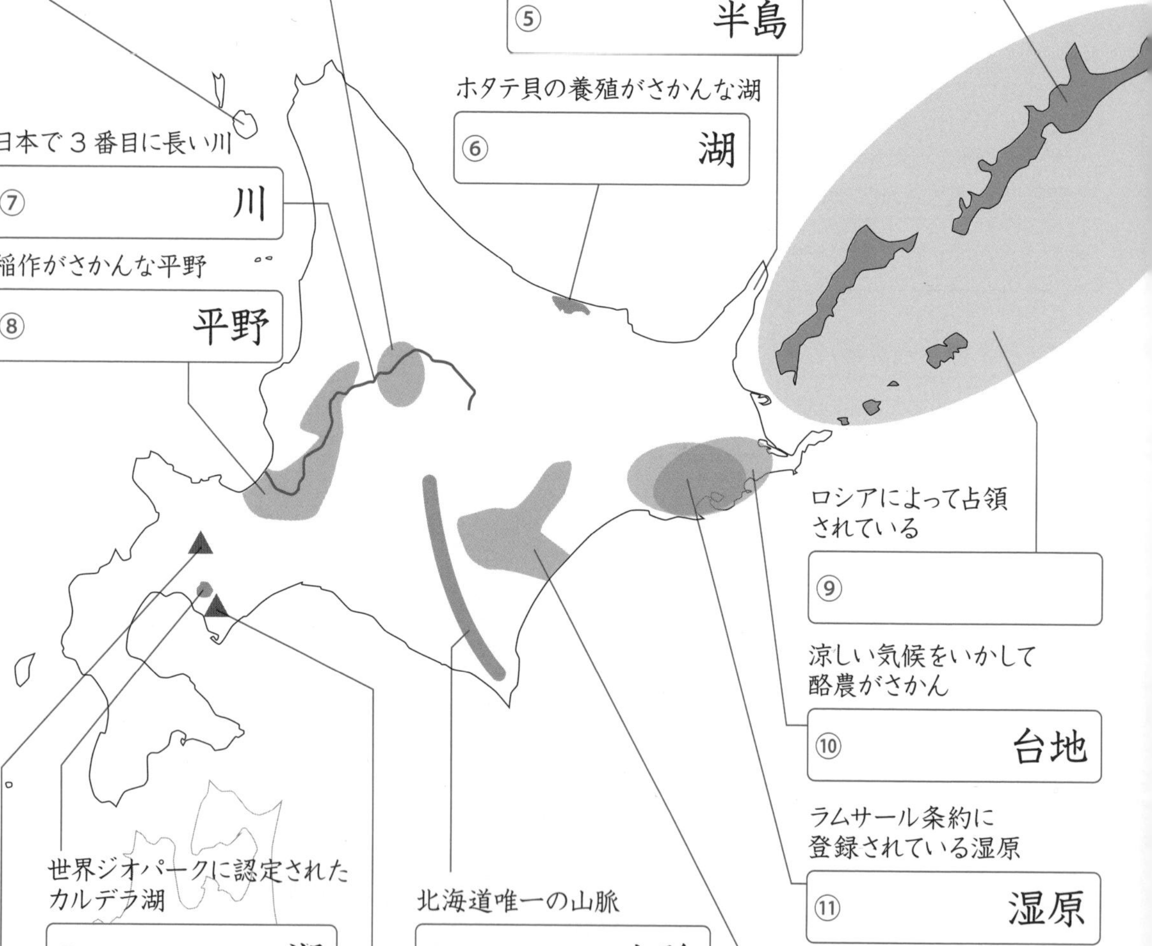

島の形がほぼ円形
① 　　島

冬は流氷が見られる
② 　　海

日本の最北端の島
③ 　　島

稲作がさかんな盆地
④ 　　盆地

世界自然遺産
⑤ 　　半島

ホタテ貝の養殖がさかんな湖
⑥ 　　湖

日本で３番目に長い川
⑦ 　　川

稲作がさかんな平野
⑧ 　　平野

ロシアによって占領されている
⑨

涼しい気候をいかして酪農がさかん
⑩ 　　台地

ラムサール条約に登録されている湿原
⑪ 　　湿原

大規模な畑作が行われる
⑫ 　　平野

世界ジオパークに認定されたカルデラ湖
⑬ 　　湖

北海道唯一の山脈
⑭ 　　山脈

別名「蝦夷富士」
⑮ 　　山

2000 年に噴火
⑯ 　　山

地方の地形と産業
入試重要度★★★

解答▸▸▸別冊39ページ

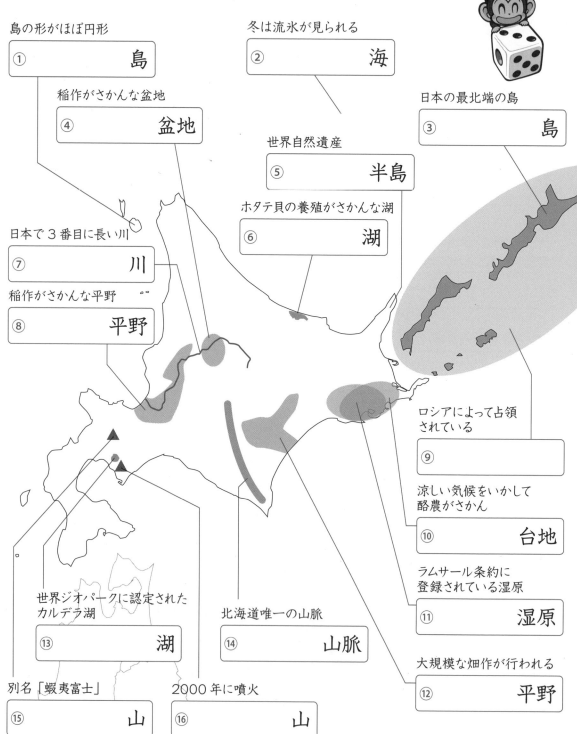

77 北海道地方2 工業・交通など

学習日　月　日
正答数　／10

問題 ヒントを参考にして、
地図で示された地名を書きましょう。

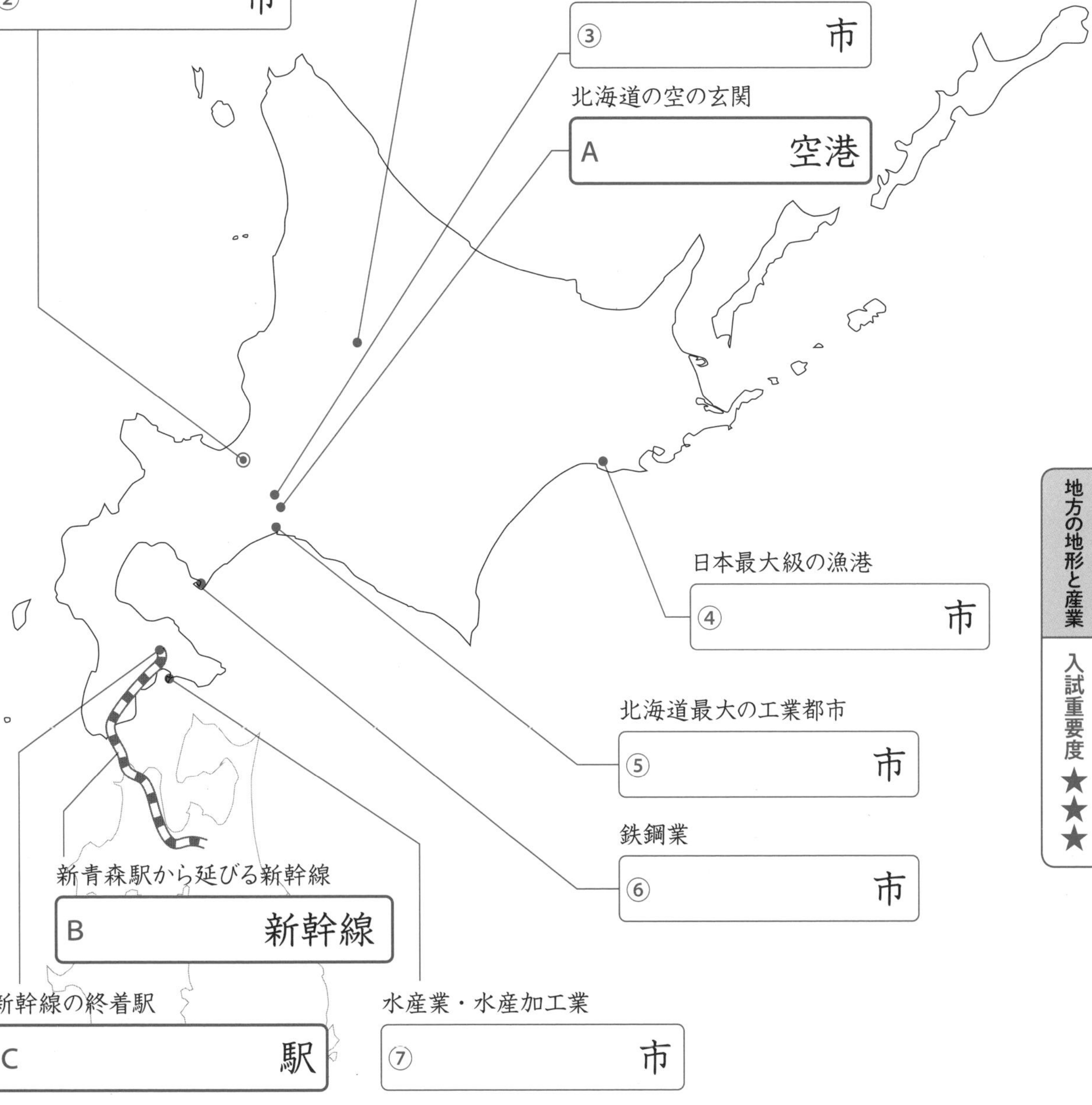

製紙・パルプ
① 市

北海道の道庁所在地
② 市

電子機器
③ 市

北海道の空の玄関
A 空港

日本最大級の漁港
④ 市

北海道最大の工業都市
⑤ 市

鉄鋼業
⑥ 市

新青森駅から延びる新幹線
B 新幹線

新幹線の終着駅
C 駅

水産業・水産加工業
⑦ 市

解答▸▸▸別冊40ページ

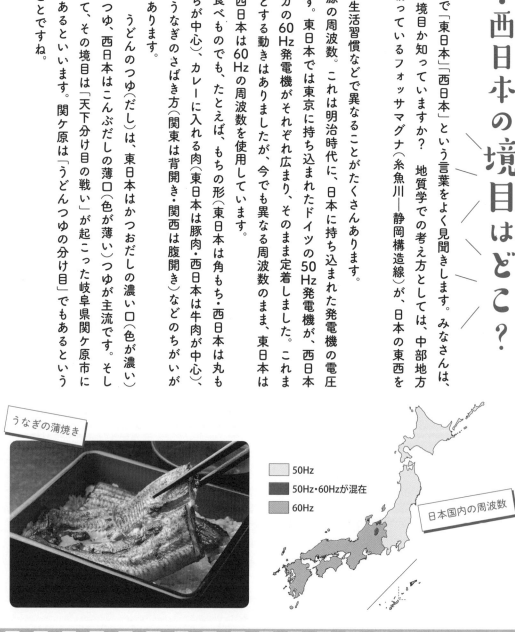

東日本・西日本の境目はどこ？

天気予報やニュースなどで「東日本」「西日本」という言葉をよく見聞きします。みなさんは、日本のどこが東と西の境目か知っていますか？　地質学での考え方としては、中部地方のページ（P82）にも載っているフォッサマグナ（糸魚川―静岡構造線）が、日本の東西を分ける境目だとされています。

東日本と西日本では、食べ物や生活習慣などで異なることがたくさんあります。

たとえば、家庭で使用する電源の周波数。これは明治時代に、日本に持ち込まれた発電機の電圧が異なっていたことに由来します。東日本では東京に持ち込まれたドイツの50Hz発電機が、西日本では大阪に持ち込まれたアメリカの60Hz発電機がそれぞれ広まり、そのまま定着しました。これまでにも何度か国内で統一しようとする動きはありましたが、今でも異なる周波数のまま、東日本は50Hz、西日本は60Hzの周波数を使用しています。

食べものでも、たとえば、もちの形（東日本は角もち・西日本は丸もちが中心）、カレーに入れる肉（東日本は豚肉・西日本は牛肉が中心）、うなぎのさばき方（関東は背開き・関西は腹開き）などのちがいがあります。

うどんのつゆ（だし）は、東日本はかつおだしの濃い口（色が濃い）つゆ、西日本はこんぶだしの薄口（色が薄い）つゆが主流です。そして、その境目は「天下分け目の戦い」が起こった岐阜県関ケ原市にあるといいます。関ケ原は「うどんつゆの分け目」でもあるということですね。

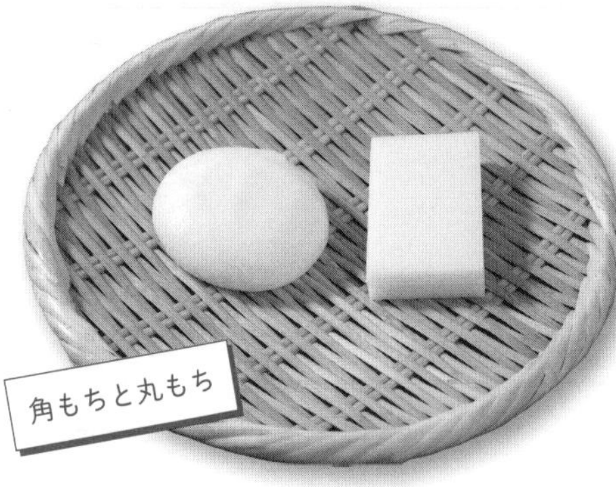

角もちと丸もち

うなぎの蒲焼き

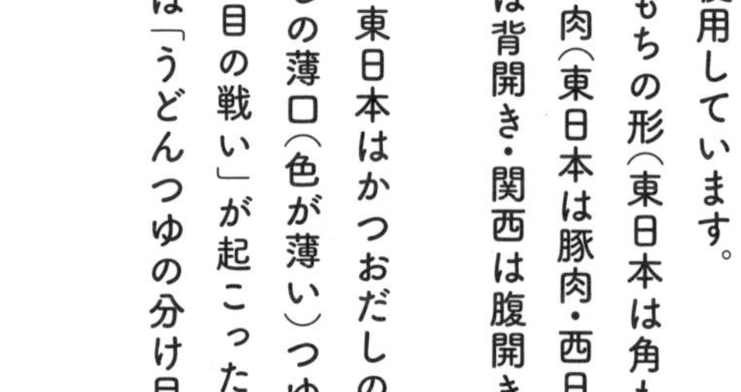

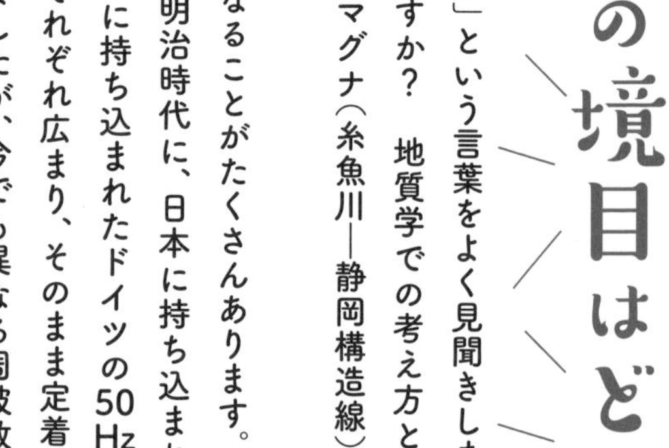

日本国内の周波数

伝統的工芸品の今とこれから

日本には「伝統的工芸品」という、古くから受け継がれてきた技や作り方を用いた工芸品が各地にあります。経済産業省が認定・登録を行っており、2023年10月の時点で241品目が指定されています。

「日常生活で使われる」「大事な部分は手作業で作る」「受け継がれてきた技術で作る」「受け継がれてきた原材料を使う」「ある地域の中で多くの人が作っている」という5つの項目がその条件で、有名なものでは佐賀県の「有田焼」や岩手県の「南部鉄器」があります。また飲食店の店先で見かけるタヌキの置物も、滋賀県の「信楽《しがらき》焼《やき》」という伝統的工芸品です。

今、伝統的工芸品は多くの課題を抱えています。まずは「後継者《あとつぎ》問題」。現在の作り手・職人が高齢化しており、後継者がいなければ技術が途絶えてしまいます。「原材料・道具の不足」も深刻です。岐阜県の「美濃和紙」は、茨城県や高知県で採れる楮《こうぞ》の白皮を使用して作りますが、国産楮白皮の生産量は年々減少しています。安くて大量に手に入る外国産に切り替えると品質に影響するため、すべてを外国産にするのは難しいようです。

最近では、外国人観光客のお土産《みやげ》として、また、アニメや映画をきっかけにブームになったものもあります。みなさんも日常的に伝統的工芸品を使ってみてはいかがでしょうか。

経済産業大臣指定
伝統的工芸品の
「伝統マーク」

信楽焼

南部鉄器

78 日本の世界遺産

学習日　　月　　日
正答数　　／18

問題 世界遺産として登録されている代表的な日本の文化遺産、自然遺産を書きましょう。

豊かな自然が残る
① 　　　　半島

ブナの原生林が残る
② 　　　　山地

浄土を表す建築・庭園
③

徳川家康をまつる
④

明治時代の官営模範工場
⑤

信仰の対象と芸術の源泉
⑥ 　　　　山

百舌鳥・古市古墳群にある世界最大の墓
⑦ 　　　　古墳

白川郷・五箇山にある伝統的な住居
⑧

最古の木造建築
⑨ 　　　　寺

別名「白鷺城」
⑩ 　　　　城

自然と共存した鉱山
⑪

潜伏キリシタンが多くいた諸島
⑫ 　　　　諸島

明治日本の産業革命遺産の中心
⑬

戦争の悲劇を伝える「負の遺産」
⑭

海に浮かぶ大鳥居
⑮ 　　　　神社

樹齢5000年の縄文杉がある
⑯ 　　　　島

別名「東洋のガラパゴス」
⑰ 　　　　諸島

グスク（城）群が残る、かつての王国
⑱ 　　　　王国

解答▸▸▸別冊40ページ

79 日本の名所

学習日　月　日
正答数　／13

問題 ヒントを参考にして、日本を代表する名所の名前を書きましょう。

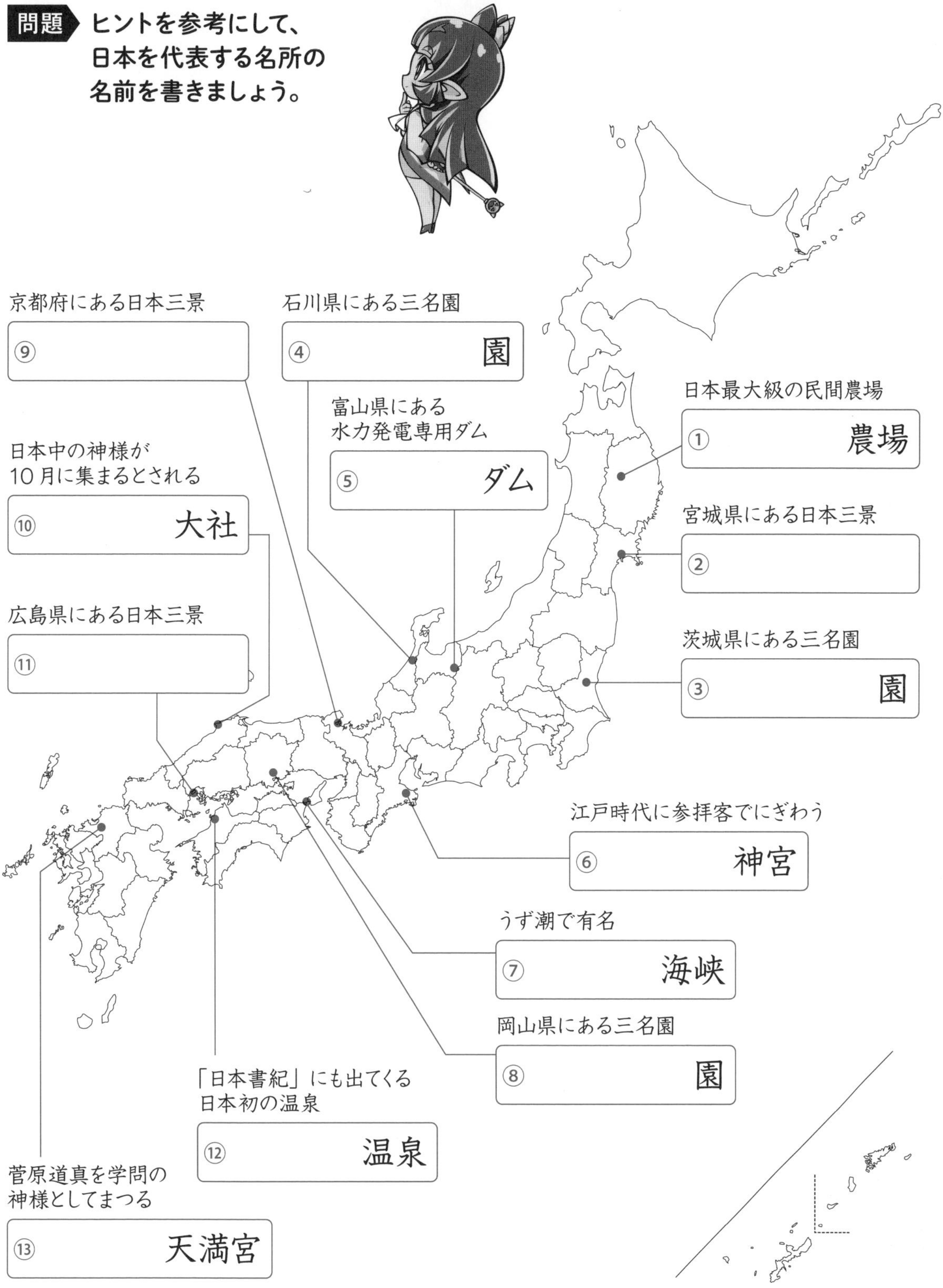

日本最大級の民間農場
① 農場

宮城県にある日本三景
②

茨城県にある三名園
③ 園

石川県にある三名園
④ 園

富山県にある水力発電専用ダム
⑤ ダム

江戸時代に参拝客でにぎわう
⑥ 神宮

うず潮で有名
⑦ 海峡

岡山県にある三名園
⑧ 園

京都府にある日本三景
⑨

日本中の神様が10月に集まるとされる
⑩ 大社

広島県にある日本三景
⑪

「日本書紀」にも出てくる日本初の温泉
⑫ 温泉

菅原道真を学問の神様としてまつる
⑬ 天満宮

歴史と文化

入試重要度★★☆

解答▸▸▸別冊41ページ

80 日本の主な祭り

学習日　　月　　日
正答数　　／16

問題 ヒントを参考にして、各地の祭りの名称を書きましょう。

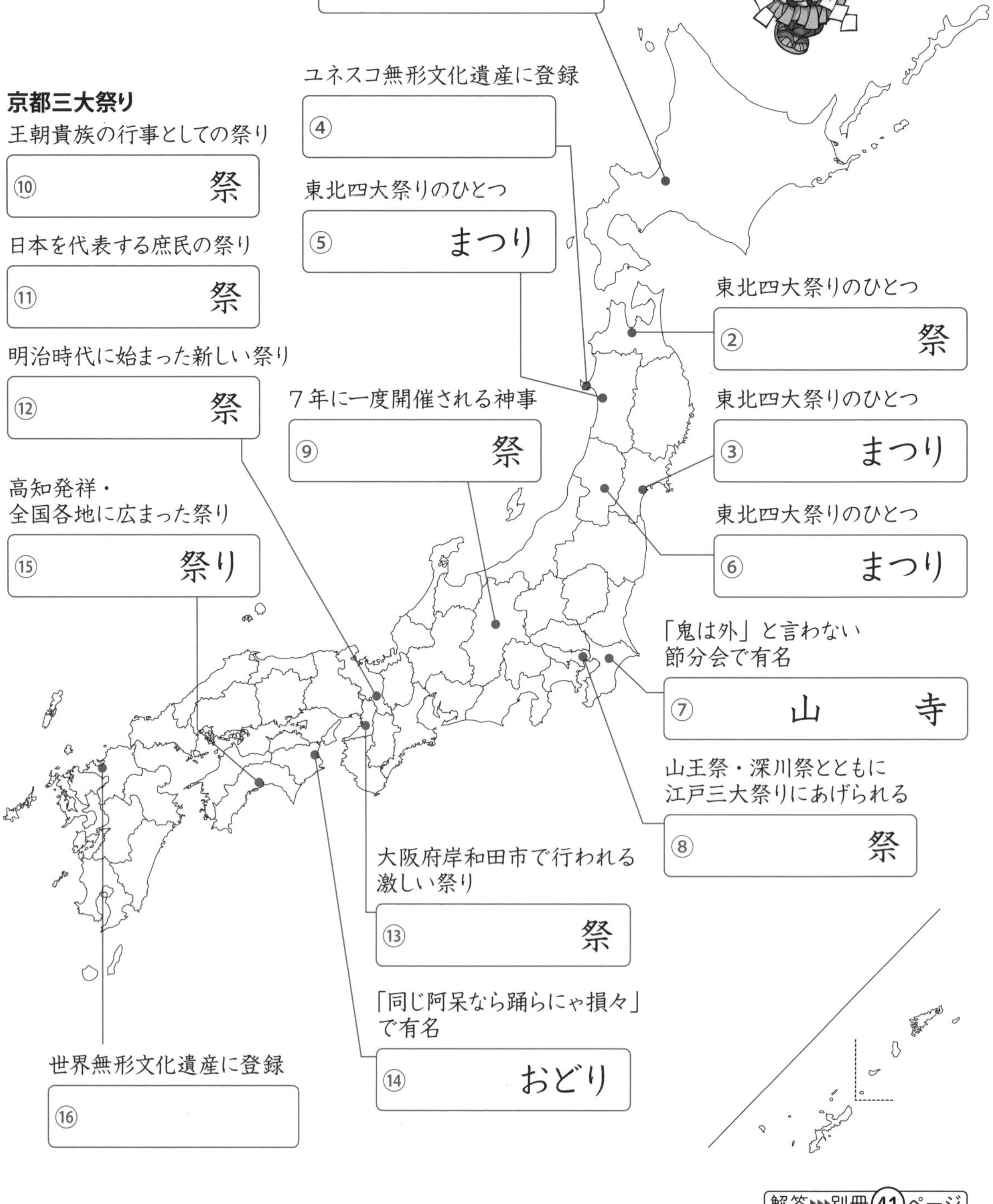

北海道の冬の風物詩
① 　　　まつり

ユネスコ無形文化遺産に登録
④

東北四大祭りのひとつ
⑤ 　　　まつり

東北四大祭りのひとつ
② 　　　祭

東北四大祭りのひとつ
③ 　　　まつり

東北四大祭りのひとつ
⑥ 　　　まつり

京都三大祭り

王朝貴族の行事としての祭り
⑩ 　　　祭

日本を代表する庶民の祭り
⑪ 　　　祭

明治時代に始まった新しい祭り
⑫ 　　　祭

7年に一度開催される神事
⑨ 　　　祭

高知発祥・
全国各地に広まった祭り
⑮ 　　　祭り

「鬼は外」と言わない
節分会で有名
⑦ 　　山　　寺

山王祭・深川祭とともに
江戸三大祭りにあげられる
⑧ 　　　祭

大阪府岸和田市で行われる
激しい祭り
⑬ 　　　祭

「同じ阿呆なら踊らにゃ損々」
で有名
⑭ 　　　おどり

世界無形文化遺産に登録
⑯

解答▸▸▸別冊41ページ

入試重要度★☆☆

81 日本の郷土料理

学習日　月　日
正答数　／15

問題 ヒントを参考にして、各地の郷土料理の名前を書きましょう。

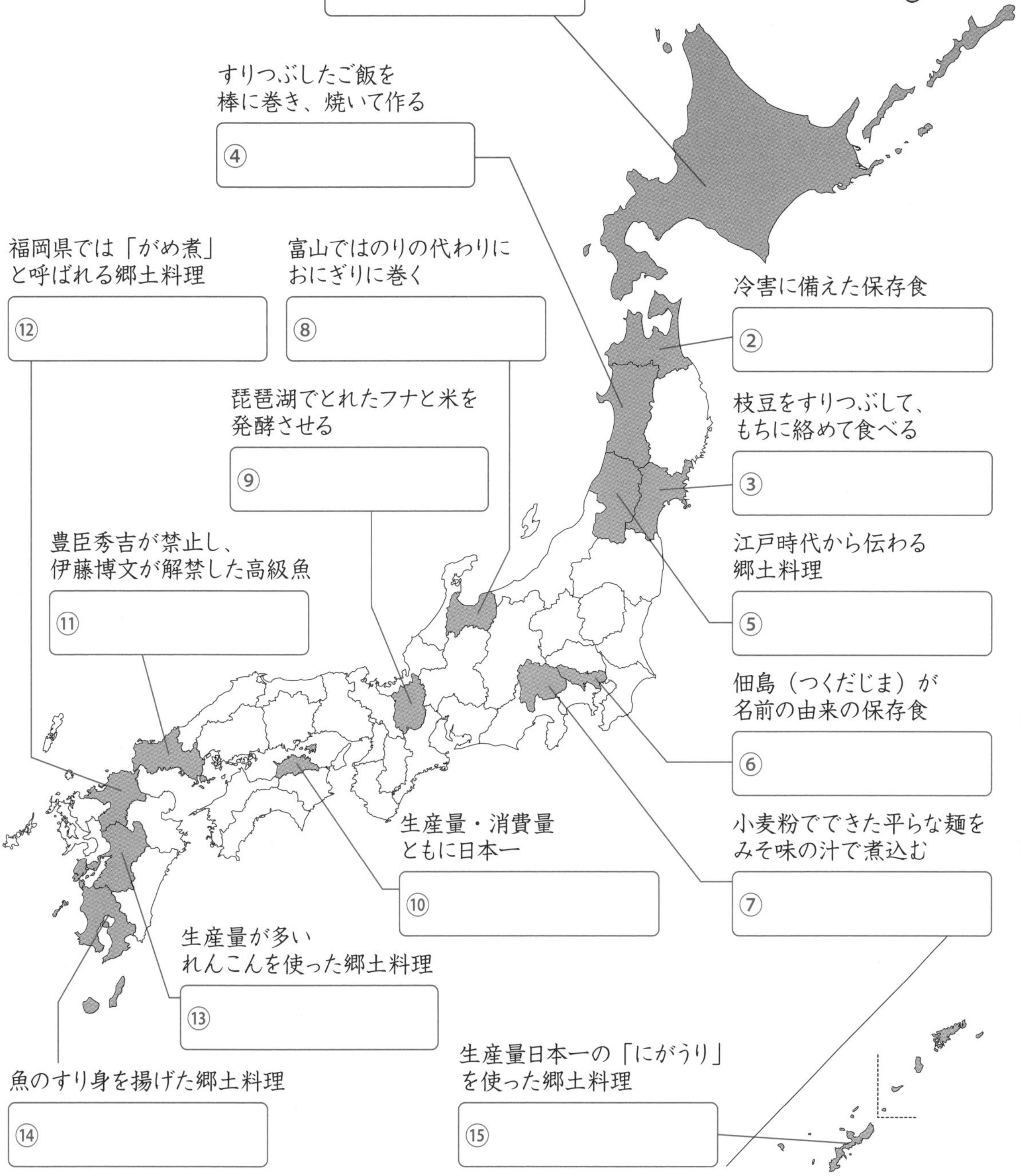

① 北海道の名物・羊肉の焼肉

② 冷害に備えた保存食

③ 枝豆をすりつぶして、もちに絡めて食べる

④ すりつぶしたご飯を棒に巻き、焼いて作る

⑤ 江戸時代から伝わる郷土料理

⑥ 佃島（つくだじま）が名前の由来の保存食

⑦ 小麦粉でできた平らな麺をみそ味の汁で煮込む

⑧ 富山ではのりの代わりにおにぎりに巻く

⑨ 琵琶湖でとれたフナと米を発酵させる

⑩ 生産量・消費量ともに日本一

⑪ 豊臣秀吉が禁止し、伊藤博文が解禁した高級魚

⑫ 福岡県では「がめ煮」と呼ばれる郷土料理

⑬ 生産量が多いれんこんを使った郷土料理

⑭ 魚のすり身を揚げた郷土料理

⑮ 生産量日本一の「にがうり」を使った郷土料理

歴史と文化

入試重要度★☆☆

解答▸▸▸別冊42ページ

82 東日本の旧国名

学習日　月　日
正答数　／36

問題 律令制に基づいて設置された地方行政区分である旧国名を書きましょう（五畿七道に基づいて区切っています）。

①
②
③
④
⑤
⑥
⑦
⑧
⑨
⑩
⑪
⑫
⑬
⑭
⑮
⑯
⑰
⑱
⑲
⑳
㉑
㉒
㉓

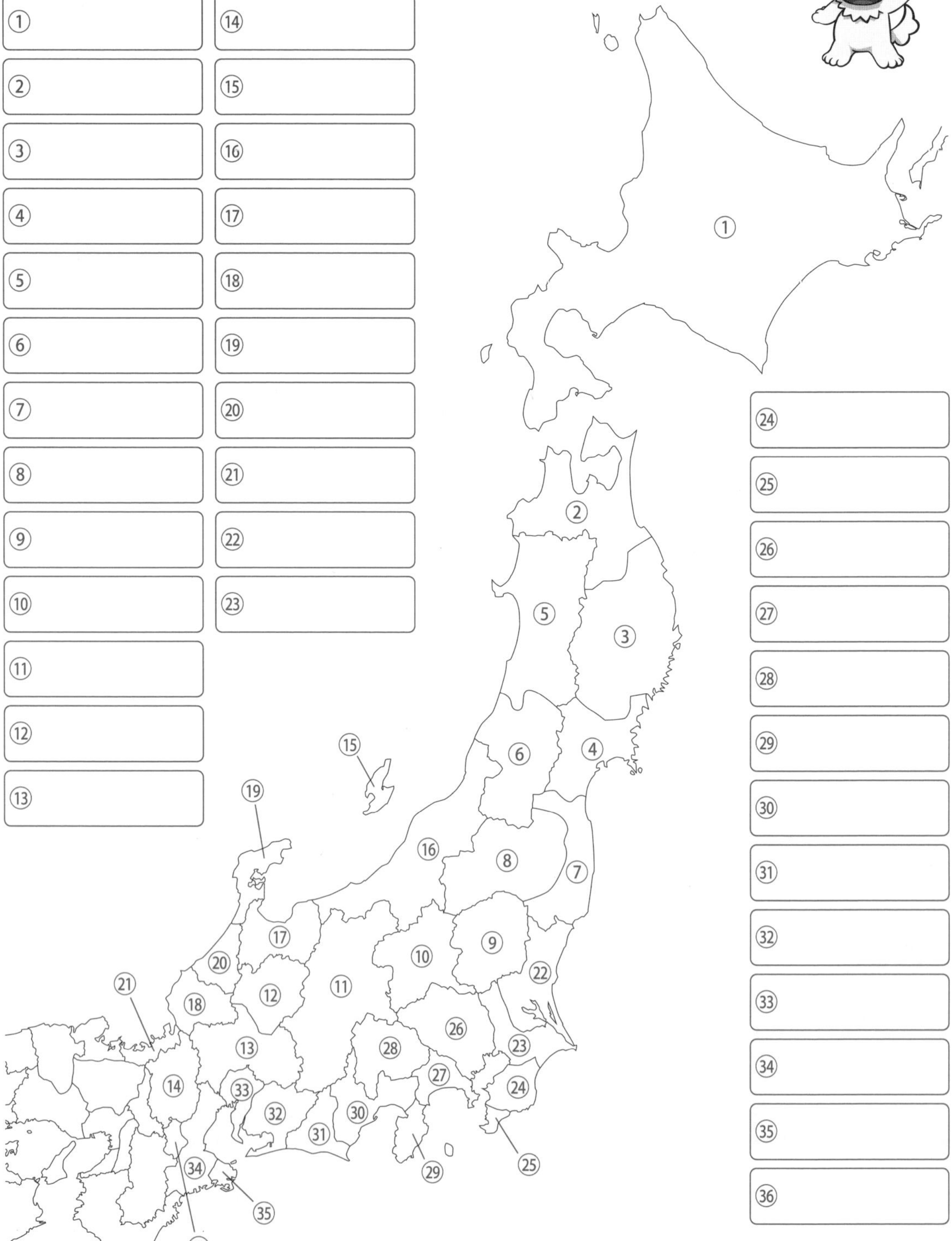

㉔
㉕
㉖
㉗
㉘
㉙
㉚
㉛
㉜
㉝
㉞
㉟
㊱

歴史と文化
入試重要度★☆☆

解答▸▸▸別冊42ページ

83 西日本の旧国名

学習日　月　日
正答数　／39

問題 律令制に基づいて設置された地方行政区分である旧国名を書きましょう（五畿七道に基づいて区切っています）。

37
38
39
40
41
42
43
44
45
46
47
48
49
50
51
52

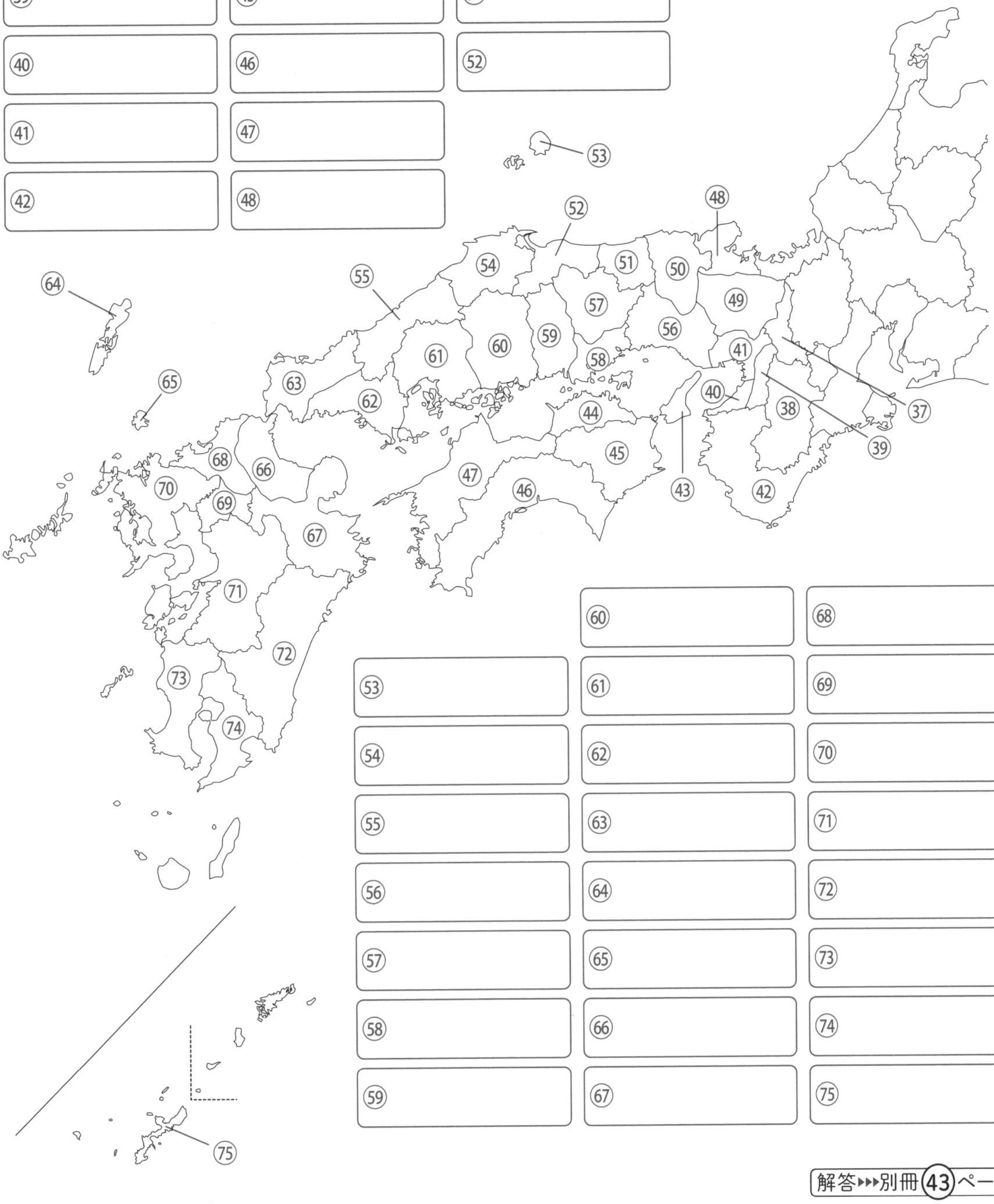

60
61
62
63
64
65
66
67
68
69
70
71
72
73
74
75
53
54
55
56
57
58
59

歴史と文化

入試重要度★☆☆

解答▸▸▸別冊43ページ

84 日本の歴史に登場する地名

学習日　月　日
正答数　／17

問題 ヒントを参考にして、歴史に登場する地名を書きましょう。

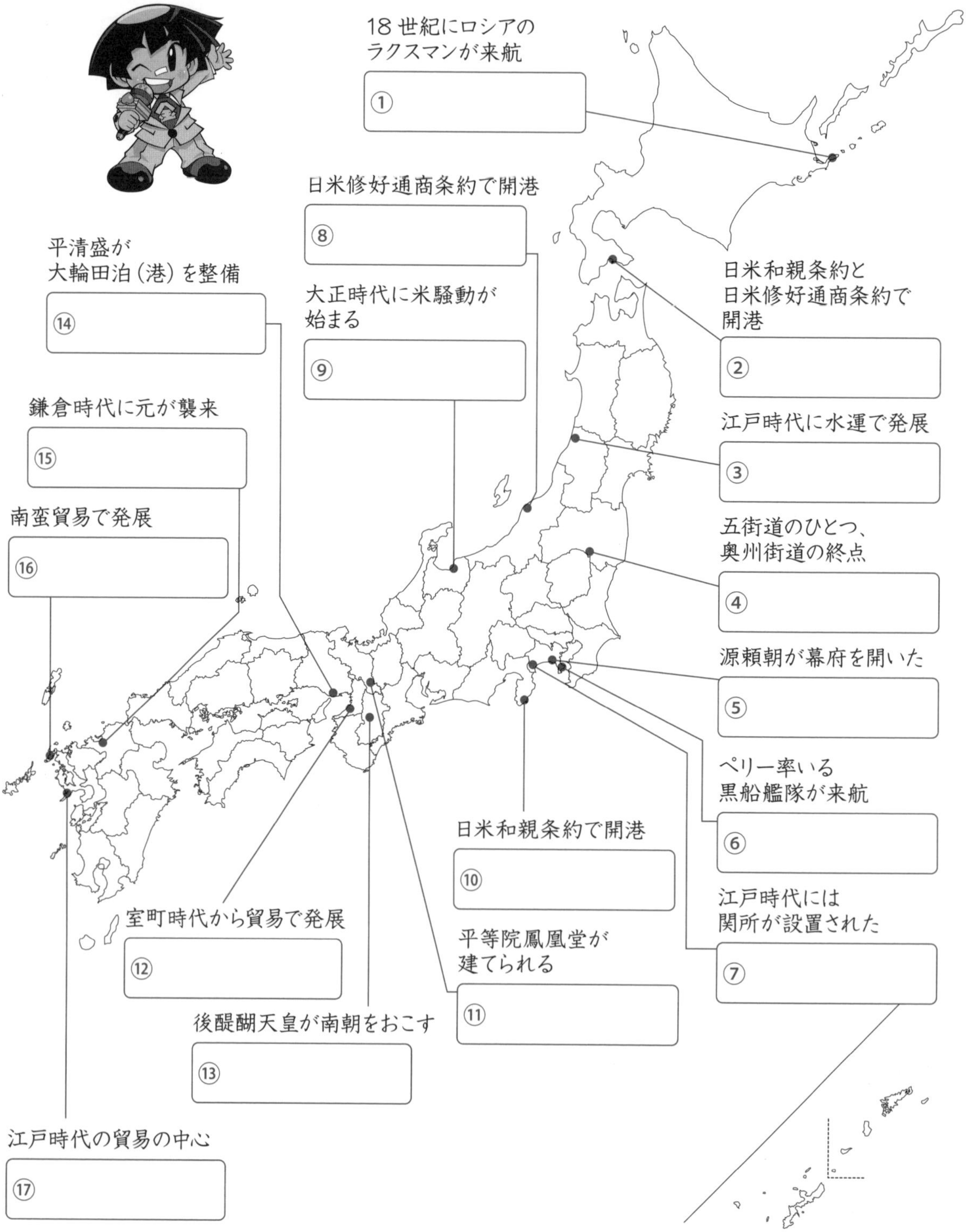

解答▸▸▸別冊43ページ

85 日本の歴史に登場する史跡など

学習日　　月　　日
正答数　　／15

問題 ヒントを参考にして、地図で示された史跡の名前を書きましょう。

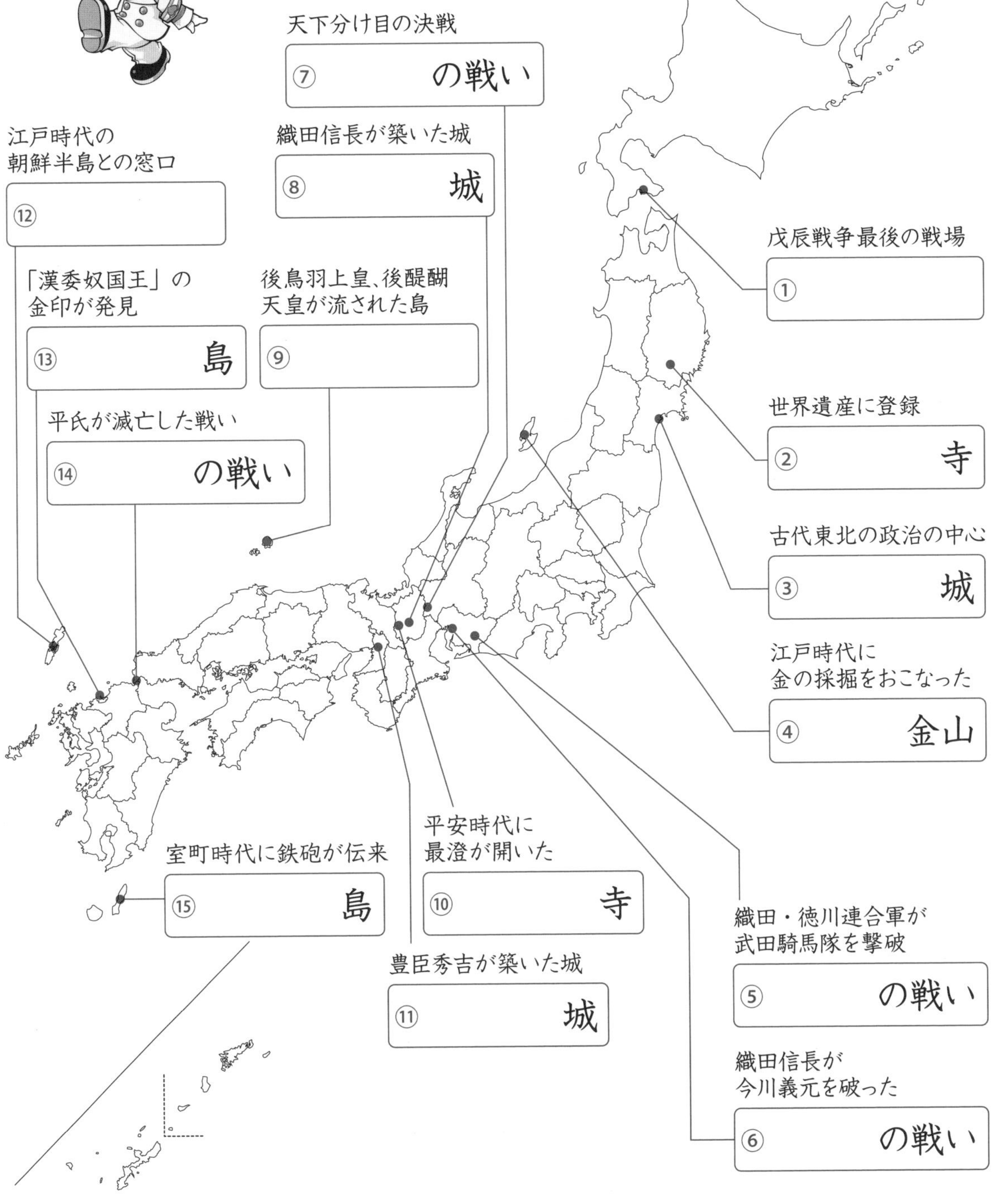

歴史と文化
入試重要度★★★

解答▸▸▸別冊44ページ

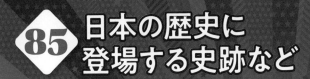

86 日本の古墳・遺跡

学習日　　月　　日

正答数　　／13

入試重要度★★★

問題 ヒントを参考にして、地図で示された古墳や遺跡の名前を書きましょう。

東北地方との交流が残る
① ＿＿＿＿遺跡

縄文時代の大規模集落
② ＿＿＿＿遺跡

旧石器時代の遺跡
③ ＿＿＿＿遺跡

「ワカタケル大王」の鉄剣が出土
④ ＿＿＿＿古墳

縄文時代の生活のあと
⑤ ＿＿＿＿貝塚

弥生時代の集落のあと
⑥ ＿＿＿＿遺跡

ナウマンゾウの骨が発見された
⑦ ＿＿＿＿遺跡

卑弥呼の墓とも言われる古墳
⑧ ＿＿＿＿古墳

貴重なフレスコ壁画が現存
⑨ ＿＿＿＿古墳

世界最大の墓で世界遺産
⑩ ＿＿＿＿古墳

弥生時代の環濠集落
⑪ ＿＿＿＿遺跡

弥生時代の水田跡が残る
⑫ ＿＿＿＿遺跡

「ワカタケル大王」の鉄剣が出土
⑬ ＿＿＿＿古墳

解答▸▸▸別冊44ページ

87 江戸時代の街道・航路

学習日　　月　　日
正答数　　／17

問題 A〜Eに江戸時代の五街道の名前を、ヒントを参考にして、F〜Iに航路と船の名前を書きましょう。また、①〜⑧に地名を書きましょう。

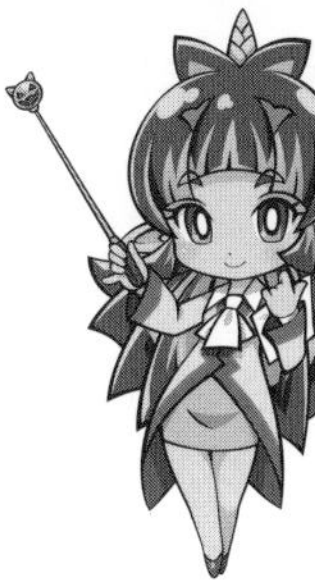

五街道

A

B

C

D

E

水運で発展した港町

①

Aの街道の終点

②

Bの街道の終点

③

五街道の起点

④

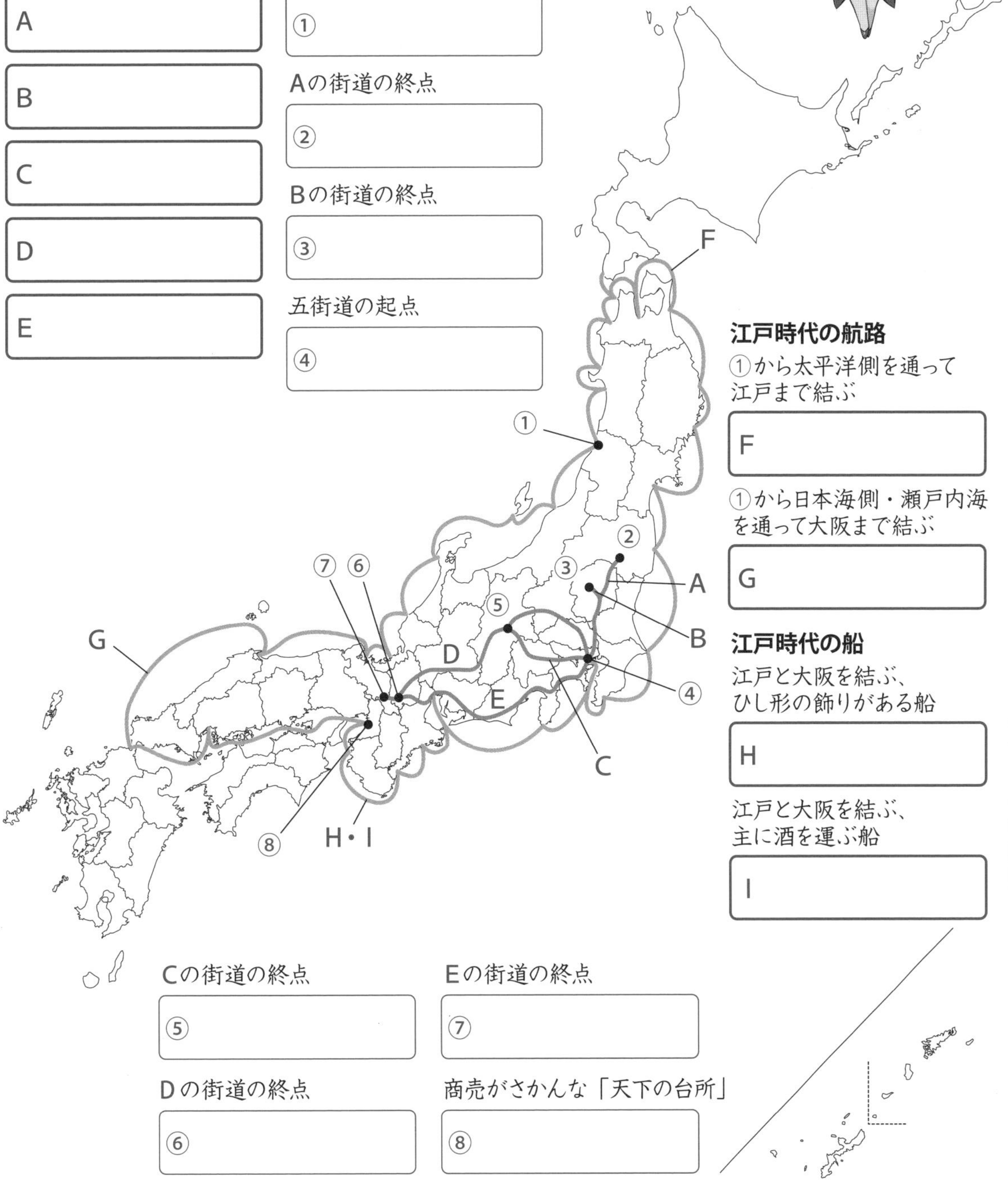

江戸時代の航路

①から太平洋側を通って江戸まで結ぶ

F

①から日本海側・瀬戸内海を通って大阪まで結ぶ

G

江戸時代の船

江戸と大阪を結ぶ、ひし形の飾りがある船

H

江戸と大阪を結ぶ、主に酒を運ぶ船

I

Cの街道の終点

⑤

Eの街道の終点

⑦

Dの街道の終点

⑥

商売がさかんな「天下の台所」

⑧

歴史と文化

入試重要度★★★

解答▸▸▸別冊45ページ

88 主な歴史上の人物と関連する地名

学習日　月　日
正答数　／14

問題 ヒントを参考にして、地図で示された場所に関連する歴史上の人物の名前をA～Gに、地名を①～⑦に書きましょう。

民衆のために反乱を起こした幕府の役人

D

商売がさかんな「天下の台所」

④

建武の新政を行うも京都を追われる

A

南朝の拠点となった

①

天下布武を旗印にした戦国武将

B

楽市楽座を行った

②

約260年続く幕府を開く

C

当時、世界最大の人口を抱えた

③

開国を求めたアメリカの軍人

E

黒船が来航した

⑤

初の武家政権を開いた

F

幕府の中心機関が置かれた

⑥

遣唐使停止を進言した

G

学問の神様としてまつられる神社がある

⑦

歴史と文化

入試重要度★★★

解答▸▸▸別冊45ページ

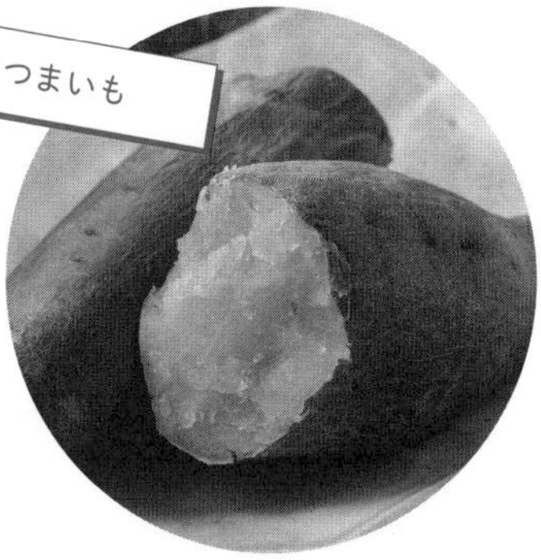

さつまいも

讃岐うどん

旧国名が使われている名前

昔、日本には、66もの「国」がありました。国といっても、みなさんが思い浮かべる国とはちがい、今の日本の都道府県のようなものです。現在は、この昔の国の名前を「旧国名」と呼んでいます。

旧国名は、今の各都道府県の地形・地名・駅名・鉄道の路線名・名産品などに残っています。

たとえば、地形では能登半島（石川県）、信濃川（新潟県）、地名では陸前高田市（岩手県）や大和郡山市（奈良県）、駅名では武蔵小杉駅（神奈川県）や三河安城駅（愛知県）、路線名では総武線（千葉県である下総国・上総国と東京都である武蔵国を結ぶ）や予讃線（愛媛県である伊予国と香川県である讃岐国を結ぶ）、名産品ではさつまいも（鹿児島県）、讃岐うどん（香川県）など、全国にたくさんあります。

阿波踊り（徳島県）のような、昔から伝わる伝統芸能や祭りなどにも使われていますね。

苗字に旧国名が使われている場合もあります。加藤さんは「加賀国（石川県）の藤原氏」、近藤さんは「近江国（滋賀県）の藤原氏」からつけたものです。

ここで挙げたもの以外にも、まだまだたくさんあります。

みなさんの身近にも旧国名がついた名前があるか、探してみましょう。

武蔵小杉駅

阿波踊り

89 地図記号1

学習日　　月　　日
正答数　　／19

問題　下の地図記号が表す施設名を書きましょう。
⑯～⑲のかっこの中は、外国人向けに追加された地図記号です。

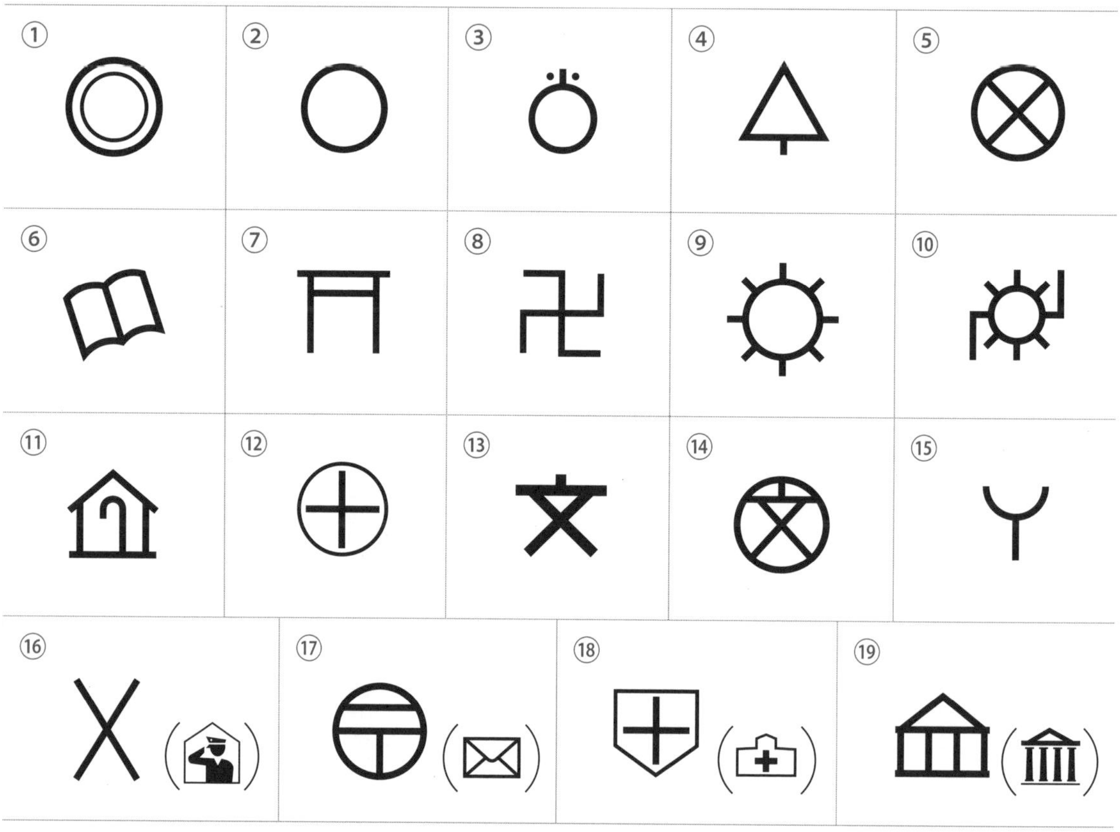

①	②	③	④
⑤	⑥	⑦	⑧
⑨	⑩	⑪	⑫
⑬	⑭	⑮	⑯
⑰	⑱	⑲	

地図の見方
入試重要度★★☆

解答▸▸▸別冊46ページ

90 地図記号2

学習日　　月　　日
正答数　　／20

問題 下の地図記号が表す施設名を書きましょう。

ヒント ⑯～⑳は、外国人向けの地図記号です。

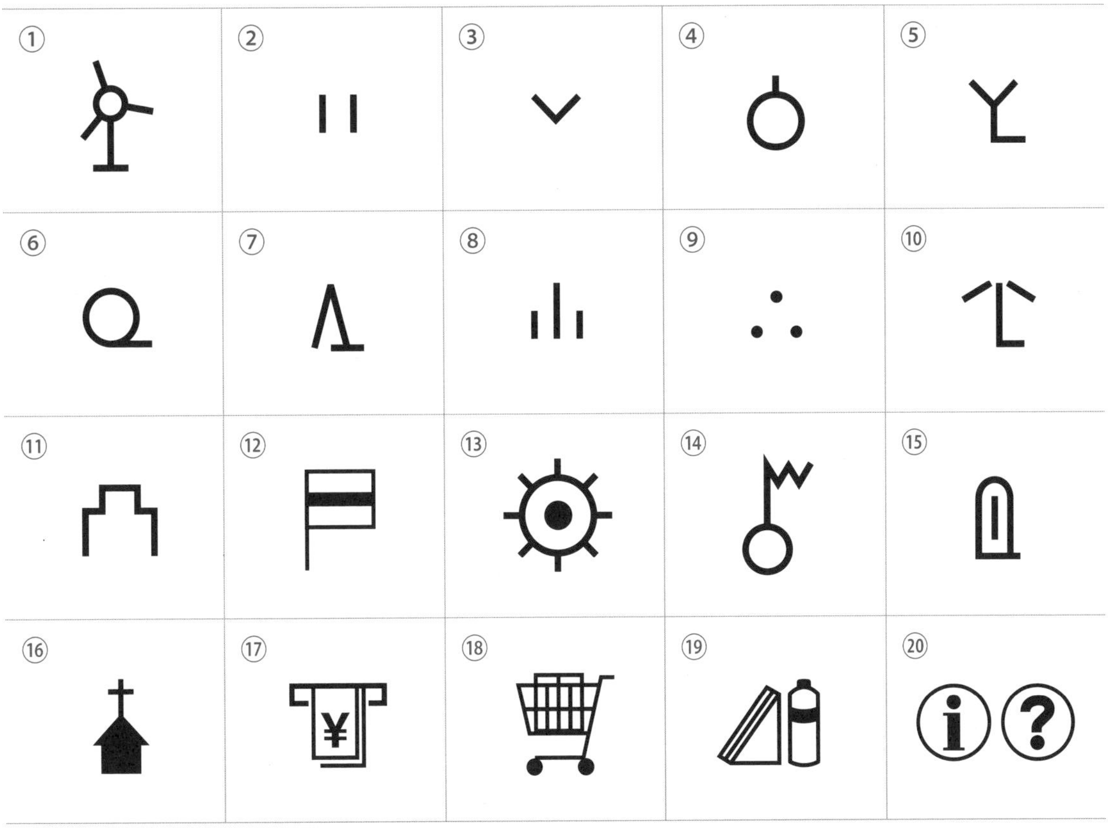

①	②	③	④
⑤	⑥	⑦	⑧
⑨	⑩	⑪	⑫
⑬	⑭	⑮	⑯
⑰	⑱	⑲	⑳

入試重要度★★☆

解答▸▸▸別冊46ページ

91 地図・地形図の見方1

学習日　　月　　日
正答数　　／10

【方位】

問題 下の方位記号が示す方位を書きましょう。

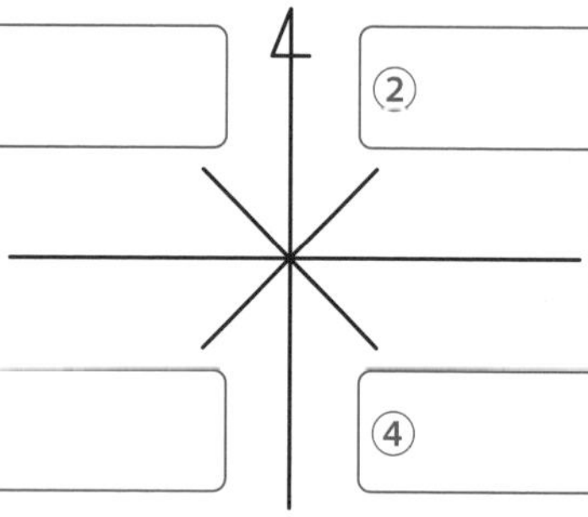

①
⑧　　②
⑦　　③
⑥　　④
⑤

原則として、地図・地形図は、指定がなければ
⑨
が上になります。

【縮尺】

問題 下の地図を見て、空欄に入る言葉を書きましょう。

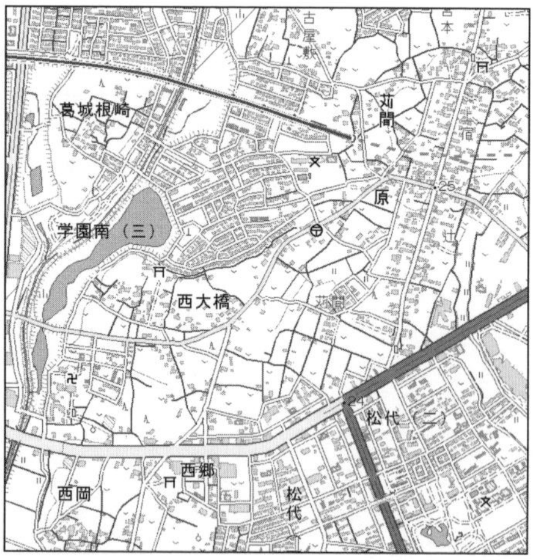

25000分の1の地形図

50000分の1の地形図

（国土地理院地形図「つくば市」）

⑩　とは、地図・地形図上の長さと、実際の距離との比を表したものです。
1/25000や1：25000などと表記されます。

解答▸▸▸別冊47ページ

92 地図・地形図の見方2

学習日　　月　　日
正答数　　／11

【等高線】

問題 ①～⑪に当てはまる言葉や数字を書きましょう。

①［　　　　　　］とは、標高の等しい地点を結んだ線のことです。

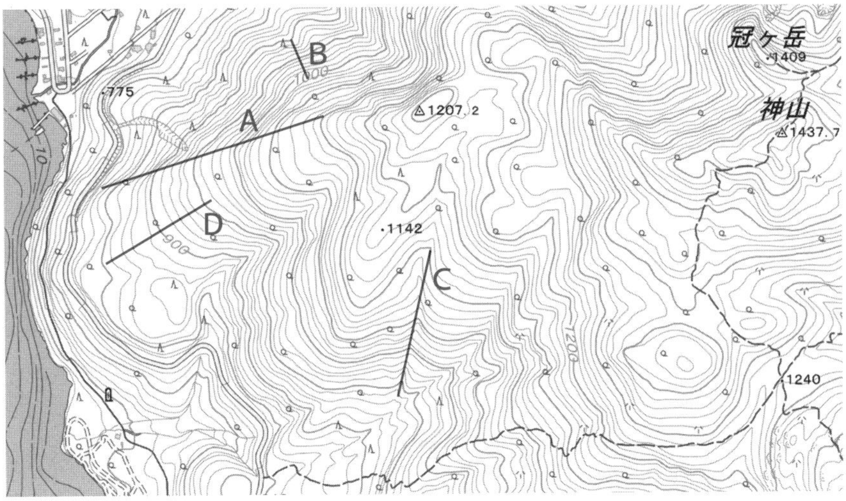

等高線が標高の高い方から低い方に張り出しているところを結んだ線（A）を

②［　　　　　　］、低い方から高い方にくぼんでいるところを結んだ線（B）を

③［　　　　　　］といいます。

等高線は標高によって種類が変わり、縮尺によって、表している標高が変わります。

等高線の種類	25000分の1	50000分の1
④（細い線）＿＿＿＿＿＿	⑤＿＿＿＿ mごと	⑥＿＿＿＿ mごと
⑦（太い線）＿＿＿＿＿＿	⑧＿＿＿＿ mごと	⑨＿＿＿＿ mごと

等高線の間隔がせまくなっているところ（C）は傾きが⑩［　　　　　　］で、

広くなっているところ（D）は傾きが⑪［　　　　　　］になっています。

地図の見方

入試重要度★★☆

解答▸▸▸別冊47ページ

93 地図・地形図の見方3

学習日　月　日
正答数　／4

問題 ①～④に当てはまる言葉や数字を書きましょう。

【特徴的な地形】

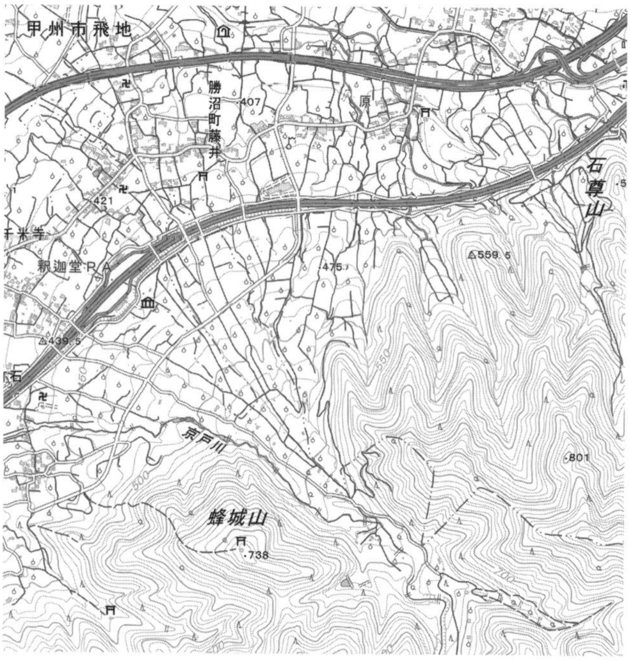

（国土地理院地形図「勝沼」1:25000）

① とは、山地を流れる川が平らな土地に出た場所に形成される扇状の土地のこと。水はけがよいため、② に多く利用されます。

【実際の距離の計算】

地形図の縮尺と地形図上の長さがわかれば、実際の距離（長さ）がわかります。

③ × ④ ＝実際の距離（cm）

例）地形図の縮尺が25000分の1、地形図上の長さが8cmのとき、
実際の距離は何kmか求めましょう。

8cm × 25000 ＝200000cm

ただし、計算で出てきた数字は「cm」なので、これを「m」や「km」に直す必要がある。

200000 cm＝2000 m ＝2km

答え　2km

解答▸▸▸別冊48ページ

地図の見方

入試重要度★★☆

94 日本の地形ランキング

学習日　　月　　日
正答数　　／21

問題 それぞれのランキング上位3つの地名を書きましょう。

川の長さ

1位 ①	川
2位 ②	川
3位 ③	川

山の標高

1位 ④	山
2位 ⑤	岳
3位 ⑥	岳

平野の面積

1位 ⑦	平野
2位 ⑧	平野
3位 ⑨	平野

湖の面積

1位 ⑩	湖
2位 ⑪	
3位 ⑫	湖

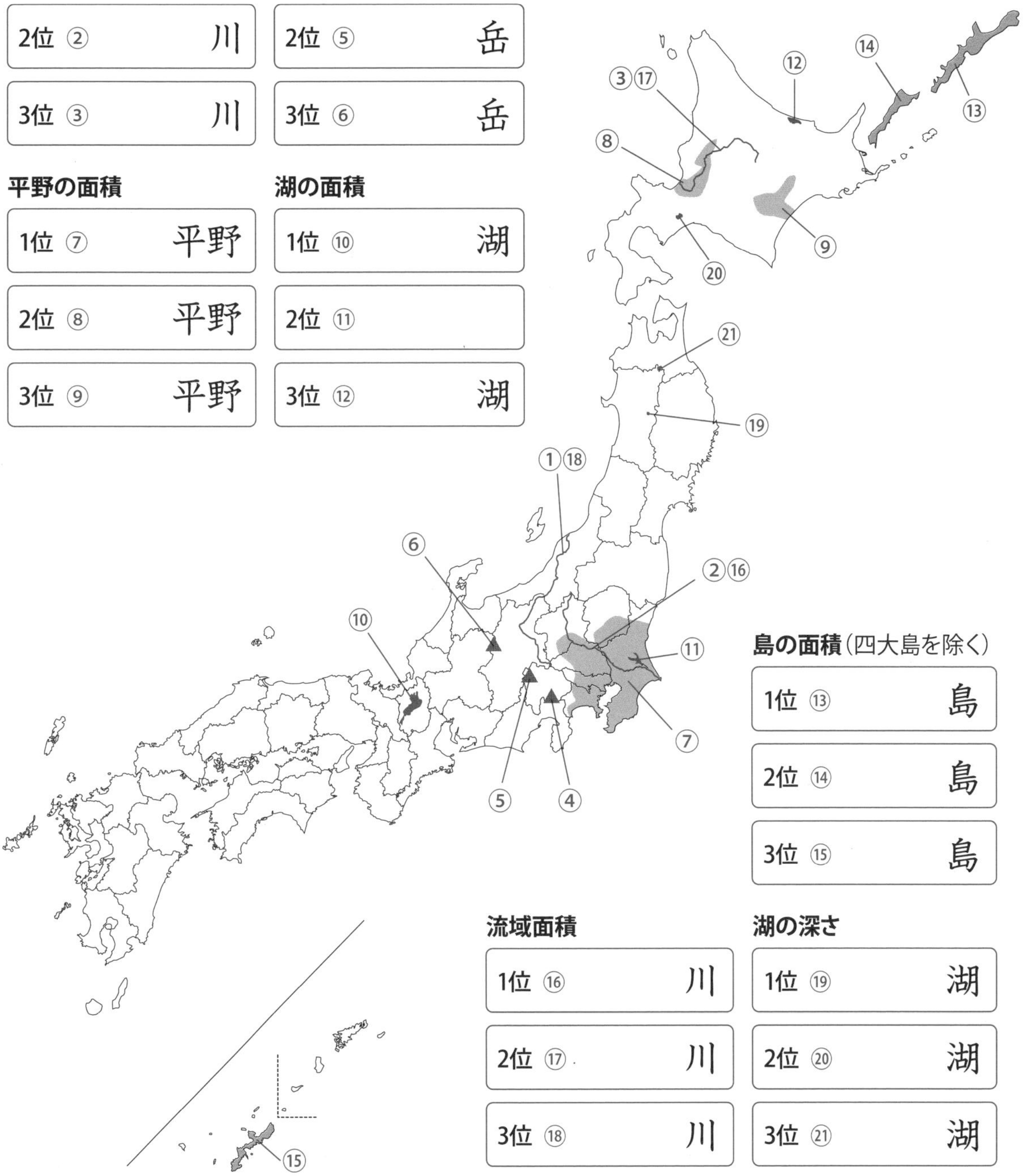

島の面積（四大島を除く）

1位 ⑬	島
2位 ⑭	島
3位 ⑮	島

流域面積

1位 ⑯	川
2位 ⑰	川
3位 ⑱	川

湖の深さ

1位 ⑲	湖
2位 ⑳	湖
3位 ㉑	湖

解答▸▸▸別冊48ページ

Memo
自由にかきこんで自分の地図を完成させましょう。

Memo

自由にかきこんで自分の地図を完成させましょう。

◎著者プロフィール
加藤崇浩（かとうたかひろ）

1977年新潟県阿賀野市生まれ。中央大学経済学部経済学科卒。花まる学習会／スクールFC社会科講師。スクールFCの社会科統括責任者を務める。私国立中学受験の社会だけでなく、公立中高一貫校の受検対策も担当。社会科にまるで興味を持てない少年時代を過ごしたが、「桃太郎電鉄」に出会ったことで社会科の面白さに目覚めた。常に「なぜ？ を考える授業」をモットーにしている。幼稚園年中〜中学3年生の子どもたちから「レインボー」の愛称で親しまれている。

ブックデザイン_結城亨（SelfScript）
地図作成・DTP_美創
校正協力_松元祐太
編集_茅原秀行（幻冬舎）
写真_アフロ、Adobe Stock

白地図監修_花まる学習会
キャラクター監修_株式会社コナミデジタルエンタテインメント

桃太郎電鉄でおぼえる　中学入試対応！ 白地図ドリル

2024年2月20日　第1刷発行

著者_加藤崇浩
監修_花まる学習会／株式会社コナミデジタルエンタテインメント

発行人_見城 徹
編集人_志儀保博
編集者_茅原秀行

発行所_株式会社 幻冬舎
〒151-0051 東京都渋谷区千駄ヶ谷4-9-7
電話：03（5411）6211（編集）
　　　03（5411）6222（営業）
公式HP_https://www.gentosha.co.jp/

印刷・製本所_図書印刷株式会社

検印廃止

ISBN978-4-344-04245-2　C6025

この本に関するご意見・ご感想は、
下記アンケートフォームからお寄せください。
https://www.gentosha.co.jp/e/

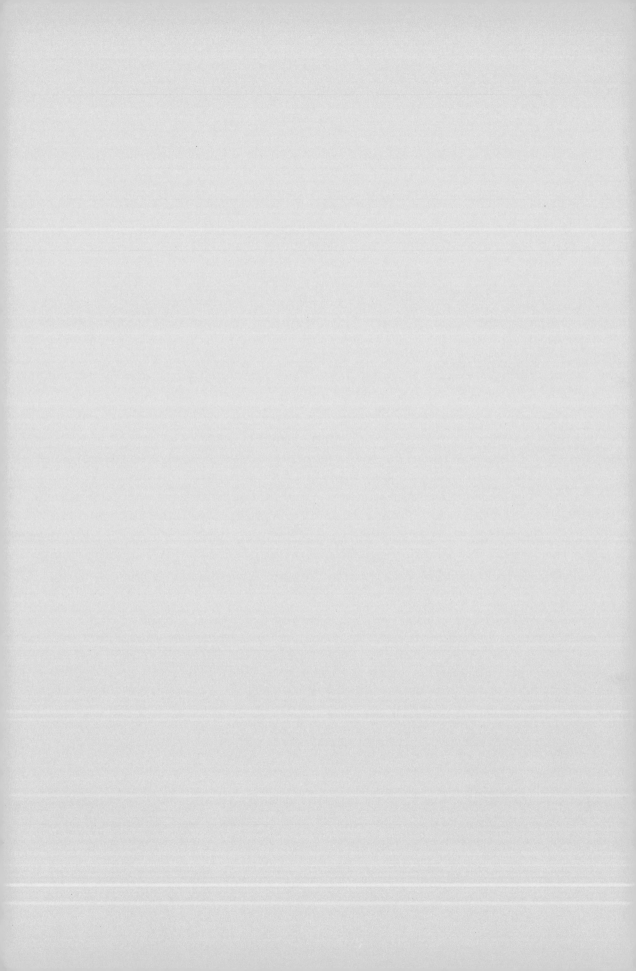

桃太郎電鉄でおぼえる 中学入試対応！ 白地図ドリル

解答

付属の
赤セルシートを
使って
くり返し
学習しましょう。

※解答は本体から取りはずして使うことができます。

GENTOSHA 幻冬舎

01 日本の都道府県

学習日　　月　　日
正答数　　／47

問題 47都道府県の名前を漢字で書きましょう。

① 北《ほっ》海《かい》道《どう》	⑬ 東《とう》京《きょう》都《と》	㉓ 愛《あい》知《ち》県《けん》
② 青《あお》森《もり》県《けん》	⑭ 神《か》奈《な》川《がわ》県《けん》	㉔ 三《み》重《え》県《けん》
③ 岩《いわ》手《て》県《けん》	⑮ 新《にい》潟《がた》県《けん》	㉕ 滋《し》賀《が》県《けん》
④ 宮《みや》城《ぎ》県《けん》	⑯ 富《と》山《やま》県《けん》	㉖ 京《きょう》都《と》府《ふ》
⑤ 秋《あき》田《た》県《けん》	⑰ 石《いし》川《かわ》県《けん》	
⑥ 山《やま》形《がた》県《けん》	⑱ 福《ふく》井《い》県《けん》	
⑦ 福《ふく》島《しま》県《けん》	⑲ 山《やま》梨《なし》県《けん》	
⑧ 茨《いばら》城《き》県《けん》	⑳ 長《なが》野《の》県《けん》	
⑨ 栃《とち》木《ぎ》県《けん》	㉑ 岐《ぎ》阜《ふ》県《けん》	
⑩ 群《ぐん》馬《ま》県《けん》	㉒ 静《しず》岡《おか》県《けん》	
⑪ 埼《さい》玉《たま》県《けん》		
⑫ 千《ち》葉《ば》県《けん》		

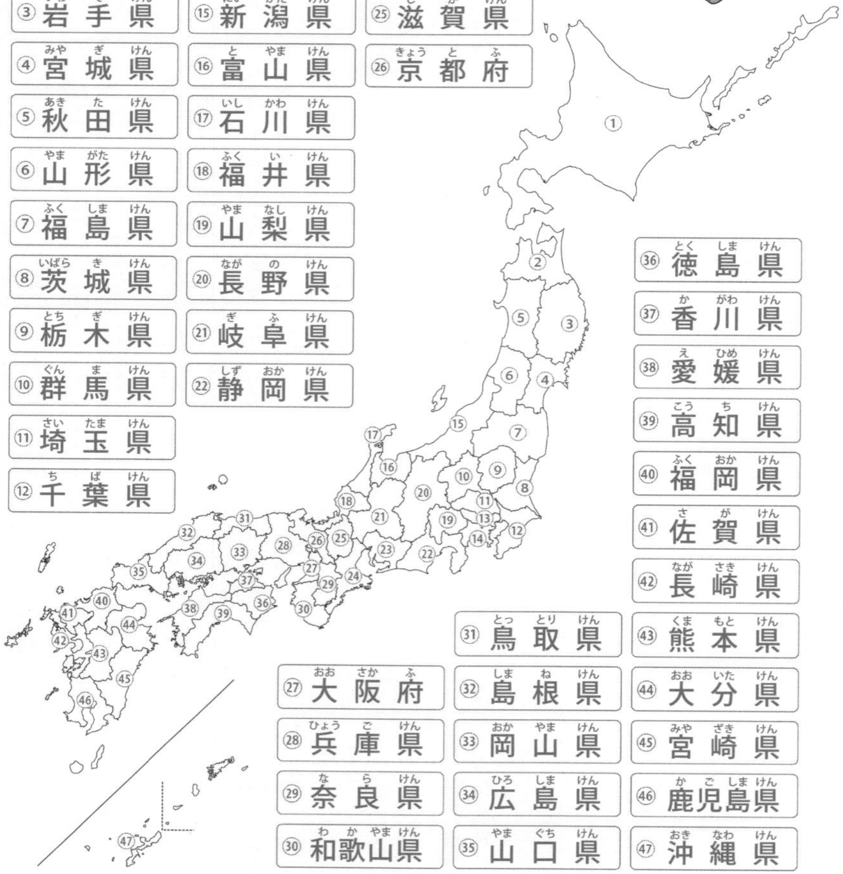

㉗ 大《おお》阪《さか》府《ふ》	㉛ 鳥《とっ》取《とり》県《けん》	㊱ 徳《とく》島《しま》県《けん》
㉘ 兵《ひょう》庫《ご》県《けん》	㉜ 島《しま》根《ね》県《けん》	㊲ 香《か》川《がわ》県《けん》
㉙ 奈《な》良《ら》県《けん》	㉝ 岡《おか》山《やま》県《けん》	㊳ 愛《え》媛《ひめ》県《けん》
㉚ 和《わ》歌《か》山《やま》県《けん》	㉞ 広《ひろ》島《しま》県《けん》	㊴ 高《こう》知《ち》県《けん》
	㉟ 山《やま》口《ぐち》県《けん》	㊵ 福《ふく》岡《おか》県《けん》
		㊶ 佐《さ》賀《が》県《けん》
		㊷ 長《なが》崎《さき》県《けん》
		㊸ 熊《くま》本《もと》県《けん》
		㊹ 大《おお》分《いた》県《けん》
		㊺ 宮《みや》崎《ざき》県《けん》
		㊻ 鹿《か》児《ご》島《しま》県《けん》
		㊼ 沖《おき》縄《なわ》県《けん》

02 日本の都道府県庁所在地

学習日　　月　　日
正答数　　／18

問題 地図の●で示された都道府県庁所在地を書きましょう。

ヒント 都道府県名とは違う名前の都市です。

① 札《さっ》幌《ぽろ》市	⑦ さいたま市
② 盛《もり》岡《おか》市	⑧ 横《よこ》浜《はま》市
③ 仙《せん》台《だい》市	⑨ 金《かな》沢《ざわ》市
④ 水《み》戸《と》市	⑩ 甲《こう》府《ふ》市
⑤ 宇《う》都《つの》宮《みや》市	
⑥ 前《まえ》橋《ばし》市	

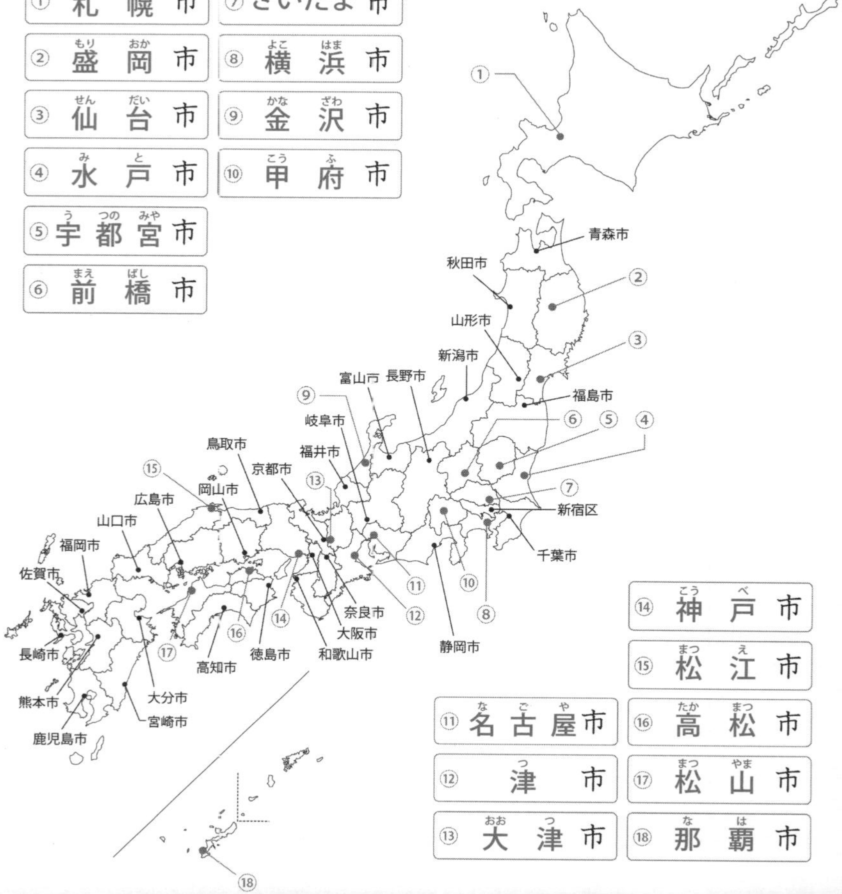

⑪ 名《な》古《ご》屋《や》市	⑭ 神《こう》戸《べ》市
⑫ 津《つ》市	⑮ 松《まつ》江《え》市
⑬ 大《おお》津《つ》市	⑯ 高《たか》松《まつ》市
	⑰ 松《まつ》山《やま》市
	⑱ 那《な》覇《は》市

03 日本の地方（地域）区分

学習日　　月　　日
正答数　　／13

問題 A〜Hに、8地方区分の名前を書きましょう。
また、①〜⑤には、さらに細かく分けた地域の名前を書きましょう。

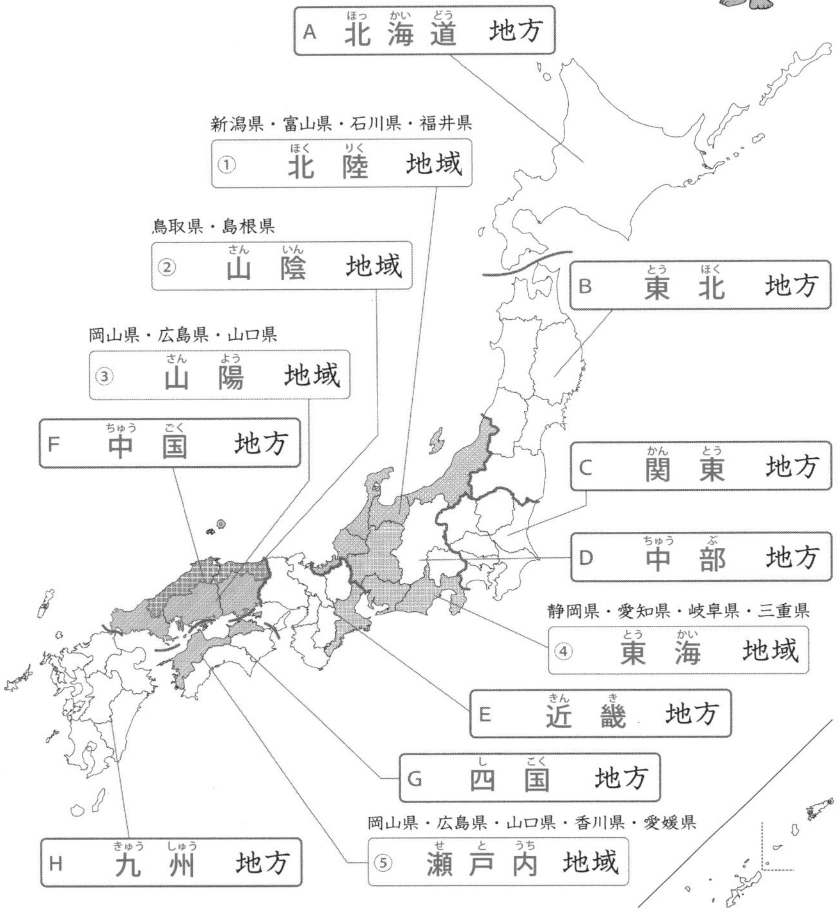

04 都道府県の形

学習日　　月　　日
正答数　　／16

問題 下の形の分県図が示す、都道府県の名前を書きましょう。

ヒント 地図の縮尺は同じではありません。
実線は海岸線、点線は陸地の県境です。

新《にい》潟《がた》県《けん》

広《ひろ》島《しま》県《けん》

山《やま》形《がた》県《けん》

群《ぐん》馬《ま》県《けん》

大《おお》阪《さか》府《ふ》

静《しず》岡《おか》県《けん》

鹿児島《かごしま》県《けん》

愛《え》媛《ひめ》県《けん》

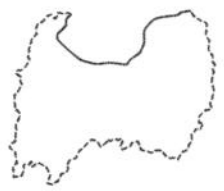
富《と》山《やま》県《けん》

埼《さい》玉《たま》県《けん》

福《ふく》岡《おか》県《けん》

長《なが》野《の》県《けん》

愛《あい》知《ち》県《けん》

岩《いわ》手《て》県《けん》

石《いし》川《かわ》県《けん》

京《きょう》都《と》府《ふ》

05 都道府県のマーク

学習日　　月　　日
正答数　　／16

問題 下のマークは都道府県章を示しています。それぞれどこのものか書きましょう。

ヒント いくつかのマークは、都道府県の形、名前、名勝地などの特徴から作られています。

鹿《か》児《ご》島《しま》県《けん》

大《おお》分《いた》県《けん》

秋《あき》田《た》県《けん》

福《ふく》井《い》県《けん》

青《あお》森《もり》県《けん》

香《か》川《がわ》県《けん》

福《ふく》島《しま》県《けん》

滋《し》賀《が》県《けん》

富《と》山《やま》県《けん》

三《み》重《え》県《けん》

沖《おき》縄《なわ》県《けん》

徳《とく》島《しま》県《けん》

静《しず》岡《おか》県《けん》

和《わ》歌《か》山《やま》県《けん》

鳥《とっ》取《とり》県《けん》

山《やま》口《ぐち》県《けん》

06 都道府県の人口ランキング

学習日　　月　　日
正答数　　／20

問題 人口が多いランキング上位と下位それぞれ10都道府県の名前を書きましょう。

ヒント 上位はピンク、下位はグレーで塗られています。

1位 東《とう》京《きょう》都《と》
2位 神《か》奈《な》川《がわ》県《けん》
3位 大《おお》阪《さか》府《ふ》
4位 愛《あい》知《ち》県《けん》
5位 埼《さい》玉《たま》県《けん》
6位 千《ち》葉《ば》県《けん》
7位 兵《ひょう》庫《ご》県《けん》
8位 北《ほっ》海《かい》道《どう》
9位 福《ふく》岡《おか》県《けん》
10位 静《しず》岡《おか》県《けん》

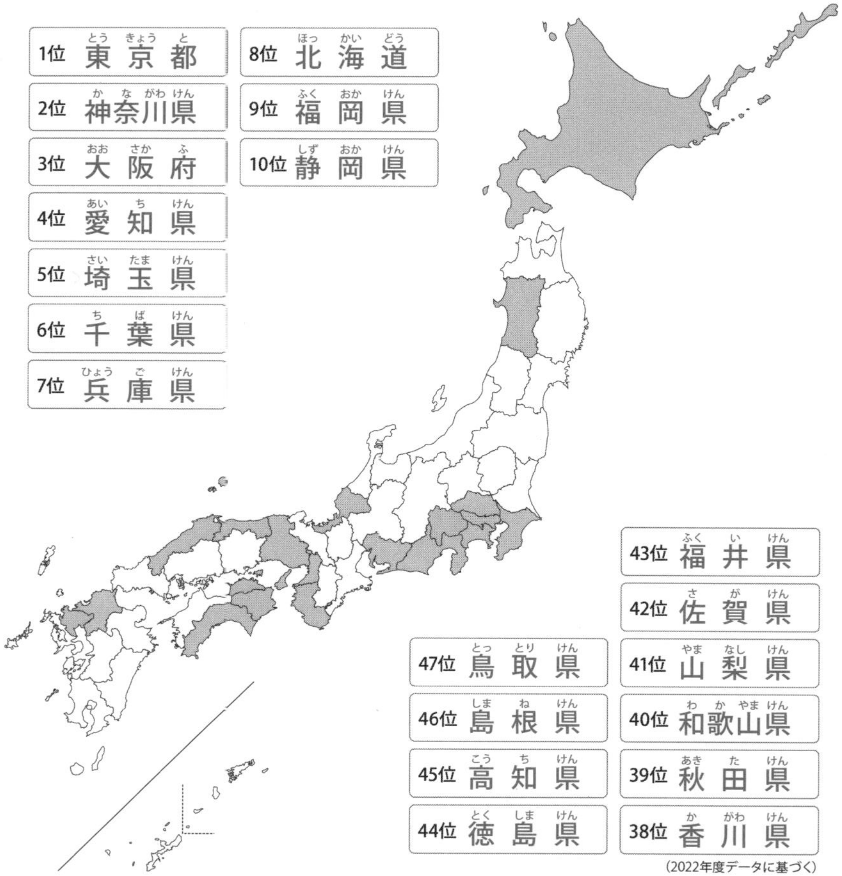

47位 鳥《とっ》取《とり》県《けん》
46位 島《しま》根《ね》県《けん》
45位 高《こう》知《ち》県《けん》
44位 徳《とく》島《しま》県《けん》
43位 福《ふく》井《い》県《けん》
42位 佐《さ》賀《が》県《けん》
41位 山《やま》梨《なし》県《けん》
40位 和《わ》歌《か》山《やま》県《けん》
39位 秋《あき》田《た》県《けん》
38位 香《か》川《がわ》県《けん》

（2022年度データに基づく）

07 都道府県の面積ランキング

学習日　　月　　日
正答数　　／20

問題　面積が大きい上位と下位それぞれ10都道府県の名前を書きましょう。

ヒント　上位はピンク、下位はグレーで塗られています。

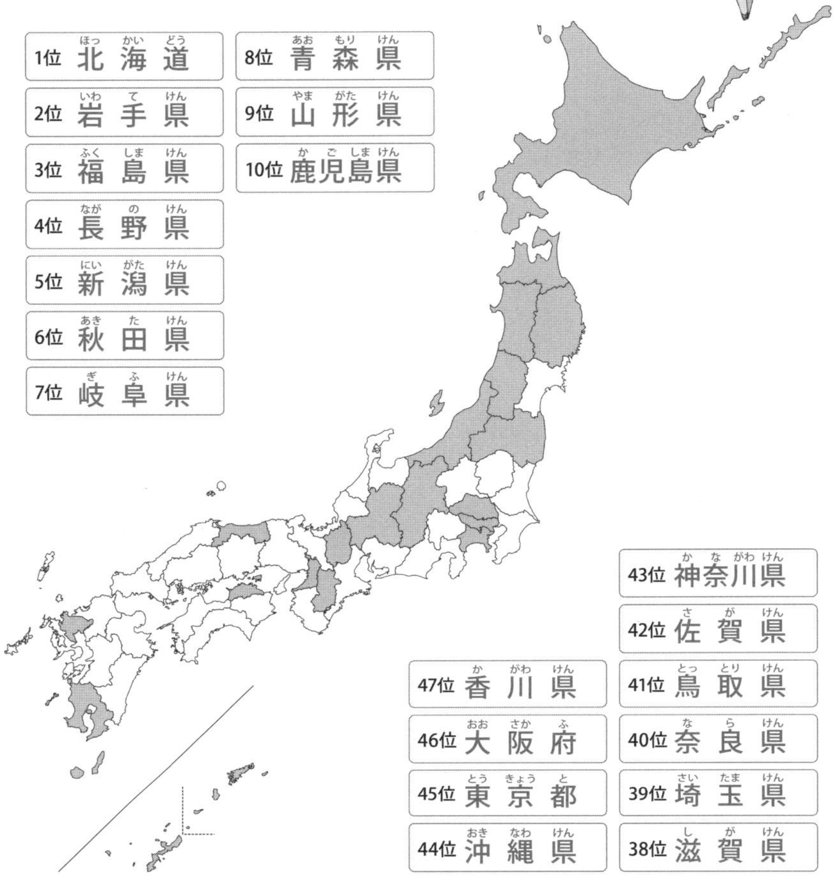

1位 北《ほっ》海《かい》道《どう》
2位 岩《いわ》手《て》県《けん》
3位 福《ふく》島《しま》県《けん》
4位 長《なが》野《の》県《けん》
5位 新《にい》潟《がた》県《けん》
6位 秋《あき》田《た》県《けん》
7位 岐《ぎ》阜《ふ》県《けん》
8位 青《あお》森《もり》県《けん》
9位 山《やま》形《がた》県《けん》
10位 鹿《か》児《ご》島《しま》県《けん》

47位 香《か》川《がわ》県《けん》
46位 大《おお》阪《さか》府《ふ》
45位 東《とう》京《きょう》都《と》
44位 沖《おき》縄《なわ》県《けん》
43位 神《か》奈《な》川《がわ》県《けん》
42位 佐《さ》賀《が》県《けん》
41位 鳥《とっ》取《とり》県《けん》
40位 奈《な》良《ら》県《けん》
39位 埼《さい》玉《たま》県《けん》
38位 滋《し》賀《が》県《けん》

08 日本の主な都市１ 政令指定都市

学習日　　月　　日
正答数　　／20

問題　ヒントを参考にして、地図で示された都市の名前を書きましょう。

北海道地方で唯一の政令指定都市
① 札《さっ》幌《ぽろ》市

東北地方で唯一の政令指定都市
② 仙《せん》台《だい》市

全国で唯一の、ひらがな名の政令指定都市
③ さいたま市

京葉工業地域の工業都市
④ 千《ち》葉《ば》市

京浜工業地帯の工業都市
⑤ 川《かわ》崎《さき》市

人口第１位の政令指定都市
⑥ 横《よこ》浜《はま》市

神奈川県で３番目にできた政令指定都市
⑦ 相《さが》模《み》原《はら》市

本州日本海側で唯一の政令指定都市
⑧ 新《にい》潟《がた》市

最も人口が少ない政令指定都市
⑨ 静《しず》岡《おか》市

浜名湖に面した政令指定都市
⑩ 浜《はま》松《まつ》市

人口第３位の政令指定都市
⑪ 名《な》古《ご》屋《や》市

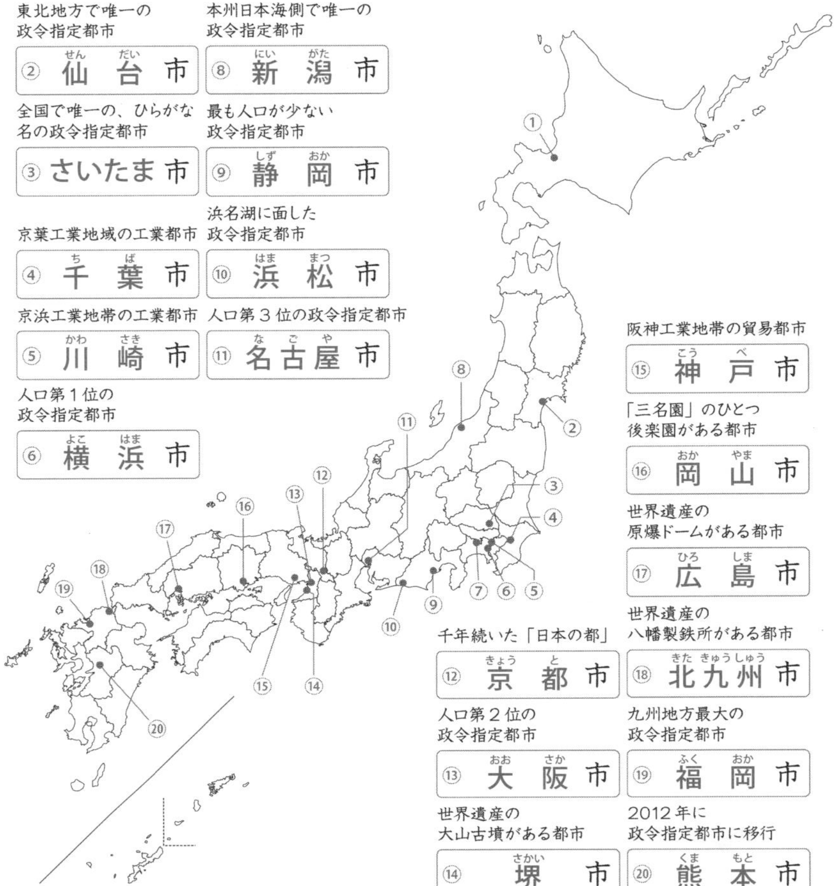

千年続いた「日本の都」
⑫ 京《きょう》都《と》市

人口第２位の政令指定都市
⑬ 大《おお》阪《さか》市

世界遺産の大山古墳がある都市
⑭ 堺《さかい》市

阪神工業地帯の貿易都市
⑮ 神《こう》戸《べ》市

「三名園」のひとつ後楽園がある都市
⑯ 岡《おか》山《やま》市

世界遺産の原爆ドームがある都市
⑰ 広《ひろ》島《しま》市

世界遺産の八幡製鉄所がある都市
⑱ 北《きた》九州《きゅうしゅう》市

九州地方最大の政令指定都市
⑲ 福《ふく》岡《おか》市

2012年に政令指定都市に移行
⑳ 熊《くま》本《もと》市

09 日本の主な都市２ 工業都市

学習日　月　日
正答数　／20

問題 ヒントに書かれた工業がさかんな都市の名前を書きましょう。

鉄鋼
① 室《むろ》蘭《らん》市

セメント
② 秩《ちち》父《ぶ》市

印刷
③ 東《とう》京《きょう》

石油化学
④ 市《いち》原《はら》市

鉄鋼・石油化学
⑤ 川《かわ》崎《さき》市

金属器（食器）
⑥ 燕《つばめ》市

製薬
⑦ 富《と》山《やま》市

めがねわく
⑧ 鯖《さば》江《え》市

製紙・パルプ
⑨ 富《ふ》士《じ》市

楽器・オートバイ
⑩ 浜《はま》松《まつ》市

自動車
⑪ 豊《とよ》田《た》市

石油化学
⑫ 四《よっ》日《か》市《いち》市

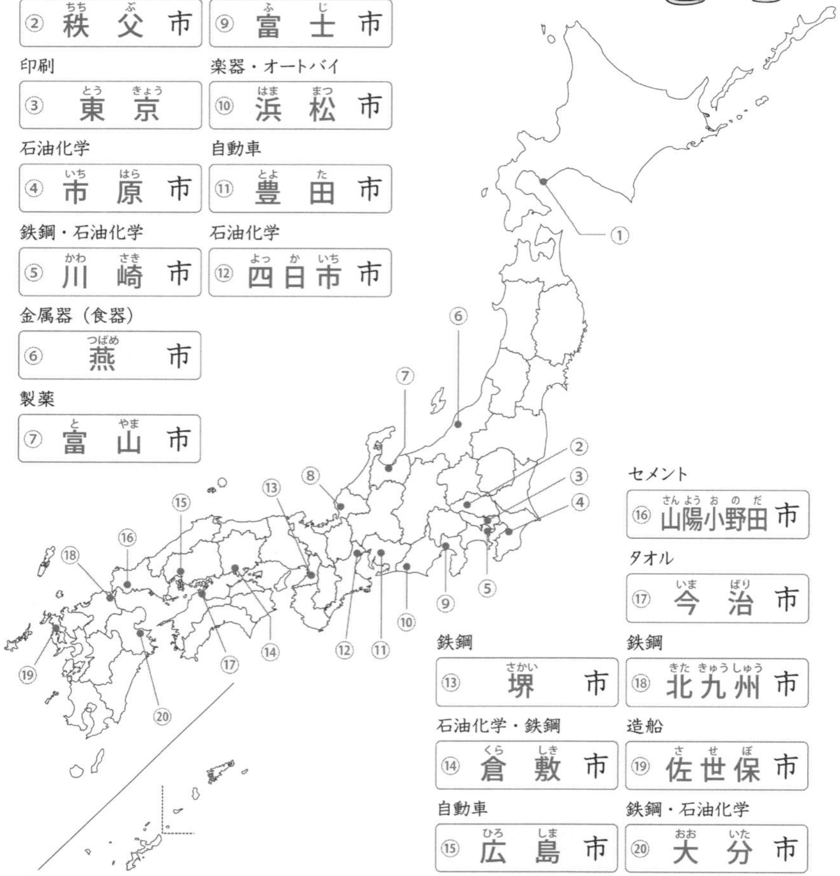

鉄鋼
⑬ 堺《さかい》市

石油化学・鉄鋼
⑭ 倉《くら》敷《しき》市

自動車
⑮ 広《ひろ》島《しま》市

セメント
⑯ 山《さん》陽《よう》小《お》野《の》田《だ》市

タオル
⑰ 今《いま》治《ばり》市

鉄鋼
⑱ 北《きた》九《きゅう》州《しゅう》市

造船
⑲ 佐《さ》世《せ》保《ぼ》市

鉄鋼・石油化学
⑳ 大《おお》分《いた》市

10 日本の気候１

学習日　月　日
正答数　／12

問題 ヒントを参考にして、空欄を埋めましょう。

冬の寒さが厳しく、
降水量が少ない
① 北《ほっ》海《かい》道《どう》の気候

主な都市
② 札《さっ》幌《ぽろ》市

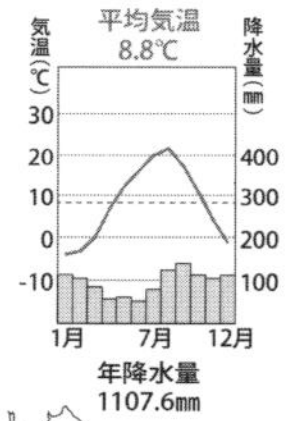

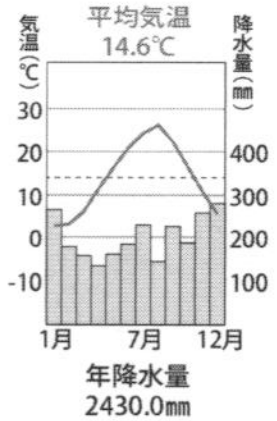

冬の降水量が多い
③ 日《に》本《ほん》海《かい》側《がわ》の気候

主な都市
④ 新《にい》潟《がた》市

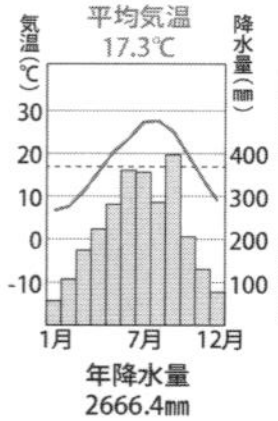

夏の降水量が多い
⑦ 太《たい》平《へい》洋《よう》の気候

主な都市
⑧ 高《こう》知《ち》市

1月の気温が０度以下
⑤ 内《ない》陸《りく》性《せい》の気候

主な都市
⑥ 長《なが》野《の》市

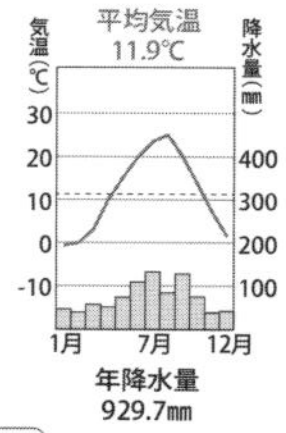

冬の気温が高く、
降水量が多い
⑪ 南《なん》西《せい》諸《しょ》島《とう》の気候

主な都市
⑫ 那《な》覇《は》市

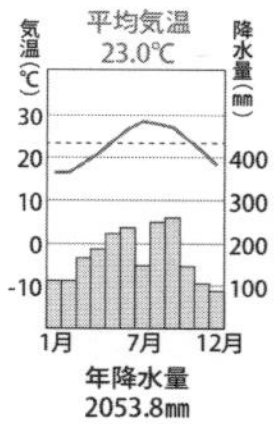

年間を通じて暖かく、
降水量が少ない
⑨ 瀬《せ》戸《と》内《うち》の気候

主な都市
⑩ 高《たか》松《まつ》市

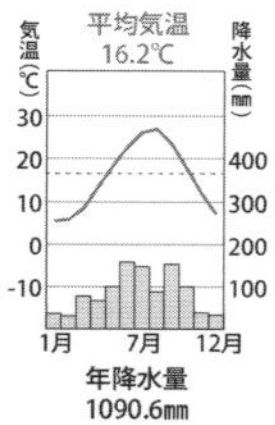

11 日本の気候2　海流・風

学習日　　月　　日
正答数　　／10

問題　ヒントを参考にして、空欄を埋めましょう。

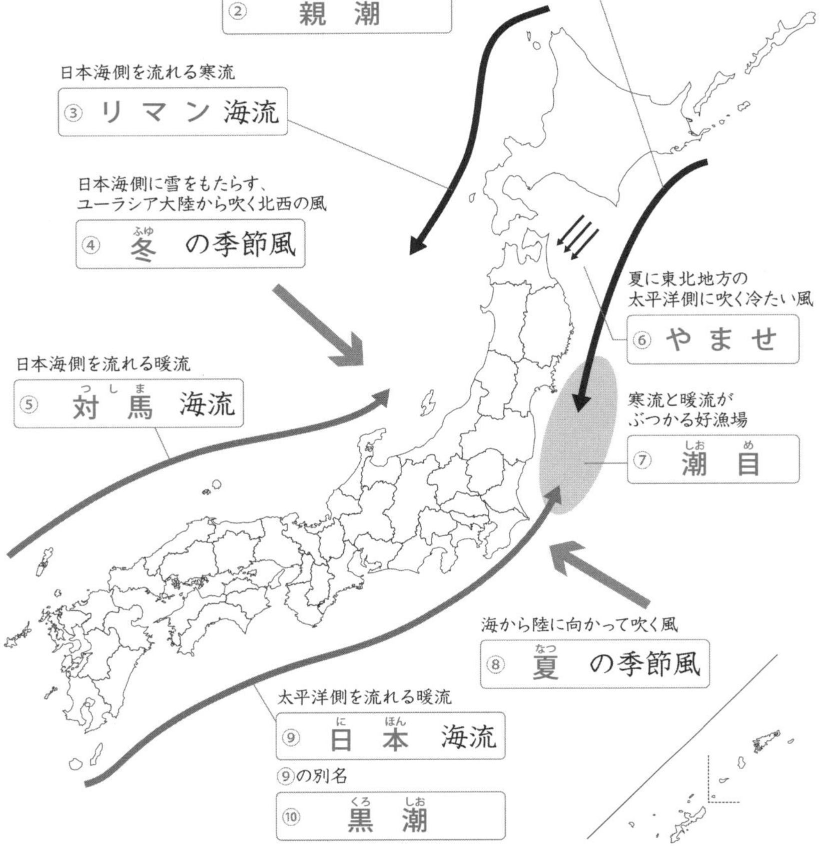

太平洋側を流れる寒流
① 千《ち》島《しま》　海流

①の別名
② 親《おや》潮《しお》

日本海側を流れる寒流
③ リマン 海流

日本海側に雪をもたらす、
ユーラシア大陸から吹く北西の風
④ 冬《ふゆ》 の季節風

日本海側を流れる暖流
⑤ 対《つ》馬《しま》 海流

夏に東北地方の
太平洋側に吹く冷たい風
⑥ やませ

寒流と暖流が
ぶつかる好漁場
⑦ 潮《しお》目《め》

海から陸に向かって吹く風
⑧ 夏《なつ》 の季節風

太平洋側を流れる暖流
⑨ 日《に》本《ほん》 海流

⑨の別名
⑩ 黒《くろ》潮《しお》

12 日本の山脈・山地・高地

学習日　　月　　日
正答数　　／17

問題　ヒントを参考にして、
地図で示された地名を書きましょう。

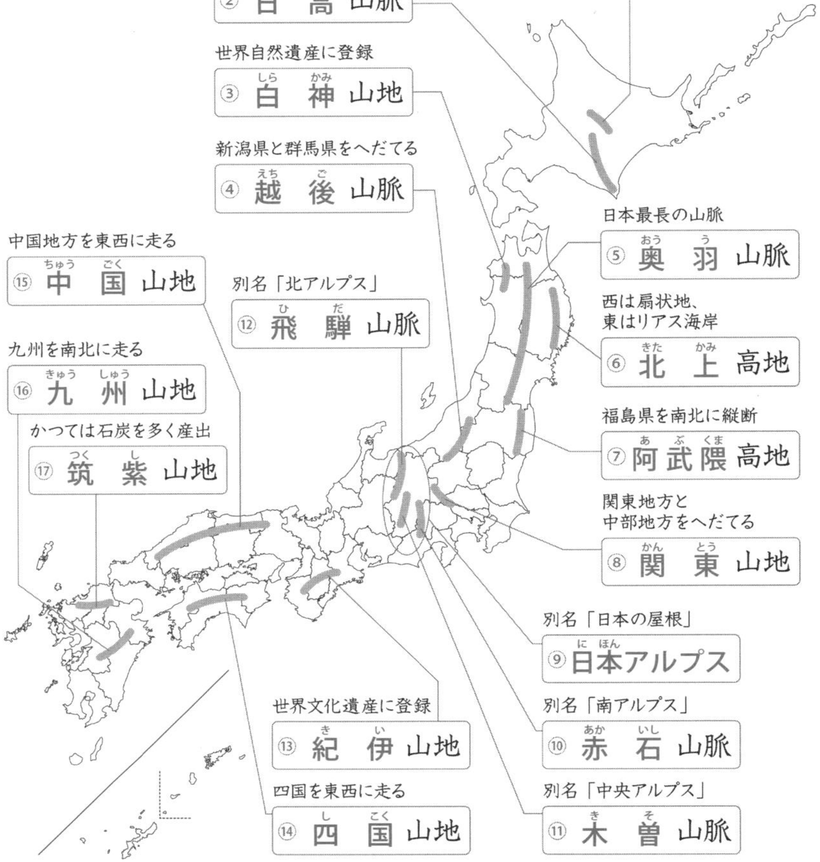

別名「北海道の屋根」
① 十《と》勝《かち》 山地

北海道唯一の山脈
② 日《ひ》高《だか》 山脈

世界自然遺産に登録
③ 白《しら》神《かみ》 山地

新潟県と群馬県をへだてる
④ 越《えち》後《ご》 山脈

日本最長の山脈
⑤ 奥《おう》羽《う》 山脈

西は扇状地、
東はリアス海岸
⑥ 北《きた》上《かみ》 高地

福島県を南北に縦断
⑦ 阿《あ》武《ぶ》隈《くま》 高地

関東地方と
中部地方をへだてる
⑧ 関《かん》東《とう》 山地

別名「日本の屋根」
⑨ 日《に》本《ほん》アルプス

別名「南アルプス」
⑩ 赤《あか》石《いし》 山脈

別名「中央アルプス」
⑪ 木《き》曽《そ》 山脈

別名「北アルプス」
⑫ 飛《ひ》騨《だ》 山脈

世界文化遺産に登録
⑬ 紀《き》伊《い》 山地

四国を東西に走る
⑭ 四《し》国《こく》 山地

中国地方を東西に走る
⑮ 中《ちゅう》国《ごく》 山地

九州を南北に走る
⑯ 九《きゅう》州《しゅう》 山地

かつては石炭を多く産出
⑰ 筑《つく》紫《し》 山地

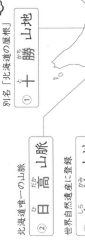

13 日本の山

学習日　　月　　日
正答数　　／18

問題 ヒントを参考にして、
地図で示された山の名前を書きましょう。

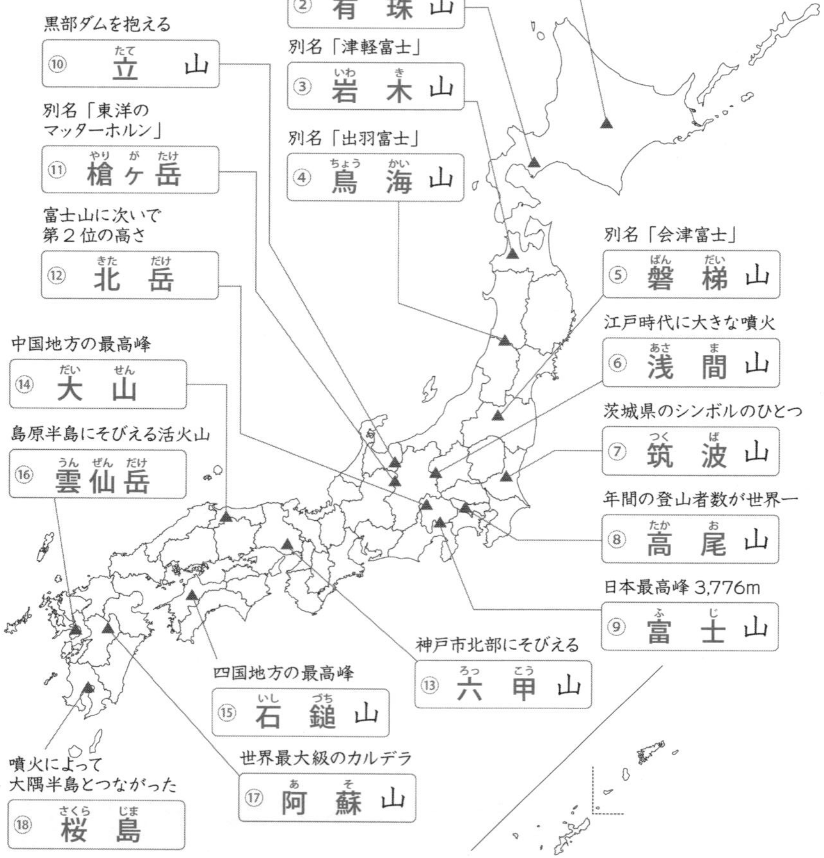

日本で永久凍土をもつ数少ない山
① 大《だい》雪《せつ》山《ざん》

洞爺湖とともに世界ジオパークに登録
② 有《う》珠《す》山

別名「津軽富士」
③ 岩《いわ》木《き》山

別名「出羽富士」
④ 鳥《ちょう》海《かい》山

別名「会津富士」
⑤ 磐《ばん》梯《だい》山

江戸時代に大きな噴火
⑥ 浅《あさ》間《ま》山

茨城県のシンボルのひとつ
⑦ 筑《つく》波《ば》山

年間の登山者数が世界一
⑧ 高《たか》尾《お》山

日本最高峰 3,776m
⑨ 富《ふ》士《じ》山

黒部ダムを抱える
⑩ 立《たて》山

別名「東洋のマッターホルン」
⑪ 槍《やり》ケ《が》岳《たけ》

富士山に次いで第２位の高さ
⑫ 北《きた》岳《だけ》

神戸市北部にそびえる
⑬ 六《ろっ》甲《こう》山

中国地方の最高峰
⑭ 大《だい》山《せん》

四国地方の最高峰
⑮ 石《いし》鎚《づち》山

島原半島にそびえる活火山
⑯ 雲《うん》仙《ぜん》岳《だけ》

世界最大級のカルデラ
⑰ 阿《あ》蘇《そ》山

噴火によって大隅半島とつながった
⑱ 桜《さくら》島《じま》

14 日本の平野

学習日　　月　　日
正答数　　／15

問題 ヒントを参考にして、
地図で示された平野の名前を書きましょう。

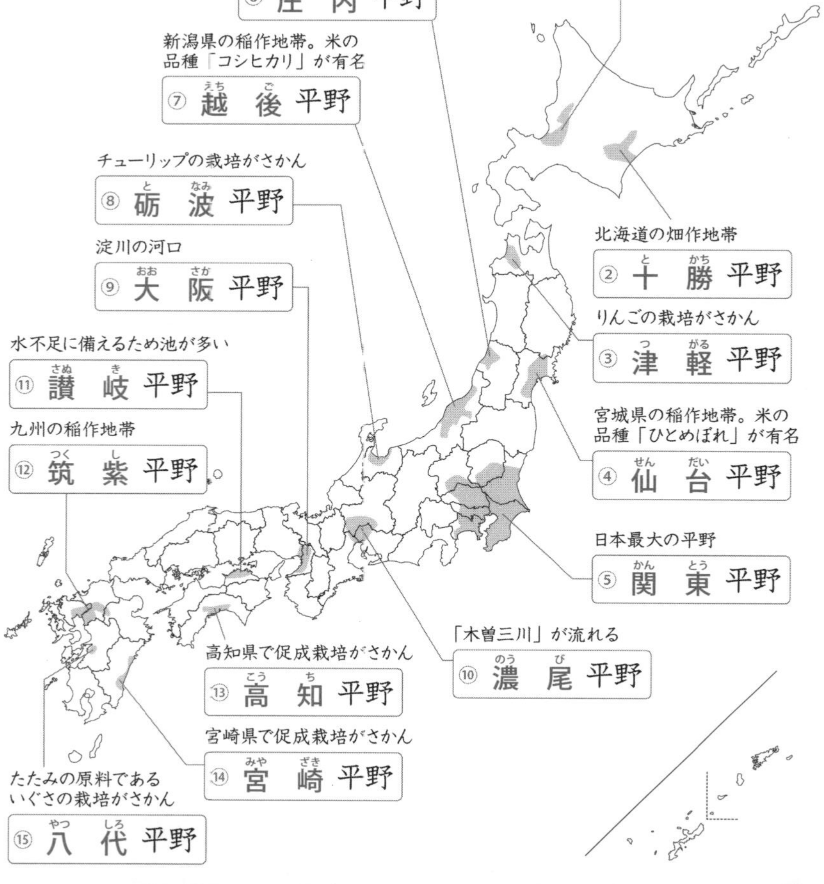

客土で土地を改良
① 石《いし》狩《かり》平野

北海道の畑作地帯
② 十《と》勝《かち》平野

りんごの栽培がさかん
③ 津《つ》軽《がる》平野

宮城県の稲作地帯。米の品種「ひとめぼれ」が有名
④ 仙《せん》台《だい》平野

日本最大の平野
⑤ 関《かん》東《とう》平野

山形県の稲作地帯。米の品種「はえぬき」が有名
⑥ 庄《しょう》内《ない》平野

新潟県の稲作地帯。米の品種「コシヒカリ」が有名
⑦ 越《えち》後《ご》平野

チューリップの栽培がさかん
⑧ 砺《と》波《なみ》平野

淀川の河口
⑨ 大《おお》阪《さか》平野

「木曽三川」が流れる
⑩ 濃《のう》尾《び》平野

水不足に備えるため池が多い
⑪ 讃《さぬ》岐《き》平野

九州の稲作地帯
⑫ 筑《つく》紫《し》平野

高知県で促成栽培がさかん
⑬ 高《こう》知《ち》平野

宮崎県で促成栽培がさかん
⑭ 宮《みや》崎《ざき》平野

たたみの原料であるいぐさの栽培がさかん
⑮ 八《やつ》代《しろ》平野

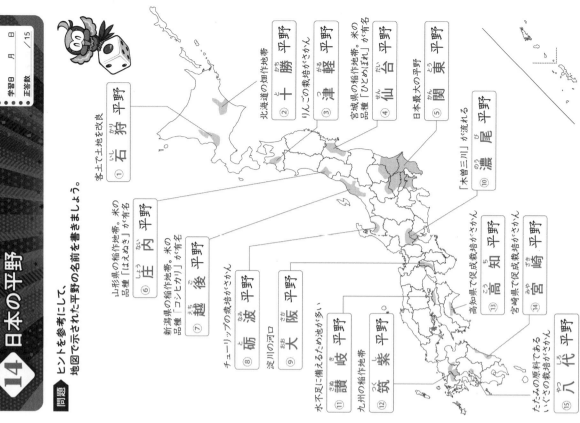

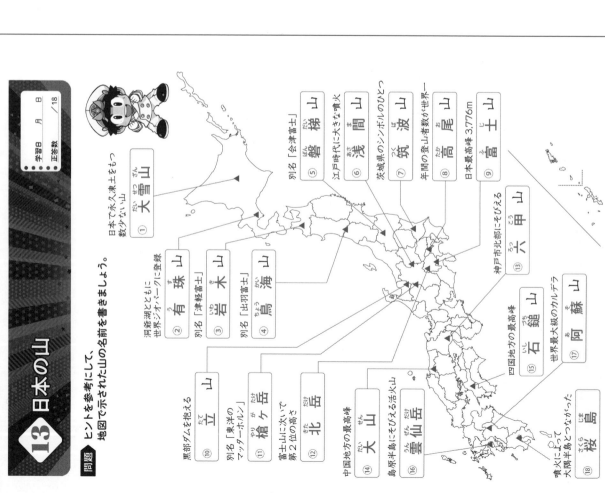

15 日本の盆地と台地

学習日　月　日
正答数　／17

問題 ヒントを参考にして、
地図で示された盆地もしくは台地の名前を書きましょう。

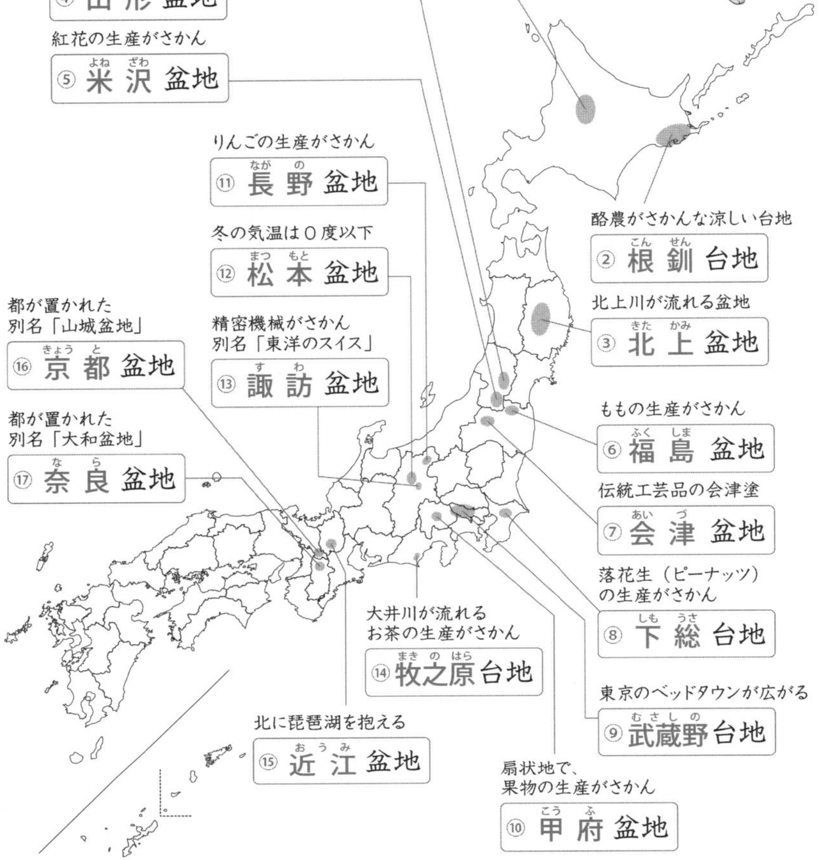

① 稲作がさかんな盆地　上《かみ》川《かわ》盆地

② 酪農がさかんな涼しい台地　根《こん》釧《せん》台地

③ 北上川が流れる盆地　北《きた》上《かみ》盆地

④ おうとう（さくらんぼ）の生産がさかん　山《やま》形《がた》盆地

⑤ 紅花の生産がさかん　米《よね》沢《ざわ》盆地

⑥ ももの生産がさかん　福《ふく》島《しま》盆地

⑦ 伝統工芸品の会津塗　会《あい》津《づ》盆地

⑧ 落花生（ピーナッツ）の生産がさかん　下《しも》総《うさ》台地

⑨ 東京のベッドタウンが広がる　武蔵野《むさしの》台地

⑩ 扇状地で、果物の生産がさかん　甲《こう》府《ふ》盆地

⑪ りんごの生産がさかん　長《なが》野《の》盆地

⑫ 冬の気温は０度以下　松《まつ》本《もと》盆地

⑬ 精密機械がさかん　別名「東洋のスイス」　諏《す》訪《わ》盆地

⑭ 大井川が流れる　お茶の生産がさかん　牧之原《まきのはら》台地

⑮ 北に琵琶湖を抱える　近《お》江《うみ》盆地

⑯ 都が置かれた　別名「山城盆地」　京《きょう》都《と》盆地

⑰ 都が置かれた　別名「大和盆地」　奈《な》良《ら》盆地

16 日本の川

学習日　月　日
正答数　／20

問題 ヒントを参考にして、
地図で示された川の名前を書きましょう。

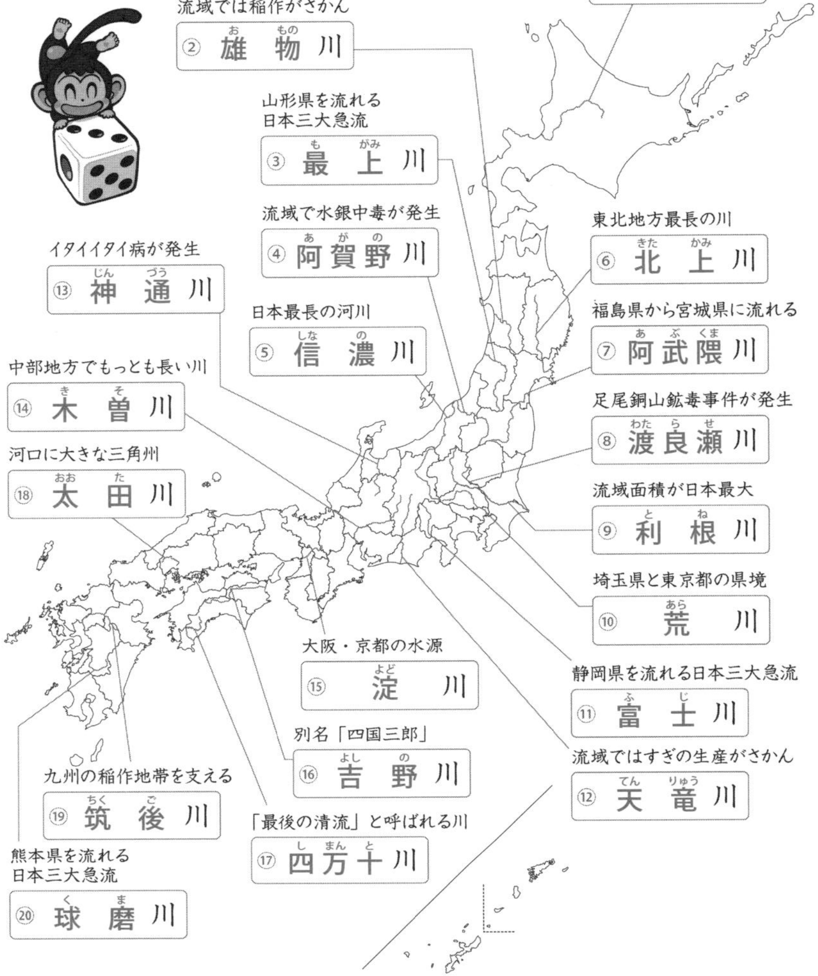

① 日本で３番目に長い川　石《いし》狩《かり》川

② 秋田県を流れ、流域では稲作がさかん　雄《お》物《もの》川

③ 山形県を流れる日本三大急流　最《も》上《がみ》川

④ 流域で水銀中毒が発生　阿《あ》賀《が》野《の》川

⑤ 日本最長の河川　信《しな》濃《の》川

⑥ 東北地方最長の川　北《きた》上《かみ》川

⑦ 福島県から宮城県に流れる　阿《あ》武《ぶ》隈《くま》川

⑧ 足尾銅山鉱毒事件が発生　渡《わた》良《ら》瀬《せ》川

⑨ 流域面積が日本最大　利《と》根《ね》川

⑩ 埼玉県と東京都の県境　荒《あら》川

⑪ 静岡県を流れる日本三大急流　富《ふ》士《じ》川

⑫ 流域ではすぎの生産がさかん　天《てん》竜《りゅう》川

⑬ イタイイタイ病が発生　神《じん》通《づう》川

⑭ 中部地方でもっとも長い川　木《き》曽《そ》川

⑮ 大阪・京都の水源　淀《よど》川

⑯ 別名「四国三郎」　吉《よし》野《の》川

⑰ 「最後の清流」と呼ばれる川　四《し》万《まん》十《と》川

⑱ 河口に大きな三角州　太《おお》田《た》川

⑲ 九州の稲作地帯を支える　筑《ちく》後《ご》川

⑳ 熊本県を流れる日本三大急流　球《く》磨《ま》川

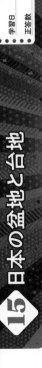

17 日本の湖

学習日　　月　　日
正答数　　／17

問題　ヒントを参考にして、
地図で示された湖の名前を書きましょう。

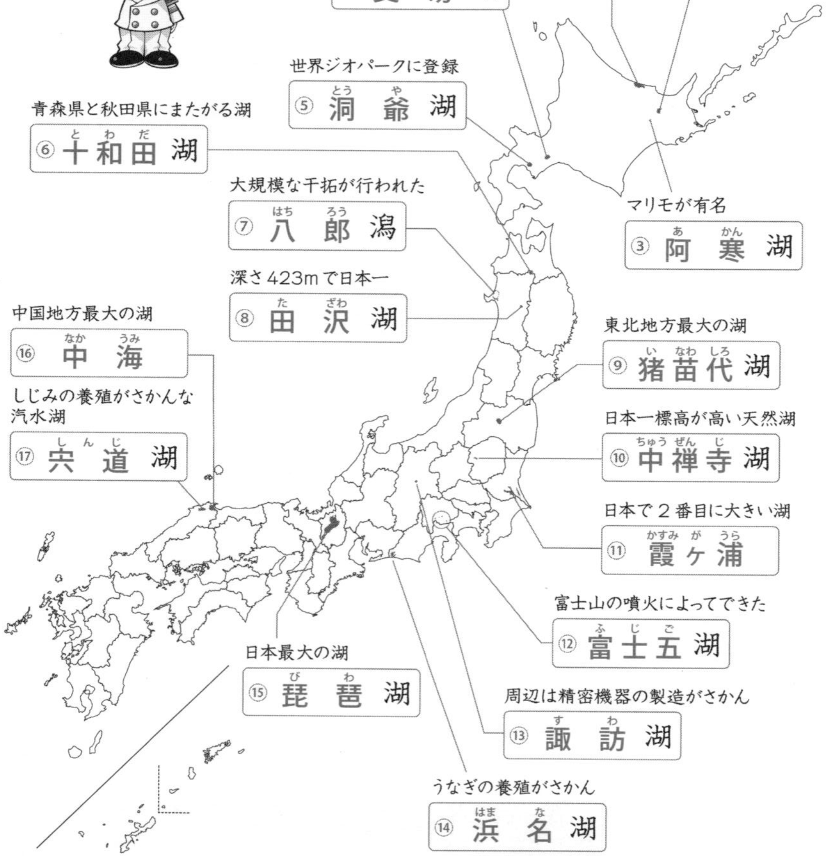

日本で３番目に大きい湖
① サロマ湖

日本最大のカルデラ湖
② 屈《くっ》斜《しゃ》路《ろ》湖

マリモが有名
③ 阿《あ》寒《かん》湖

日本最北の「不凍湖」
④ 支《し》笏《こつ》湖

世界ジオパークに登録
⑤ 洞《とう》爺《や》湖

青森県と秋田県にまたがる湖
⑥ 十《と》和《わ》田《だ》湖

大規模な干拓が行われた
⑦ 八《はち》郎《ろう》潟

深さ423mで日本一
⑧ 田《た》沢《ざわ》湖

東北地方最大の湖
⑨ 猪《い》苗《なわ》代《しろ》湖

日本一標高が高い天然湖
⑩ 中《ちゅう》禅《ぜん》寺《じ》湖

日本で２番目に大きい湖
⑪ 霞《かすみ》ケ《が》浦《うら》

富士山の噴火によってできた
⑫ 富《ふ》士《じ》五《ご》湖

周辺は精密機器の製造がさかん
⑬ 諏《す》訪《わ》湖

うなぎの養殖がさかん
⑭ 浜《はま》名《な》湖

日本最大の湖
⑮ 琵《び》琶《わ》湖

中国地方最大の湖
⑯ 中《なか》海《うみ》

しじみの養殖がさかんな
汽水湖
⑰ 宍《しん》道《じ》湖

18 日本の海と湾

学習日　　月　　日
正答数　　／18

問題　ヒントを参考にして、
地図で示された海もしくは湾の名前を書きましょう。

冬には流氷が見られる
① オホーツク海

北海道と青森県の間
② 津《つ》軽《がる》海峡

ホタテ貝の養殖がさかん
③ 陸《む》奥《つ》湾

カキの養殖がさかん
④ 仙《せん》台《だい》湾

かつては好漁場、
今は貿易がさかん
⑤ 東《とう》京《きょう》湾

マリンスポーツがさかん
⑥ 相《さ》模《が》湾《み》

日本で最も深い湾
⑦ 駿《す》河《る》湾《が》

西部はリアス海岸
⑧ 若《わか》狭《さ》湾

周辺は工場や
コンビナートが立地
⑨ 伊《い》勢《せ》湾

世界初、真珠の養殖
⑩ 英《あ》虞《ご》湾

大阪市・神戸市が面する
⑪ 大《おお》阪《さか》湾

海全体が国立公園
⑫ 瀬《せ》戸《と》内《ない》海

山口県と福岡県の間
⑬ 関《かん》門《もん》海峡

のりの養殖がさかん
⑭ 有《あり》明《あけ》海

真珠の養殖がさかん
⑮ 大《おお》村《むら》湾

日本列島とユーラシア
大陸に挟まれる
⑯ 日《に》本《ほん》海

世界最大の海
⑰ 太《たい》平《へい》洋《よう》

大陸棚が広がる豊かな漁場
⑱ 東《ひがし》シナ海

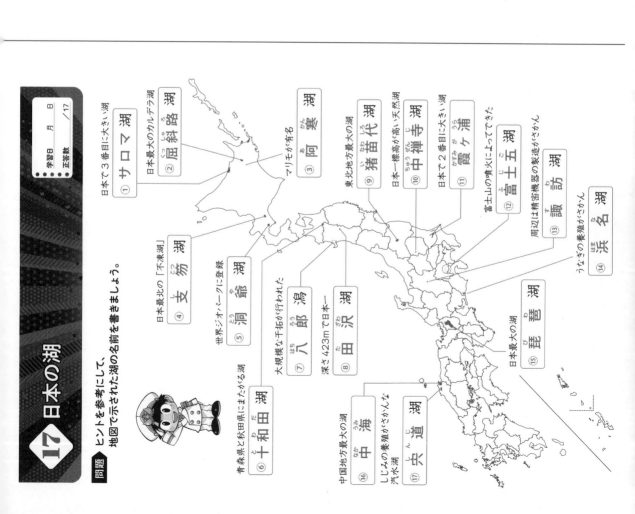

19 日本の島

学習日　月　日
正答数　／19

問題　ヒントを参考にして、地図で示された島もしくは諸島、群島の名前を書きましょう。

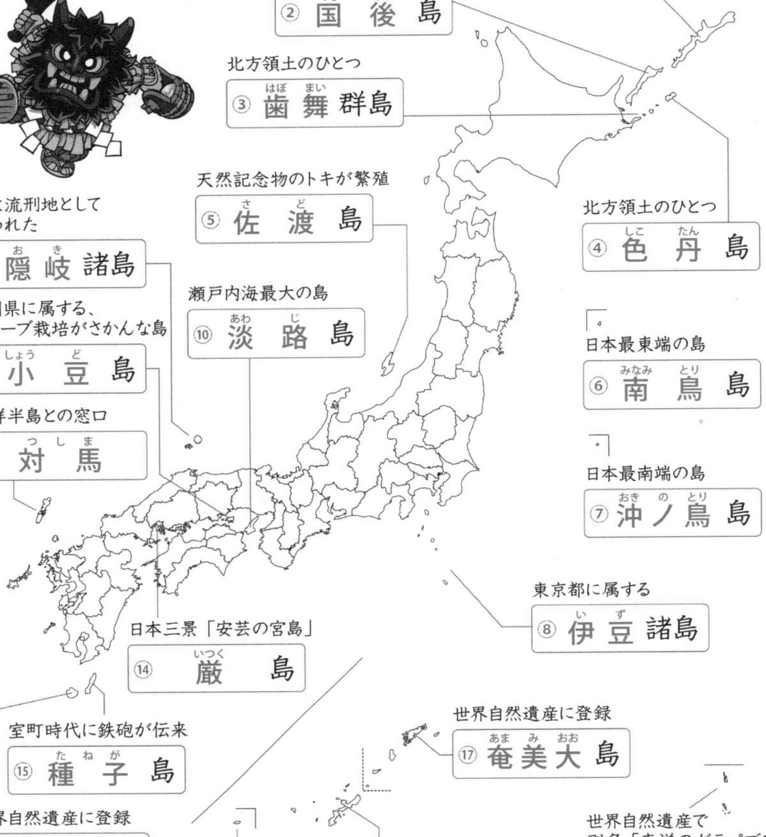

日本最北端の島
① 択捉《えとろふ》島

北方領土で
２番目に大きい島
② 国後《くなしり》島

北方領土のひとつ
③ 歯舞《はぼまい》群島

北方領土のひとつ
④ 色丹《しこたん》島

天然記念物のトキが繁殖
⑤ 佐渡《さど》島

日本最東端の島
⑥ 南鳥《みなみとり》島

日本最南端の島
⑦ 沖ノ鳥《おきのとり》島

東京都に属する
⑧ 伊豆《いず》諸島

世界自然遺産で
別名「東洋のガラパゴス」
⑨ 小笠原《おがさわら》諸島

瀬戸内海最大の島
⑩ 淡路《あわじ》島

昔は流刑地として
使われた
⑪ 隠岐《おき》諸島

香川県に属する、
オリーブ栽培がさかんな島
⑫ 小豆《しょうど》島

朝鮮半島との窓口
⑬ 対馬《つしま》

日本三景「安芸の宮島」
⑭ 厳《いつく》島

室町時代に鉄砲が伝来
⑮ 種子《たねが》島

世界自然遺産に登録
⑯ 屋久《やく》島

世界自然遺産に登録
⑰ 奄美大《あまみおお》島

沖縄県最大の島
⑱ 沖縄《おきなわ》島

日本最西端の島
⑲ 与那国《よなぐに》島

20 日本の主な半島

学習日　月　日
正答数　／18

問題　ヒントを参考にして、地図で示された半島の名前を書きましょう。

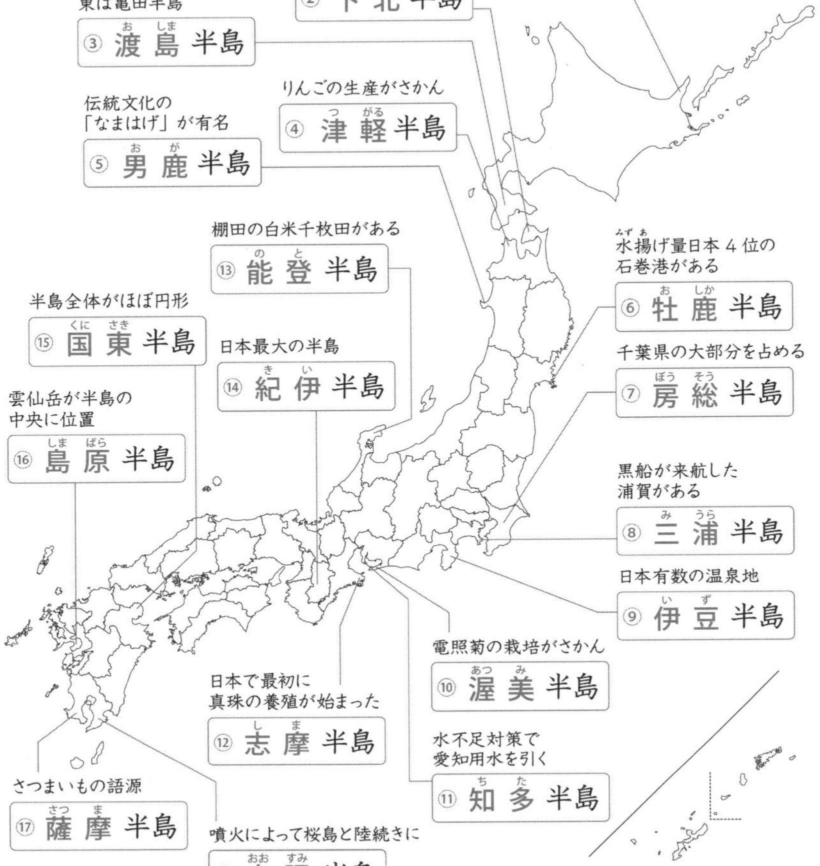

世界自然遺産に登録
① 知床《しれとこ》半島

エネルギー産業の
施設が集中
② 下北《しもきた》半島

西は松前半島、
東は亀田半島
③ 渡島《おしま》半島

りんごの生産がさかん
④ 津軽《つがる》半島

伝統文化の
「なまはげ」が有名
⑤ 男鹿《おが》半島

水揚《みずあ》げ量日本４位の
石巻港がある
⑥ 牡鹿《おしか》半島

千葉県の大部分を占める
⑦ 房総《ぼうそう》半島

黒船が来航した
浦賀がある
⑧ 三浦《みうら》半島

日本有数の温泉地
⑨ 伊豆《いず》半島

電照菊の栽培がさかん
⑩ 渥美《あつみ》半島

水不足対策で
愛知用水を引く
⑪ 知多《ちた》半島

日本で最初に
真珠の養殖が始まった
⑫ 志摩《しま》半島

棚田の白米千枚田がある
⑬ 能登《のと》半島

日本最大の半島
⑭ 紀伊《きい》半島

半島全体がほぼ円形
⑮ 国東《くにさき》半島

雲仙岳が半島の
中央に位置
⑯ 島原《しまばら》半島

さつまいもの語源
⑰ 薩摩《さつま》半島

噴火によって桜島と陸続きに
⑱ 大隅《おおすみ》半島

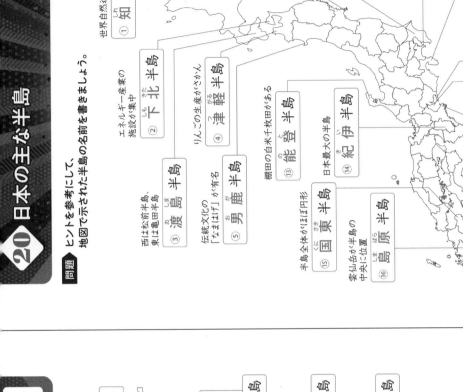

21 日本の農業1　稲作

学習日　月　日
正答数　／18

問題 ヒントを参考にして、①〜⑪に地名を、A〜Dに米のブランド名を書きましょう。

米の生産量が多い都道府県の上位3つを書きましょう。

1位 新《にい》潟《がた》県《けん》
2位 北《ほっ》海《かい》道《どう》
3位 秋《あき》田《た》県《けん》

石狩川の上流
① 上《かみ》川《かわ》盆地

雄物川流域の稲作地帯
④ 秋《あき》田《た》平野
A あきたこまち

最上川流域の稲作地帯
⑤ 庄《しょう》内《ない》平野
B はえぬき

信濃川・阿賀野川流域の稲作地帯
⑥ 越《えち》後《ご》平野
D コシヒカリ

客土で一大稲作地帯に
② 石《いし》狩《かり》平野

北上川流域の稲作地帯
③ 仙《せん》台《だい》平野
C ひとめぼれ

散居村・屋敷森で有名
⑨ 砺《と》波《なみ》平野

利根川下流に広がる。早場米が有名
⑦ 水《すい》郷《ごう》地帯

堤防に囲まれた輪中が見られる
⑧ 濃《のう》尾《び》平野

用水路のクリークが見られる
⑪ 筑《つく》紫《し》平野

水不足に備えてため池を作った
⑩ 讃《さぬ》岐《き》平野

22 日本の農業2　穀物

学習日　月　日
正答数　／11

問題 下の穀物を生産する都道府県の名前を生産量の多い順に書きましょう。

小麦

1位 北《ほっ》海《かい》道《どう》
2位 福《ふく》岡《おか》県《けん》
3位 佐《さ》賀《が》県《けん》

! 2位と3位は二毛作が有名な筑紫平野がある県

とうもろこし

1位 北《ほっ》海《かい》道《どう》
2位 千《ち》葉《ば》県《けん》
3位 茨《いばら》城《き》県《けん》

大豆

1位 北《ほっ》海《かい》道《どう》
2位 宮《みや》城《ぎ》県《けん》
3位 秋《あき》田《た》県《けん》

! 2位はずんだが有名

落花生(ピーナッツ)

1位 千《ち》葉《ば》県《けん》
2位 茨《いばら》城《き》県《けん》

参考　農林水産省「作物統計」(2021)

23 日本の農業3　野菜①

学習日　　月　　日
正答数　　／12

問題　下の野菜を生産する都道府県の名前を生産量の多い順に書きましょう。

じゃがいも

1位　北《ほっ》海《かい》道《どう》
2位　長《なが》崎《さき》県《けん》
3位　鹿児島《かごしま》県《けん》

シラス台地や関東ローム層など、火山灰の土地で作られる

かんしょ（さつまいも）

1位　鹿児島《かごしま》県《けん》
2位　茨《いばら》城《き》県《けん》
3位　千《ち》葉《ば》県《けん》

2位と3位は関東ローム層の県

にんじん

1位　北《ほっ》海《かい》道《どう》
2位　千《ち》葉《ば》県《けん》
3位　徳《とく》島《しま》県《けん》

たまねぎ

1位　北《ほっ》海《かい》道《どう》
2位　佐《さ》賀《が》県《けん》
3位　兵《ひょう》庫《ご》県《けん》

参考　農林水産省「野菜生産出荷統計」(2021)

24 日本の農業4　野菜②

学習日　　月　　日
正答数　　／12

問題　下の野菜を生産する都道府県の名前を生産量の多い順に書きましょう。

キャベツ

1位　愛《あい》知《ち》県《けん》
2位　群《ぐん》馬《ま》県《けん》
3位　千《ち》葉《ば》県《けん》

2位の県は長年、生産量1位だった

レタス

1位　長《なが》野《の》県《けん》
2位　茨《いばら》城《き》県《けん》
3位　群《ぐん》馬《ま》県《けん》

1位の県は八ヶ岳ふもとの野辺山原が有名

ほうれん草

1位　埼《さい》玉《たま》県《けん》
2位　群《ぐん》馬《ま》県《けん》
3位　千《ち》葉《ば》県《けん》

ねぎ

1位　千《ち》葉《ば》県《けん》
2位　埼《さい》玉《たま》県《けん》
3位　茨《いばら》城《き》県《けん》

ほうれん草とねぎは鮮度が大事なので大都市近く。ねぎの上位３県の生産量はほとんど変わらない

参考　農林水産省「野菜生産出荷統計」(2021)

25 日本の農業5　野菜③

学習日　　月　　日
正答数　　／11

問題　下の野菜を生産する都道府県の名前を生産量の多い順に書きましょう。

きゅうり

1位　宮《みや》崎《ざき》県《けん》
2位　群《ぐん》馬《ま》県《けん》
3位　埼《さい》玉《たま》県《けん》

なす

1位　高《こう》知《ち》県《けん》
2位　熊《くま》本《もと》県《けん》
3位　群《ぐん》馬《ま》県《けん》

ピーマン

1位　茨《いばら》城《き》県《けん》
2位　宮《みや》崎《ざき》県《けん》
3位　高《こう》知《ち》県《けん》

トマト

1位　熊《くま》本《もと》県《けん》
2位　北《ほっ》海《かい》道《どう》

参考　農林水産省「野菜生産出荷統計」(2021)

26 日本の農業6　野菜④

学習日　　月　　日
正答数　　／11

問題　下の野菜を生産する都道府県の名前を生産量の多い順に書きましょう。

大根

1位　北《ほっ》海《かい》道《どう》
2位　千《ち》葉《ば》県《けん》
3位　青《あお》森《もり》県《けん》

ごぼう

1位　青《あお》森《もり》県《けん》
2位　北《ほっ》海《かい》道《どう》
3位　茨《いばら》城《き》県《けん》

白菜

1位　茨《いばら》城《き》県《けん》
2位　長《なが》野《の》県《けん》

ブロッコリー

1位　北《ほっ》海《かい》道《どう》
2位　埼《さい》玉《たま》県《けん》
3位　愛《あい》知《ち》県《けん》

参考　農林水産省「野菜生産出荷統計」(2021)

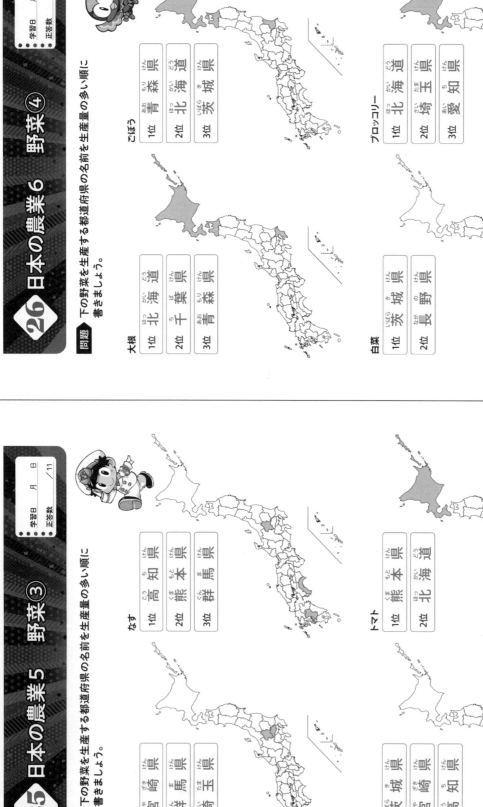

27 日本の農業7　果物①

学習日　　月　　日
正答数　　／12

問題　下の果物を生産する都道府県の名前を生産量の多い順に書きましょう。

みかん

1位　和《わ》歌《か》山《やま》県《けん》
2位　愛《え》媛《ひめ》県《けん》
3位　静《しず》岡《おか》県《けん》

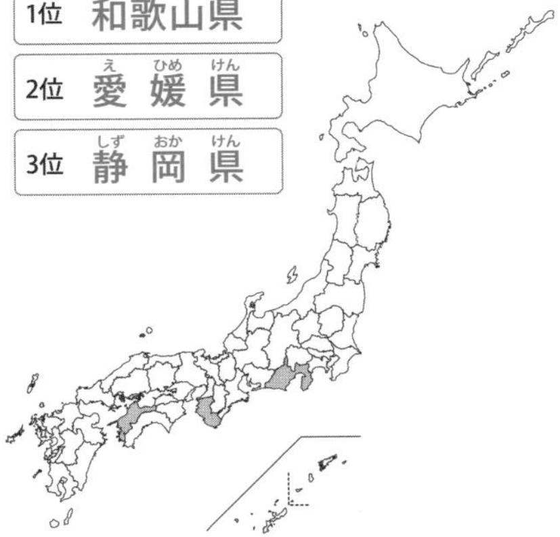

りんご

1位　青《あお》森《もり》県《けん》
2位　長《なが》野《の》県《けん》
3位　山《やま》形《がた》県《けん》

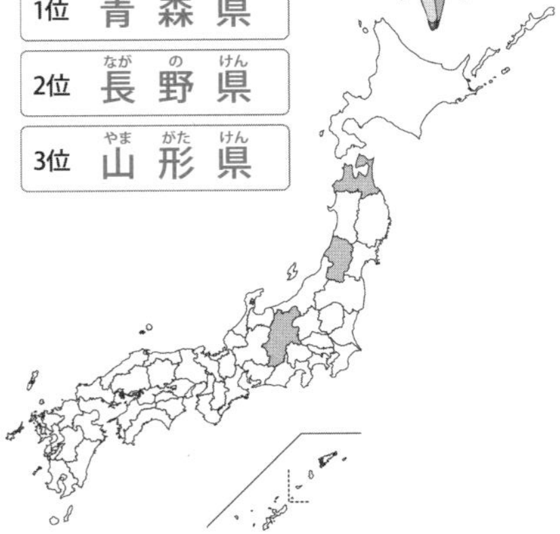

いちご

1位　栃《とち》木《ぎ》県《けん》
2位　福《ふく》岡《おか》県《けん》
3位　熊《くま》本《もと》県《けん》

1位は「とちおとめ」、2位は「あまおう」が有名

ぶどう

1位　山《やま》梨《なし》県《けん》
2位　長《なが》野《の》県《けん》
3位　山《やま》形《がた》県《けん》

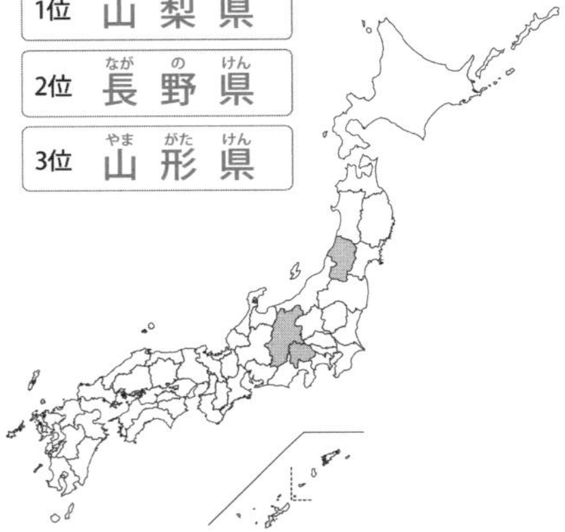

※いちごは、正しくは「野菜」に分類されますが、一般的な認識にしたがって果物として掲載しています。

参考　農林水産省「果樹生産出荷統計」(2021)

28 日本の農業8　果物②

学習日　　月　　日
正答数　　／10

問題　下の果物を生産する都道府県の名前を生産量の多い順に書きましょう。

もも

1位　山《やま》梨《なし》県《けん》
2位　福《ふく》島《しま》県《けん》
3位　長《なが》野《の》県《けん》

日本なし

1位　千《ち》葉《ば》県《けん》
2位　茨《いばら》城《き》県《けん》
3位　栃《とち》木《ぎ》県《けん》

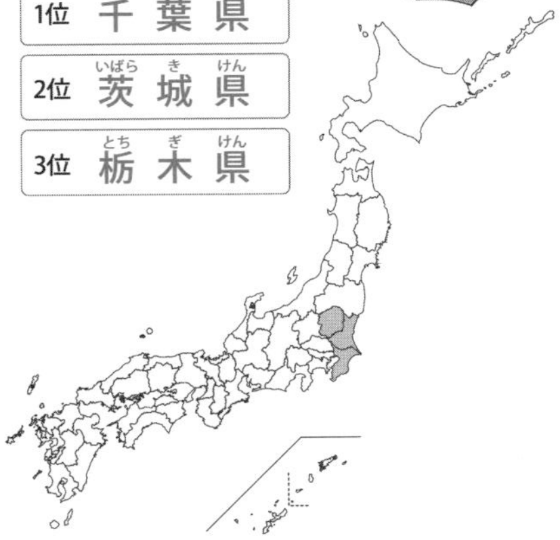

おうとう（さくらんぼ）

1位　山《やま》形《がた》県《けん》
2位　北《ほっ》海《かい》道《どう》

うめ

1位　和《わ》歌《か》山《やま》県《けん》
2位　群《ぐん》馬《ま》県《けん》

参考　農林水産省「果樹生産出荷統計」(2021)

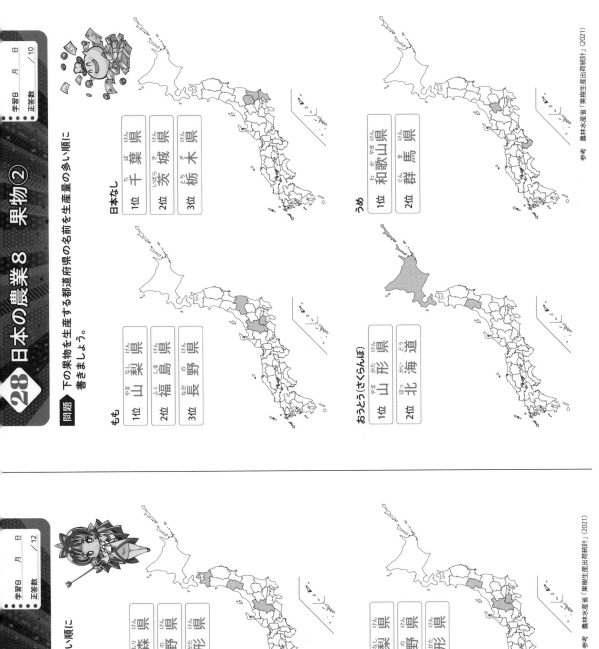

29 日本の農業9 工芸作物・花①

学習日　　月　　日

正答数　　／7

問題　下の作物・花を生産する都道府県の名前を生産量の多い順に書きましょう。

茶

1位　静《しず》岡《おか》県《けん》

2位　鹿《か》児《ご》島《しま》県《けん》

3位　三《み》重《え》県《けん》

さとうきび

1位　沖《おき》縄《なわ》県《けん》

2位　鹿《か》児《ご》島《しま》県《けん》

こんにゃくいも

1位　群《ぐん》馬《ま》県《けん》

てんさい

1位　北《ほっ》海《かい》道《どう》

参考　農林水産省「作物統計」(2021)

30 日本の農業10 工芸作物・花②

学習日　　月　　日

正答数　　／10

問題　下の作物・花を生産する都道府県の名前を生産量の多い順に書きましょう。

チューリップ(球根)

1位　富《と》山《やま》県《けん》

2位　新《にい》潟《がた》県《けん》

菊

1位　愛《あい》知《ち》県《けん》

2位　沖《おき》縄《なわ》県《けん》

3位　福《ふく》岡《おか》県《けん》

オリーブ

1位　香《か》川《がわ》県《けん》

2位　熊《くま》本《もと》県《けん》

3位　広《ひろ》島《しま》県《けん》

いぐさ

1位　熊《くま》本《もと》県《けん》

2位　福《ふく》岡《おか》県《けん》

参考　農林水産省「花き生産出荷統計」(2021)、「作物統計」(2018、2021)

31 日本の農業11　畜産

学習日　　月　　日
正答数　　／12

問題　下の畜産動物の飼育頭数が多い順に都道府県の名前を書きましょう。

肉用牛

1位	北《ほっ》海《かい》道《どう》
2位	鹿《か》児《ご》島《しま》県《けん》
3位	宮《みや》崎《ざき》県《けん》

乳用牛

1位	北《ほっ》海《かい》道《どう》
2位	栃《とち》木《ぎ》県《けん》
3位	熊《くま》本《もと》県《けん》

豚

1位	鹿《か》児《ご》島《しま》県《けん》
2位	宮《みや》崎《ざき》県《けん》
3位	北《ほっ》海《かい》道《どう》

肉用若鶏

1位	鹿《か》児《ご》島《しま》県《けん》
2位	宮《みや》崎《ざき》県《けん》
3位	岩《いわ》手《て》県《けん》

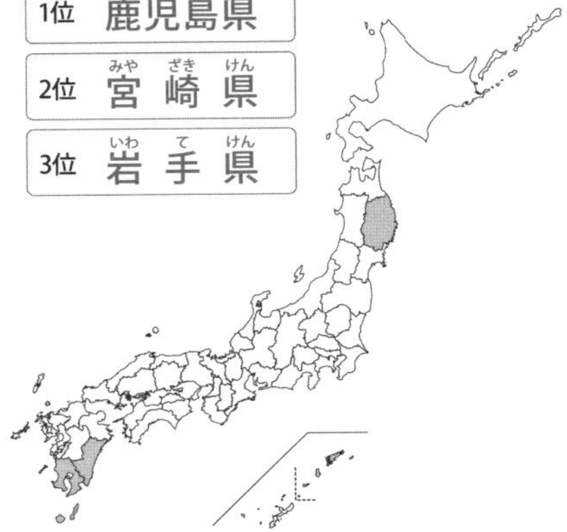

参考　農林水産省「畜産統計」(2021)

32 日本の林業

学習日　　月　　日
正答数　　／12

問題　木材の産出額が多い都道府県と、輸入額が多い相手国の名前を、多い順に書きましょう。また地図で示された場所の、天然、人工それぞれの三大美林を書きましょう。

林業の産出額が多い都道府県

1位	長《なが》野《の》県《けん》
2位	新《にい》潟《がた》県《けん》
3位	北《ほっ》海《かい》道《どう》

木材の輸入額が多い輸入相手国

1位	カナダ
2位	フィンランド
3位	スウェーデン

林業には木材生産ときのこ栽培を含みます

参考　財務省「貿易統計」(2023)、農林水産省「統計情報」(2021)

33 日本の水産業1 主な漁港

学習日　　月　　日
正答数　　／16

問題　下の水産物の漁獲量1位である都道府県の名前を書きましょう。
またヒントを参考にして、地図に示した漁港の名前を書きましょう。

まぐろの漁獲量　1位 静《しず》岡《おか》県《けん》	さばの漁獲量　1位 茨《いばら》城《き》県《けん》
いわしの漁獲量　1位 茨《いばら》城《き》県《けん》	かつおの漁獲量　1位 静《しず》岡《おか》県《けん》
かにの漁獲量　1位 北《ほっ》海《かい》道《どう》	あじの漁獲量　1位 長《なが》崎《さき》県《けん》
たいの漁獲量　1位 長《なが》崎《さき》県《けん》	たらの漁獲量　1位 北《ほっ》海《かい》道《どう》

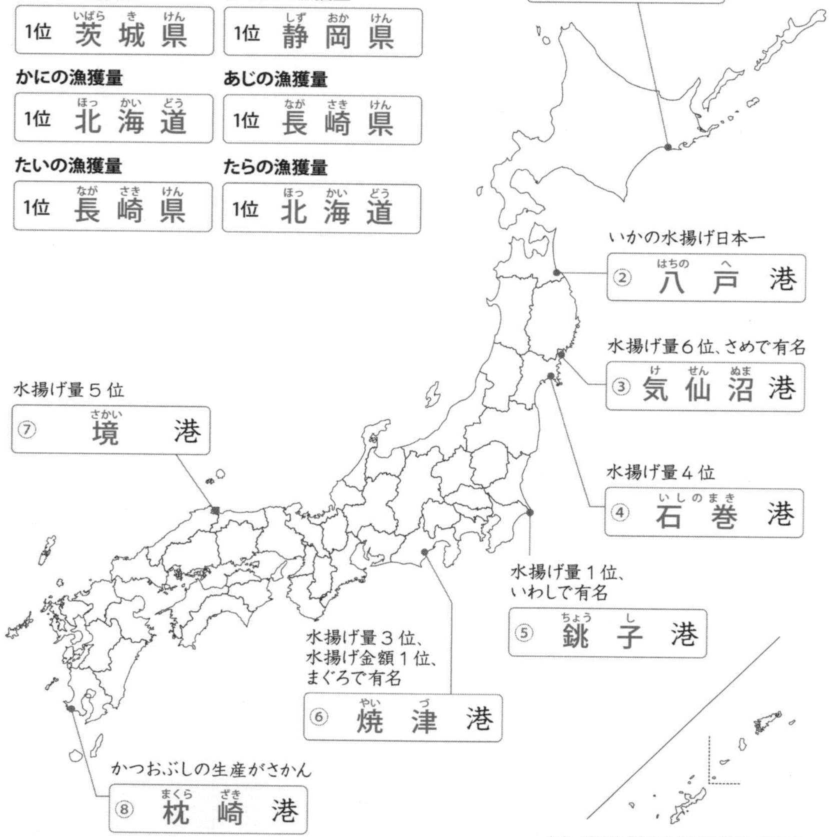

参考　水産庁「産地水産物流通調査」(2021)

34 日本の水産業2 育てる漁業

学習日　　月　　日
正答数　　／17

問題　下の水産物の生産量1位である都道府県の名前を書きましょう。
またヒントを参考にして、地図に示した地名を書きましょう。

カキの生産量　1位 広《ひろ》島《しま》県《けん》	のりの生産量　1位 佐《さ》賀《が》県《けん》
昆布の生産量　1位 北《ほっ》海《かい》道《どう》	真珠の生産量　1位 長《なが》崎《さき》県《けん》
ホタテ貝の生産量　1位 北《ほっ》海《かい》道《どう》	まだいの生産量　1位 愛《え》媛《ひめ》県《けん》
うなぎの生産量　1位 鹿《か》児《ご》島《しま》県《けん》	金魚の生産量　1位 奈《な》良《ら》県《けん》

参考　農林水産省「漁業・養殖業生産統計」(2021)

35 日本の主な発電所

学習日　月　日
正答数　／4

問題 地図上の●は主な発電所を示しています。
それぞれ何をエネルギーにしている発電所か書きましょう。

ヒント 発電方法には、水力・火力・原子力・地熱をエネルギーとして利用する4種類があります。

海沿いや大都市周辺に多い
火《か》力《りょく》発電所

山の中に多い
水《すい》力《りょく》発電所

若狭湾に集中
原《げん》子《し》力《りょく》発電所

九州や東北に多い
地《ち》熱《ねつ》発電所

36 日本の工業1 工業地帯・工業地域

学習日　月　日
正答数　／12

問題 ヒントを参考にして、地図で示された工業地帯・工業地域の名前を書きましょう。

自動車や電子機器の組み立て工場が多い
④ 関《かん》東《とう》内《ない》陸《りく》工業地域

伝統工業がさかん
⑤ 北《ほく》陸《りく》工業地域

かつては鉄鋼業、現在は食料品工業
⑪ 北《きた》九州《きゅうしゅう》工業地帯（地域）

金属・せんい工業がさかん
⑨ 阪《はん》神《しん》工業地帯

金属・石油化学工業がさかん
⑩ 瀬《せ》戸《と》内《うち》工業地域

茨城県から福岡県まで帯状に連なる工業地帯・工業地域のこと
⑧ 太《たい》平《へい》洋《よう》ベルト

鉄鋼業・石油化学工業がさかん
⑫ 大分《おおいた》臨《りん》海《かい》工業地域

鉄鋼業・石油化学工業がさかん
① 鹿《か》島《しま》臨《りん》海《かい》工業地域

金属・石油化学工業がさかん
② 京《けい》葉《よう》工業地域

機械工業・印刷業がさかん
③ 京《けい》浜《ひん》工業地帯

製紙・パルプ工業・楽器・オートバイ製造がさかん
⑥ 東《とう》海《かい》工業地域

自動車工業がさかん
⑦ 中《ちゅう》京《きょう》工業地帯

37 日本の工業2 自動車工業

学習日　　月　　日
正答数　　／10

問題　地図で示された自動車工業がさかんな都市の名前を書きましょう。

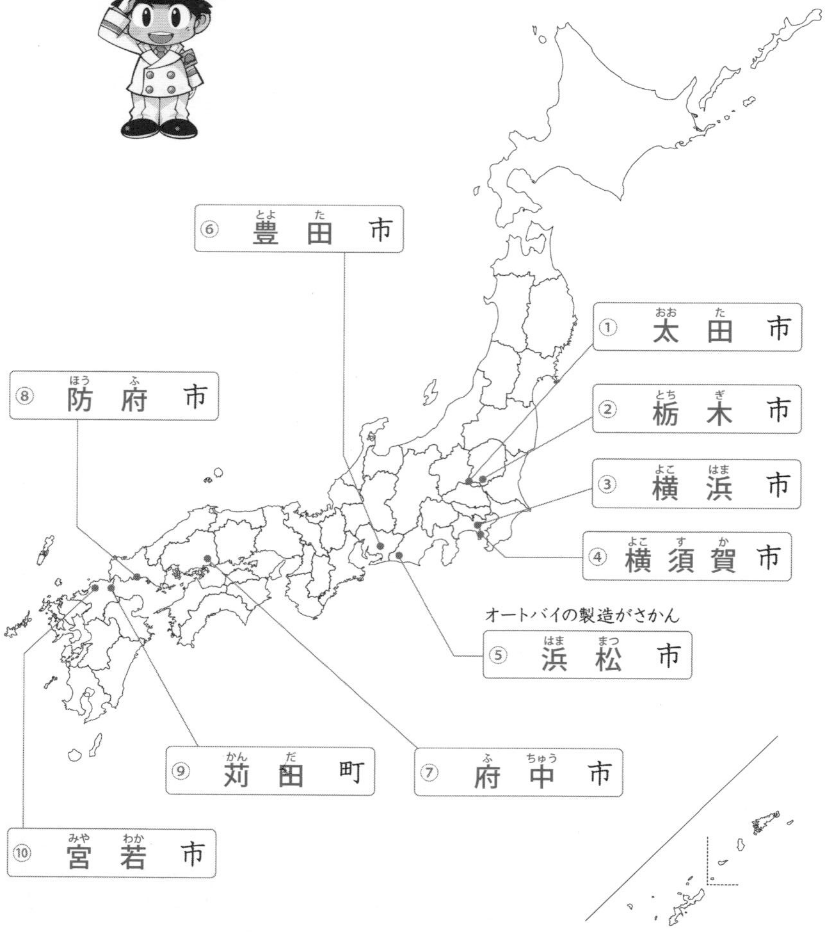

38 日本の工業3 鉄鋼業

学習日　　月　　日
正答数　　／11

問題　地図で示された鉄鋼業がさかんな都市の名前を書きましょう。

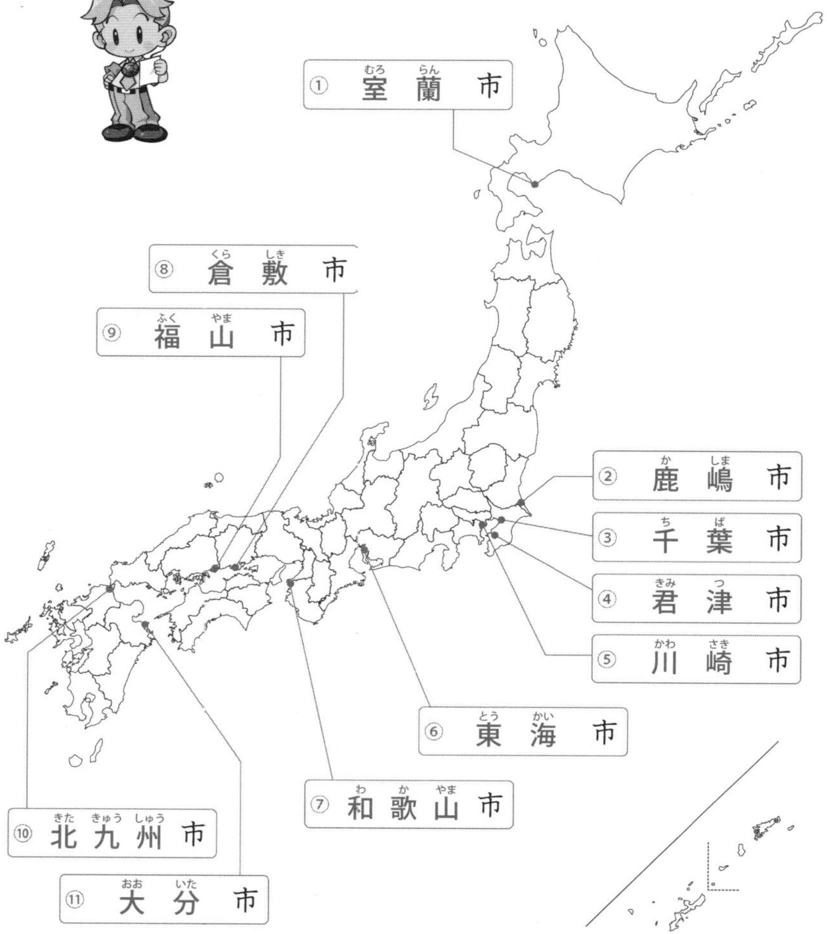

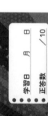

39 日本の工業4 石油化学工業

学習日　月　日
正答数　／9

問題　地図で示された石油化学工業がさかんな都市の名前を書きましょう。

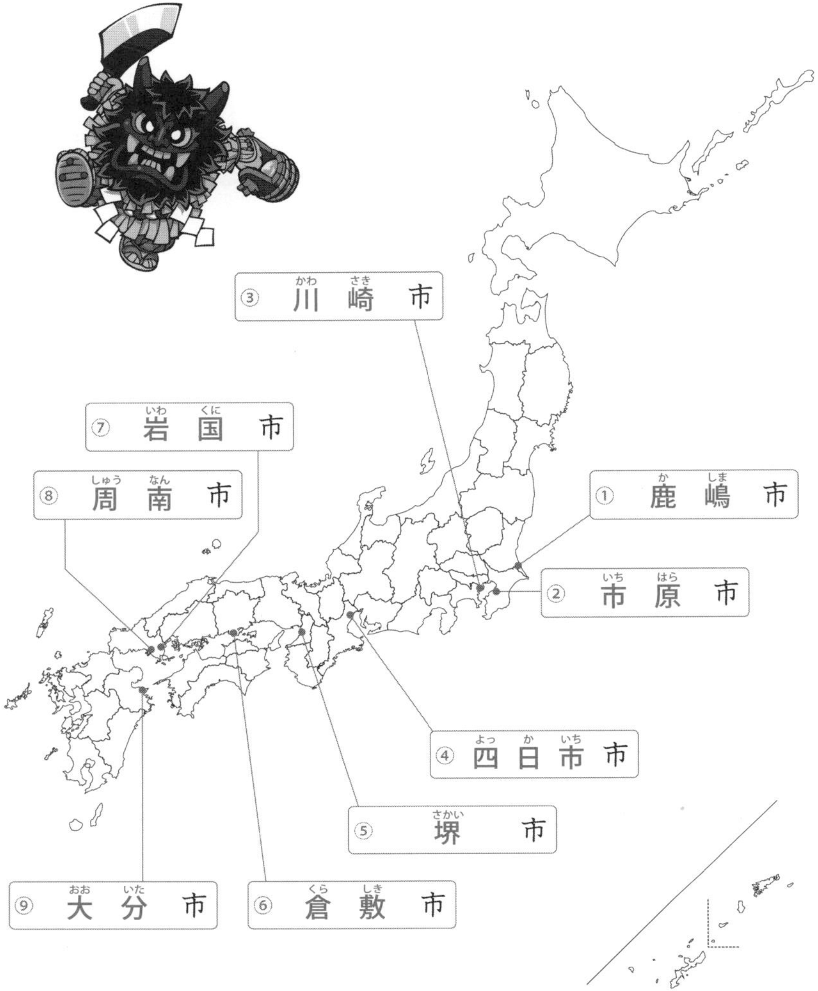

40 日本の工業5 電気機器・電子工業

学習日　月　日
正答数　／7

問題　ヒントを参考にして、地図で示された電気機器生産がさかんな都市の名前を書きましょう。またA、Bには、それぞれ当てはまる名称を書きましょう。

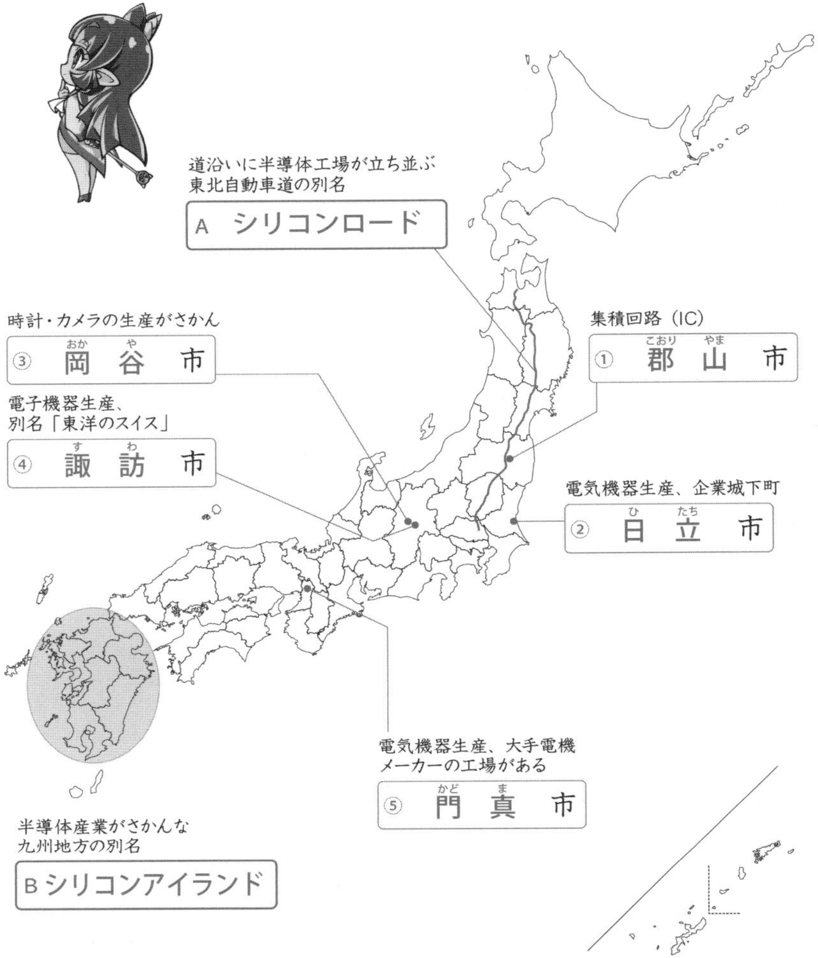

41 日本の工業6 造船業

学習日　　月　　日
正答数　　／9

問題　地図で示された造船業がさかんな都市の名前を書きましょう。

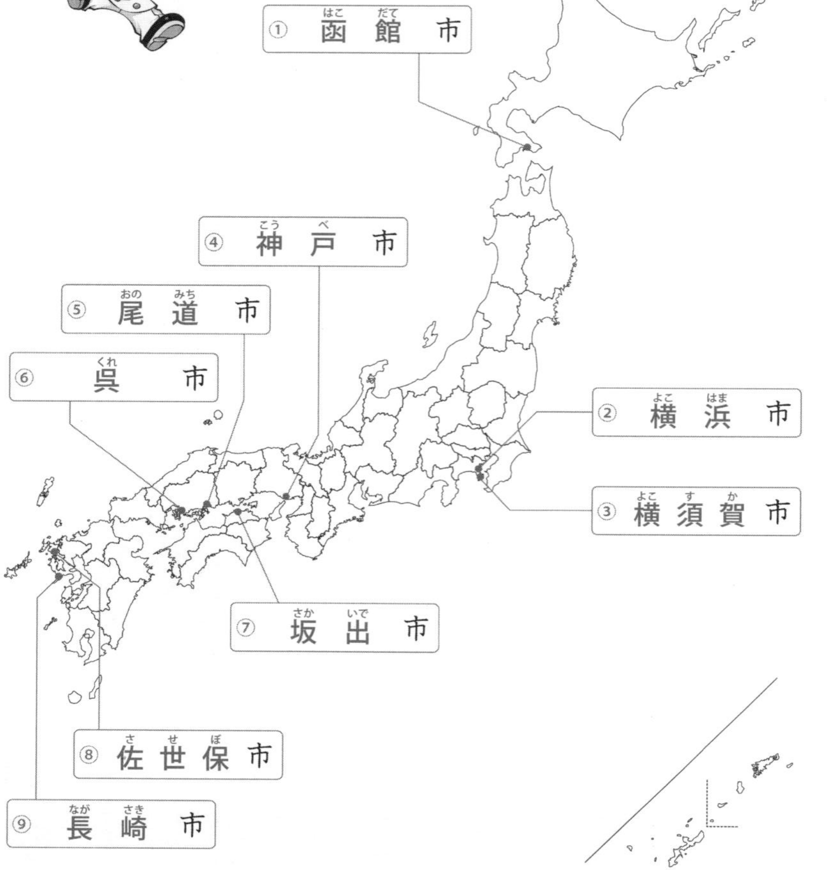

42 日本の工業7 伝統的工芸品

学習日　　月　　日
正答数　　／19

問題　ヒントを参考にして、伝統的工芸品の生産がさかんな都市の名前を書きましょう。

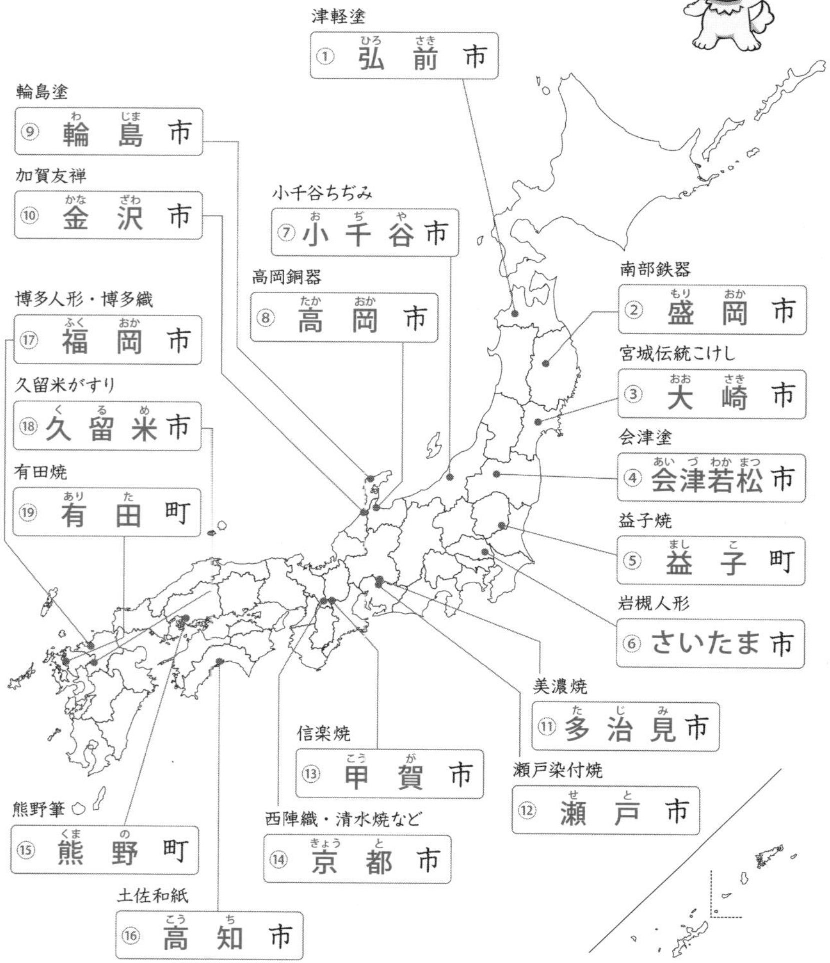

43 日本の工業８ その他の工業・地域

学習日　月　日
正答数　／17

問題 ヒントを参考にして、工業がさかんな都市の名前を書きましょう。

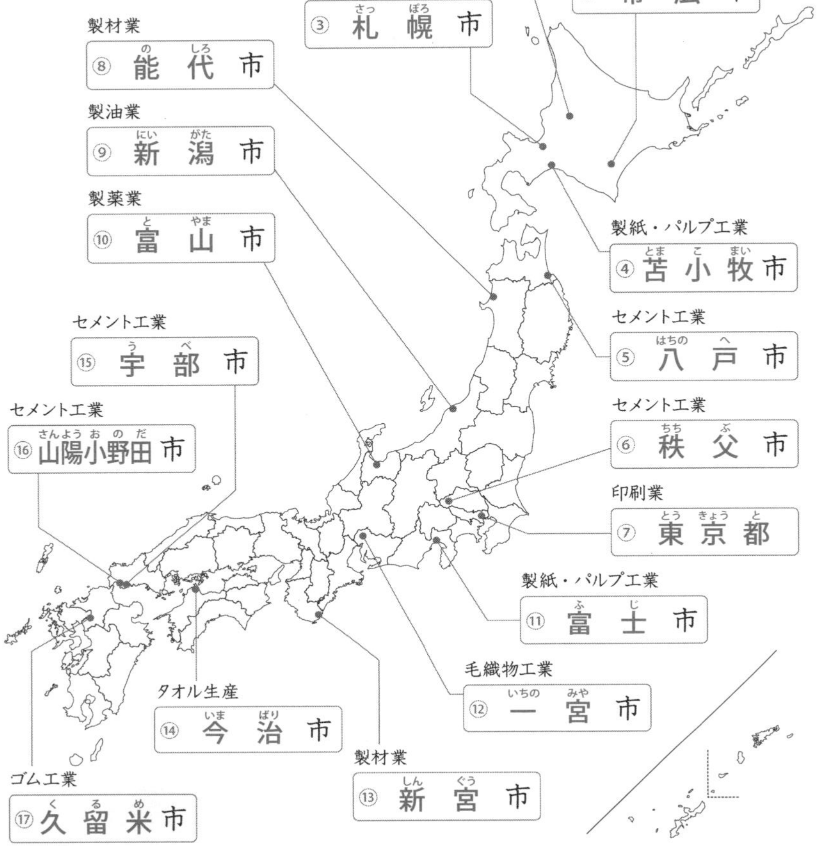

製紙パルプ
① 旭《あさひ》川《かわ》市

製糖業（てんさいを加工）
② 帯《おび》広《ひろ》市

食料品
（ビール・乳製品など）
③ 札《さっ》幌《ぽろ》市

製紙・パルプ工業
④ 苫《とま》小《こ》牧《まい》市

セメント工業
⑤ 八《はちの》戸《へ》市

セメント工業
⑥ 秩《ちち》父《ぶ》市

印刷業
⑦ 東《とう》京《きょう》都《と》

製材業
⑧ 能《の》代《しろ》市

製油業
⑨ 新《にい》潟《がた》市

製薬業
⑩ 富《と》山《やま》市

製紙・パルプ工業
⑪ 富《ふ》士《じ》市

毛織物工業
⑫ 一《いちの》宮《みや》市

製材業
⑬ 新《しん》宮《ぐう》市

タオル生産
⑭ 今《いま》治《ばり》市

セメント工業
⑮ 宇《う》部《べ》市

セメント工業
⑯ 山陽《さんよう》小《お》野《の》田《だ》市

ゴム工業
⑰ 久《く》留《る》米《め》市

44 日本の公害問題

学習日　月　日
正答数　／15

問題 ヒントを参考にして、地図で示された場所で起きた公害の名前や地名、原因物質などを書きましょう。

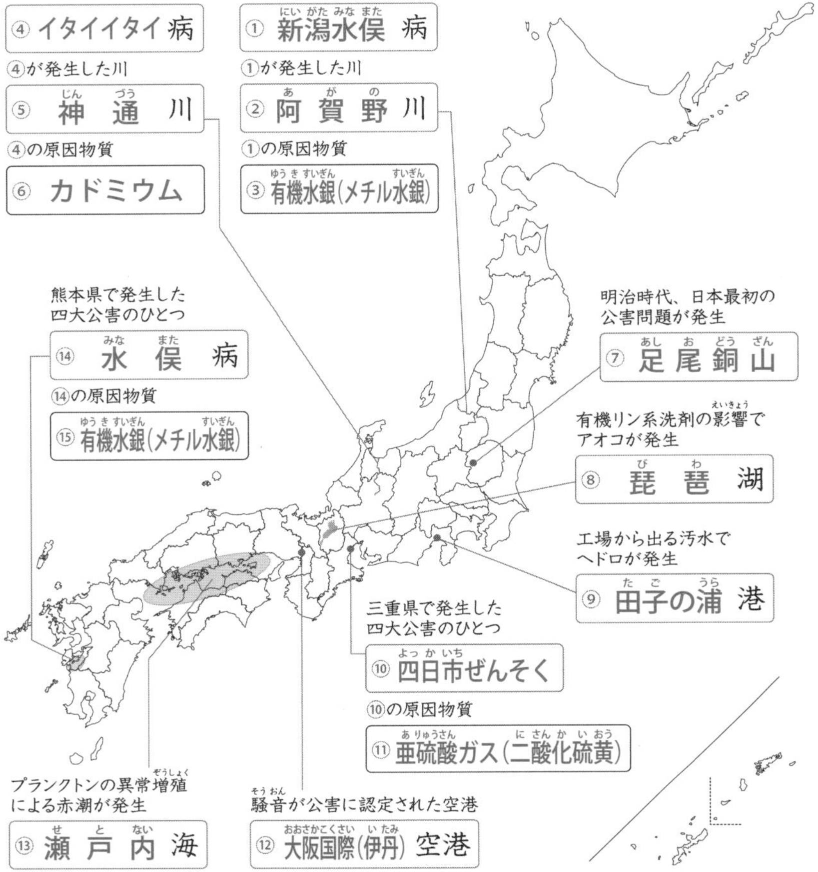

新潟県で発生した
四大公害のひとつ
① 新《にい》潟《がた》水《みな》俣《また》病

①が発生した川
② 阿《あ》賀《が》野《の》川

①の原因物質
③ 有機水銀《ゆうきすいぎん》(メチル水銀《すいぎん》)

富山県で発生した
四大公害のひとつ
④ イタイイタイ病

④が発生した川
⑤ 神《じん》通《づう》川

④の原因物質
⑥ カドミウム

明治時代、日本最初の
公害問題が発生
⑦ 足《あし》尾《お》銅《どう》山《ざん》

有機リン系洗剤の影響《えいきょう》で
アオコが発生
⑧ 琵《び》琶《わ》湖

工場から出る汚水で
ヘドロが発生
⑨ 田《た》子《ご》の浦《うら》港

三重県で発生した
四大公害のひとつ
⑩ 四《よっ》日《か》市《いち》ぜんそく

⑩の原因物質
⑪ 亜硫酸《ありゅうさん》ガス(二酸化硫黄《にさんかいおう》)

騒音《そうおん》が公害に認定された空港
⑫ 大阪国際《おおさかこくさい》(伊丹《いたみ》)空港

プランクトンの異常増殖《ぞうしょく》
による赤潮が発生
⑬ 瀬《せ》戸《と》内《ない》海

熊本県で発生した
四大公害のひとつ
⑭ 水《みな》俣《また》病

⑭の原因物質
⑮ 有機水銀《ゆうきすいぎん》(メチル水銀《すいぎん》)

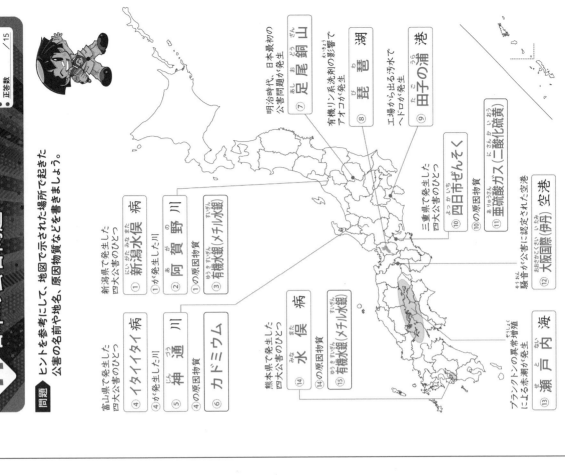

45 日本の交通1　鉄道

学習日　月　日
正答数　／22

問題 ヒントを参考にして、A～Jの新幹線の名前を書きましょう。
また地図で示された駅の名前を書きましょう。

札幌まで延伸《えんしん》予定
A 北海道《ほっかいどう》 新幹線

1964年に開業した
日本初の新幹線
G 東海道《とうかいどう》 新幹線

令和になって
初めて開業した新幹線
J 西九州《にしきゅうしゅう》 新幹線

東北地方を縦断
B 東《とう》 北《ほく》 新幹線

中国地方を横断
H 山《さん》 陽《よう》 新幹線

秋田県を走るミニ新幹線
C 秋《あき》 田《た》 新幹線

九州地方を縦断
I 九《きゅう》 州《しゅう》 新幹線

山形県を走るミニ新幹線
D 山《やま》 形《がた》 新幹線

関東地方と新潟県を結ぶ
E 上《じょう》 越《えつ》 新幹線

関東地方と北陸を結ぶ
F 北《ほく》 陸《りく》 新幹線

Aの終点（2023年現在）
① 新函館北斗《しんはこだてほくと》 駅

Bの終点、Aの起点
② 新《しん》 青《あお》 森《もり》 駅

Cの終点
③ 秋《あき》 田《た》 駅

Dの終点
④ 新《しん》 庄《じょう》 駅

Eの終点
⑤ 新《にい》 潟《がた》 駅

Fの終点
（2024年3月延伸予定）
⑥ 敦《つる》 賀《が》 駅

多くの新幹線の始発駅
⑦ 東《とう》 京《きょう》 駅

Gの終点、Hの起点
⑧ 新《しん》 大《おお》 阪《さか》 駅

Hの終点、Iの起点
⑨ 博《はか》 多《た》 駅

Jの起点（2023年現在）
⑩ 武雄温泉《たけおおんせん》 駅

Iの終点
⑪ 鹿児島中央《かごしまちゅうおう》 駅

Jの終点
⑫ 長《なが》 崎《さき》 駅

46 日本の交通2　高速道路

学習日　月　日
正答数　／11

問題 ヒントに書かれた区間を結ぶ、
高速道路の名前を書きましょう。

埼玉県川口JCT～青森県青森IC
① 東《とう》 北《ほく》 自動車道

滋賀県米原JCT～
新潟県新潟中央JCT
⑦ 北《ほく》 陸《りく》 自動車道

東京都練馬IC～新潟県長岡JCT
② 関《かん》 越《えつ》 自動車道

神奈川県川崎市～千葉県木更津市
③ 東京湾《とうきょうわん》アクアライン

東京都東京IC～愛知県小牧IC
④ 東《とう》 名《めい》 高速道路

東京都高井戸IC～愛知県小牧IC
⑤ 中《ちゅう》 央《おう》 自動車道

神奈川県海老名南JCT～
愛知県豊田東JCT
⑥ 新東名《しんとうめい》 高速道路

愛知県小牧IC～兵庫県西宮IC
⑧ 名《めい》 神《しん》 高速道路

大阪府吹田JCT～山口県下関IC
⑨ 中《ちゅう》 国《ごく》 自動車道

兵庫県神戸JCT～山口県下関JCT
⑩ 山《さん》 陽《よう》 自動車道

福岡県門司IC～鹿児島県鹿児島IC
⑪ 九《きゅう》 州《しゅう》 自動車道

47 日本の交通3 橋・トンネル

学習日　月　日
正答数　／11

問題 ヒントを参考にして、
橋、道路もしくはトンネルの名前を書きましょう。

北海道～青森県を結ぶ
日本最長の海底トンネル
① 青《せい》函《かん》トンネル

東京湾を横断する道路
② 東京湾《とうきょうわん》アクアライン

首都高速道路にある
日本最長の道路トンネル
③ 山《やま》手《て》トンネル

江戸時代の五街道の起点
④ 日《に》本《ほん》橋

関越自動車道にある
道路トンネル
⑤ 関《かん》越《えつ》トンネル

兵庫県明石市～淡路島
⑥ 明石海峡大《あかしかいきょうおお》橋

淡路島～徳島県鳴門市
⑦ 大《おお》鳴《なる》門《と》橋

岡山県倉敷市～香川県坂出市
⑧ 瀬《せ》戸《と》大《おお》橋

広島県尾道市～愛媛県今治市
⑨ 瀬戸内《せとうち》しまなみ海道《かいどう》

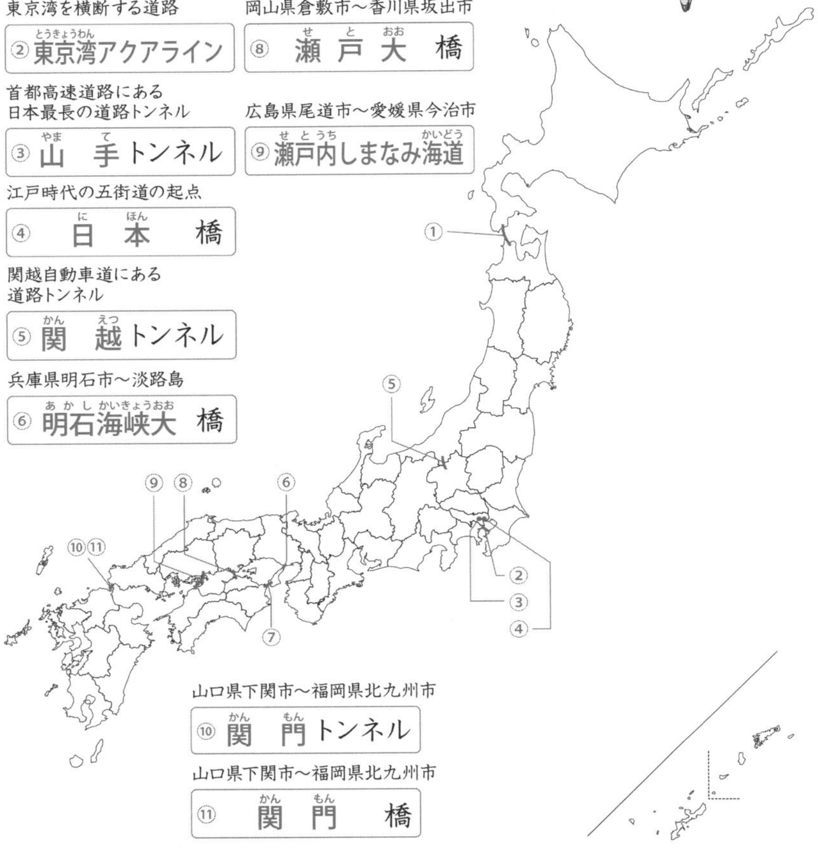

山口県下関市～福岡県北九州市
⑩ 関《かん》門《もん》トンネル

山口県下関市～福岡県北九州市
⑪ 関《かん》門《もん》橋

48 日本の貿易港

学習日　月　日
正答数　／20

問題 ヒントを参考にして、空港もしくは港の名前を書きましょう。
また、①～③の輸出・輸入品目の上位2つを書きましょう。

ヒント 船では重たくて大きいもの、飛行機では軽くて小さいものを運びます。

日本最大の貿易港
① 成田国際《なりたこくさい》 空港

輸出品目	輸入品目
1位 半導体等製造装置《はんどうたいとうせいぞうそうち》	1位 医薬品《いやくひん》
2位 科学光学機器《かがくこうがくきき》	2位 通信機《つうしんき》

中京工業地帯の貿易港
② 名《な》古《ご》屋《や》港

輸出品目	輸入品目
1位 自動車《じどうしゃ》	1位 液化《えきか》ガス
2位 自動車部品《じどうしゃぶひん》	2位 石油《せきゆ》

港には埋立地のポートアイランド
③ 神《こう》戸《べ》港

輸出品目	輸入品目
1位 プラスチック	1位 たばこ
2位 建設用《けんせつよう》・鉱山用機械《こうざんようきかい》	2位 衣類《いるい》

九州最大の貿易港
⑧ 博《はか》多《た》港

食料品・
衣類の輸入が多い
④ 東《とう》京《きょう》港

江戸時代からの貿易港
⑤ 横《よこ》浜《はま》港

東海工業地域の貿易港
⑥ 清《し》水《みず》港

24時間発着可能な空港
⑦ 関西国際《かんさいこくさい》空港

49 世界の主な国1 アジア州①

学習日　　月　　日
正答数　　／13

問題 空欄に当てはまる国および地域の名前を書きましょう。

【首都】東京
① 日《に》本《ほん》

【首都】平壌(ピョンヤン)
② 北朝鮮《きたちょうせん》(朝鮮民主主義《ちょうせんみんしゅしゅぎ》人民共和国《じんみんきょうわこく》)

【首都】ソウル
③ 韓国《かんこく》(大韓民国《だいかんみんこく》)

【首都】ウランバートル
④ モンゴル

【首都】北京(ペキン)
⑤ 中国《ちゅうごく》(中華人民《ちゅうかじんみん》共和国《きょうわこく》)

【首都】台北(タイペイ)
⑥ 台《たい》湾《わん》

【首都】マニラ
⑦ フィリピン

【首都】ハノイ
⑧ ベトナム

【首都】バンコク
⑨ タイ

【首都】クアラルンプール
⑩ マレーシア

【首都】ジャカルタ
⑪ インドネシア

【首都】シンガポール
⑫ シンガポール

【首都】ニューデリー
⑬ インド

50 世界の主な国2 アジア州②

学習日　　月　　日
正答数　　／10

問題 空欄に当てはまる国および地域の名前を書きましょう。

【首都】イスラマバード
①パキスタン

【首都】カブール
②アフガニスタン

【首都】ヌルスルタン
③カザフスタン

【首都】テヘラン
④イラン

【首都】バグダッド
⑤イラク

【首都】アンカラ
⑥トルコ

【首都】エルサレム
⑦イスラエル

【首都】ダマスカス
⑧シリア

【首都】リヤド
⑨サウジアラビア

【首都】アブダビ
⑩アラブ首長国連邦《しゅちょうこくれんぽう》

51 世界の主な国3 ヨーロッパ州

学習日　　月　　日
正答数　　／16

問題 空欄に当てはまる国および地域の名前を書きましょう。

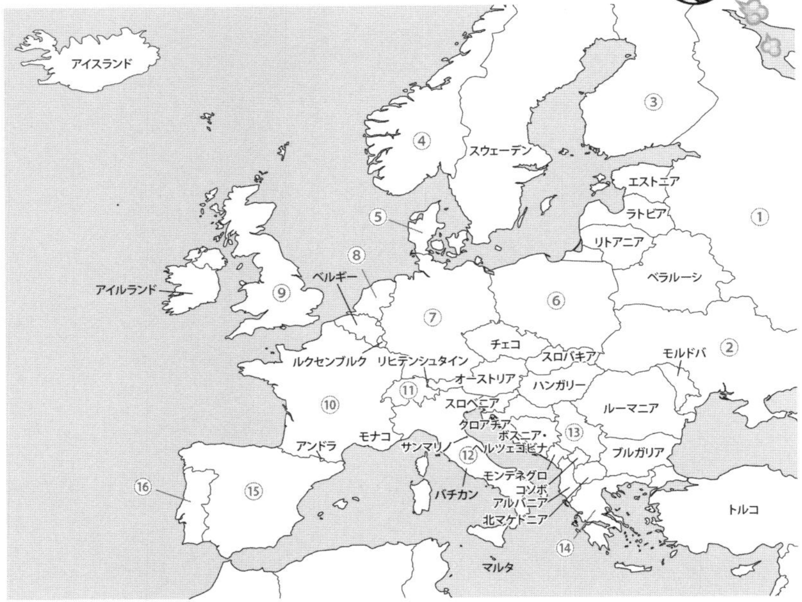

【首都】モスクワ
① ロシア

【首都】キーウ
② ウクライナ

【首都】ヘルシンキ
③ フィンランド

【首都】オスロ
④ ノルウェー

【首都】コペンハーゲン
⑤ デンマーク

【首都】ワルシャワ
⑥ ポーランド

【首都】ベルリン
⑦ ドイツ

【首都】アムステルダム
⑧ オランダ

【首都】ロンドン
⑨ イギリス

【首都】パリ
⑩ フランス

【首都】ベルン
⑪ スイス

【首都】ローマ
⑫ イタリア

【首都】ベオグラード
⑬ セルビア

【首都】アテネ
⑭ ギリシャ

【首都】マドリード
⑮ スペイン

【首都】リスボン
⑯ ポルトガル

52 世界の主な国4 アフリカ州

学習日　　月　　日
正答数　　／11

問題 空欄に当てはまる国および地域の名前を書きましょう。

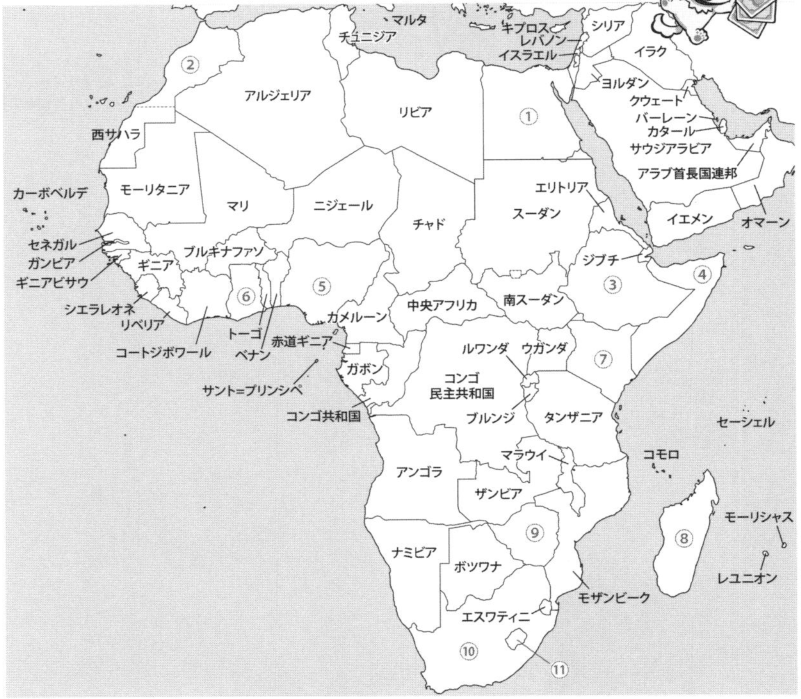

【首都】カイロ
① エジプト

【首都】ラバト
② モロッコ

【首都】アディスアベバ
③ エチオピア

【首都】モガディシュ
④ ソマリア

【首都】アブジャ
⑤ ナイジェリア

【首都】アクラ
⑥ ガーナ

【首都】ナイロビ
⑦ ケニア

【首都】アンタナナリボ
⑧ マダガスカル

【首都】ハラレ
⑨ ジンバブエ

【首都】プレトリア
⑩ 南《みなみ》アフリカ

【首都】マセル
⑪ レソト

53 世界の主な国5 南アメリカ州

学習日　　月　　日
正答数　　／8

問題 空欄に当てはまる国および地域の名前を書きましょう。

【首都】ボゴタ
① コロンビア

【首都】カラカス
② ベネズエラ

【首都】キト
③ エクアドル

【首都】ブラジリア
④ ブラジル

【首都】リマ
⑤ ペルー

【首都】ラパス
⑥ ボリビア

【首都】サンティアゴ
⑦ チリ

【首都】ブエノスアイレス
⑧ アルゼンチン

54 世界の主な国6 北アメリカ州

学習日　　月　　日
正答数　　／8

問題 空欄に当てはまる国および地域の名前を書きましょう。

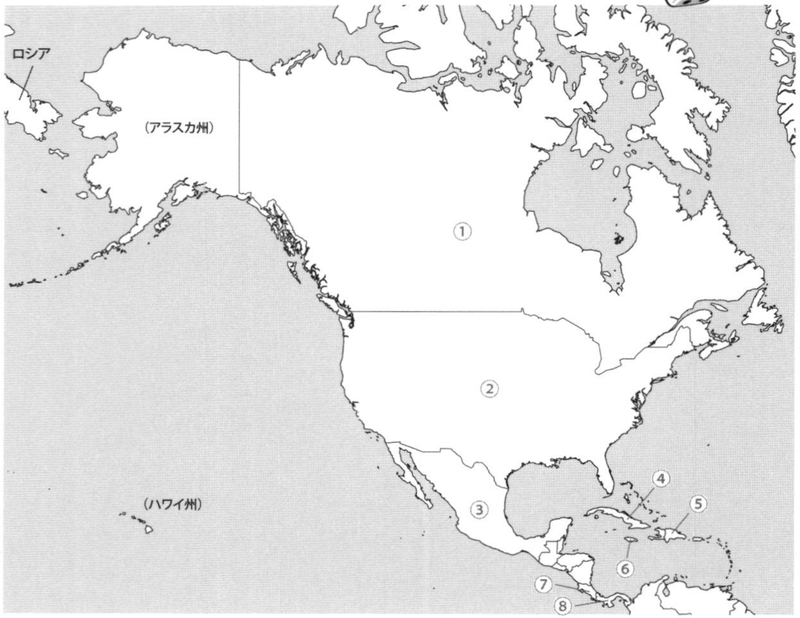

【首都】オタワ
① カナダ

【首都】ワシントンD.C.
② アメリカ合衆国《がっしゅうこく》

【首都】メキシコシティ
③ メキシコ

【首都】ハバナ
④ キューバ

【首都】サントドミンゴ
⑤ ドミニカ共和《きょうわ》国《こく》

【首都】キングストン
⑥ ジャマイカ

【首都】サンホセ
⑦ コスタリカ

【首都】パナマシティ
⑧ パナマ

55 世界の主な国7 オセアニア州

学習日　月　日
正答数　／8

問題 空欄に当てはまる国および地域の名前を書きましょう。

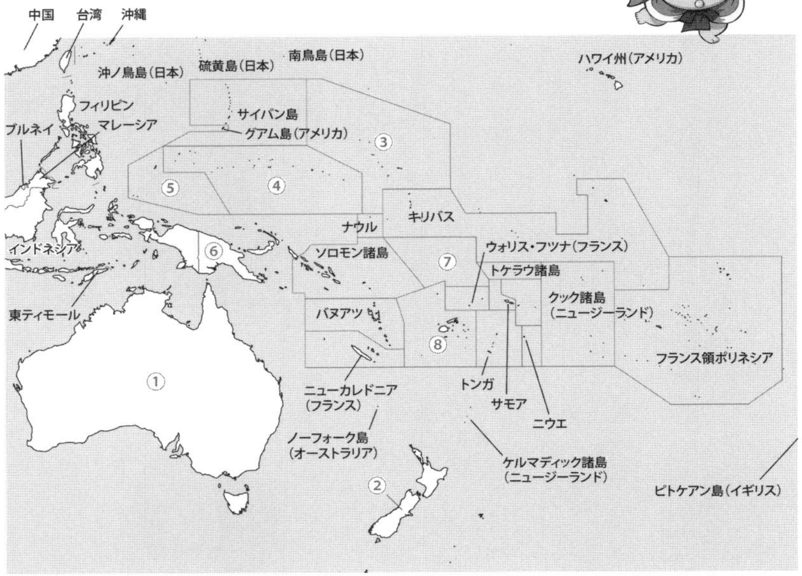

【首都】キャンベラ	【首都】ウェリントン	【首都】マジュロ	【首都】パリキール
① オーストラリア	② ニュージーランド	③ マーシャル諸島《しょとう》	④ ミクロネシア
【首都】マルキョク	【首都】ポートモレスビー	【首都】フナフティ	【首都】スバ
⑤ パラオ	⑥ パプアニューギニア	⑦ ツバル	⑧ フィジー

56 天然資源の主な輸入先1

学習日　月　日
正答数　／10

問題 グラフが示す、日本が輸入している化石燃料の品目と、その相手国の名前を輸入量の多い順に書きましょう。

ヒント 円グラフの数字やほかの国名をよく見て考えましょう。

品目 原《げん》 油《ゆ》

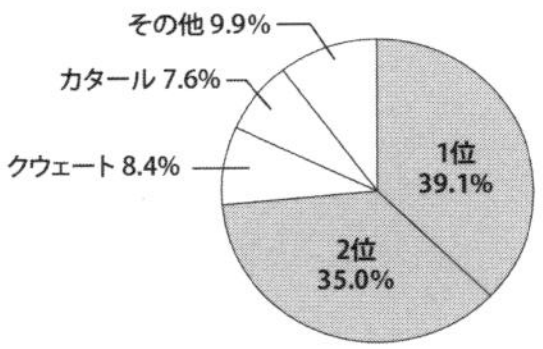

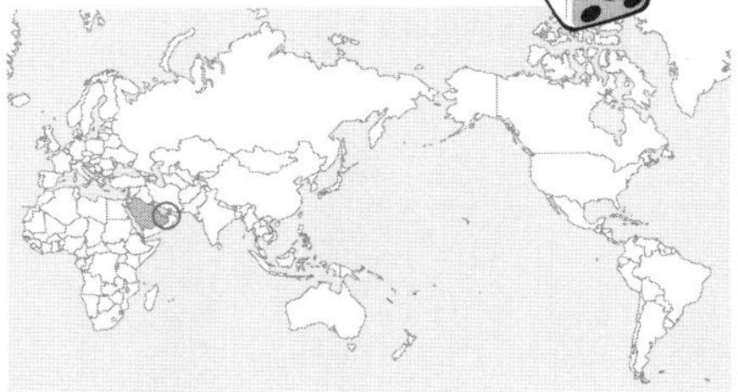

1位 サウジアラビア　2位 アラブ首長国《しゅちょうこく》連邦《れんぽう》

品目 石《せき》 炭《たん》

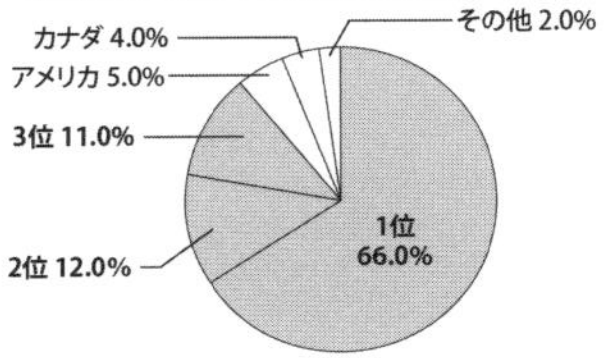

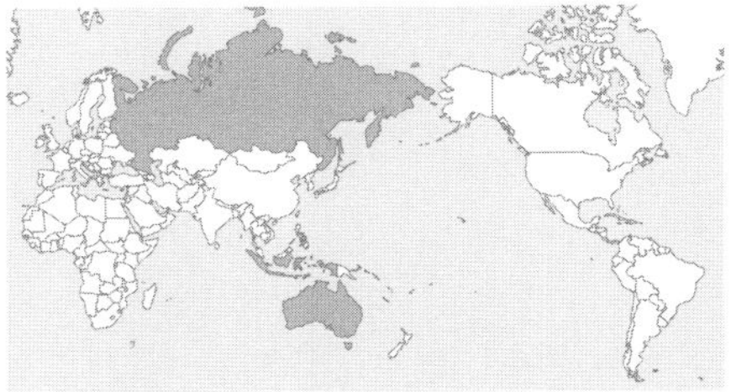

1位 オーストラリア　2位 インドネシア　3位 ロシア

品目 天《てん》然《ねん》ガス

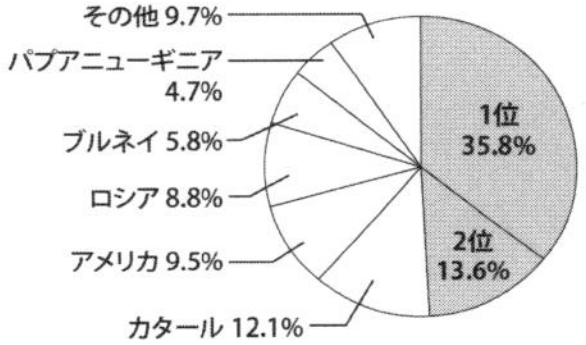

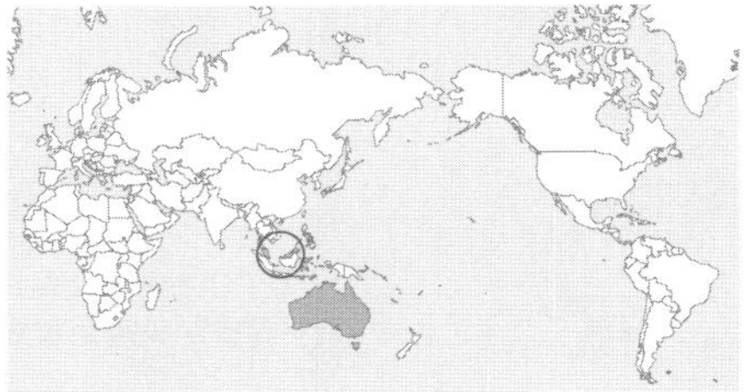

1位 オーストラリア　2位 マレーシア

参考　財務省「貿易統計」(2021)

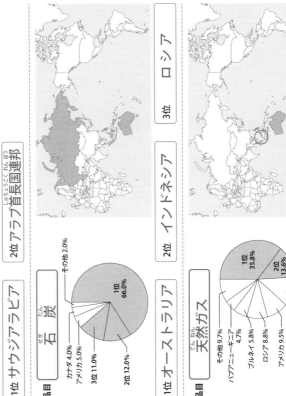

57 天然資源の主な輸入先2

学習日　　月　　日
正答数　　／9

問題 グラフが示す、日本が輸入している天然資源の品目と、その相手国の名前を輸入量の多い順に書きましょう。

ヒント 円グラフの数字やほかの国名をよく見て考えましょう。

品目　鉄《てっ》鉱《こう》石《せき》

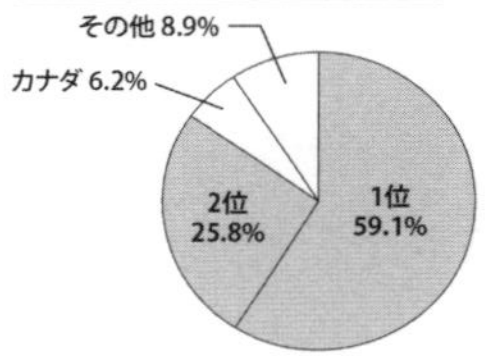

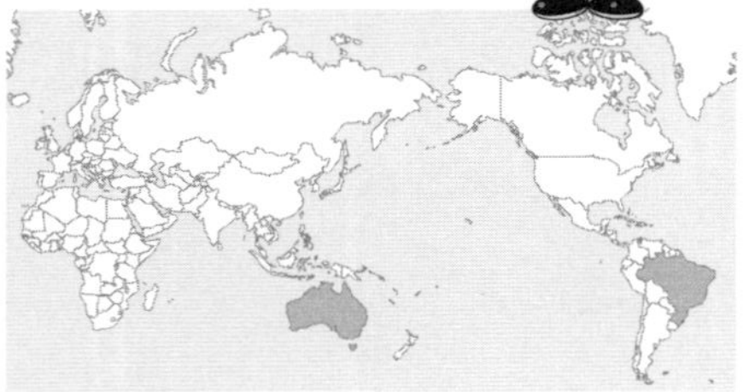

1位 オーストラリア　　2位 ブラジル

品目　天《てん》然《ねん》ゴム

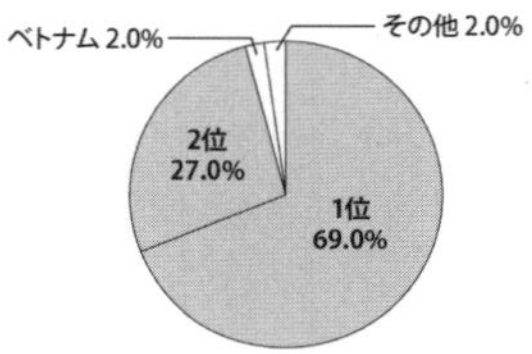

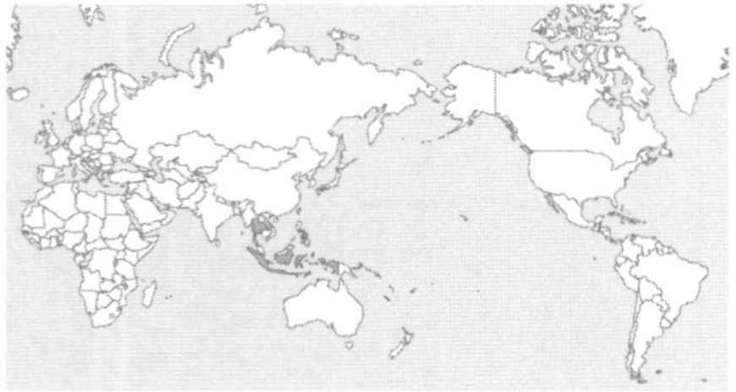

1位 インドネシア　　2位 タ　イ

品目　銅《どう》鉱《こう》

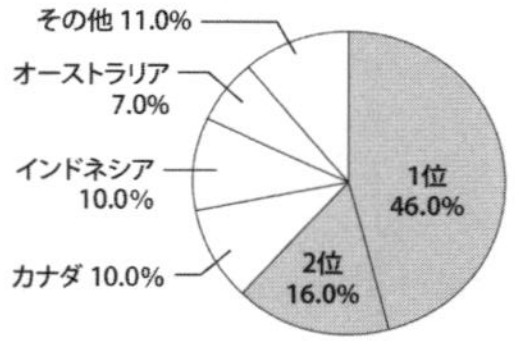

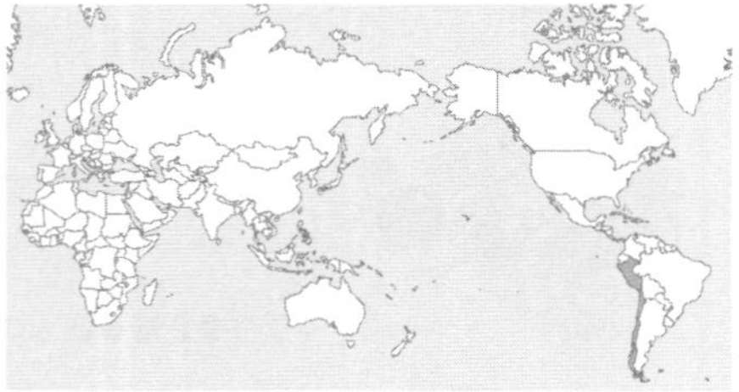

1位 チ　リ　　2位 ペルー

参考　財務省「貿易統計」(2018、2021)

58 農産物の主な輸入先1

学習日　　月　　日
正答数　　／11

問題 グラフが示す、日本が輸入している農産物の品目と、その相手国の名前を輸入量の多い順に書きましょう。

ヒント 円グラフの数字やほかの国名をよく見て考えましょう。

品目　小《こ》麦《むぎ》

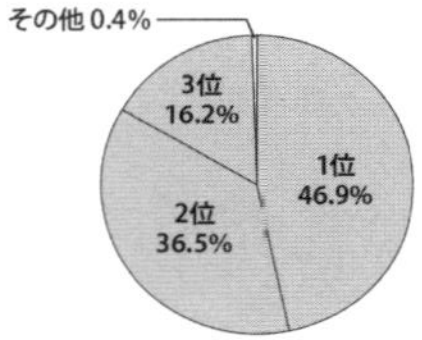

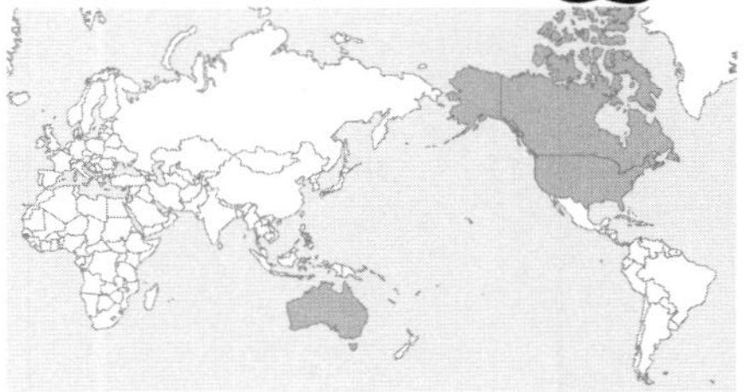

1位 アメリカ　　2位 カナダ　　3位 オーストラリア

品目　大《だい》豆《ず》

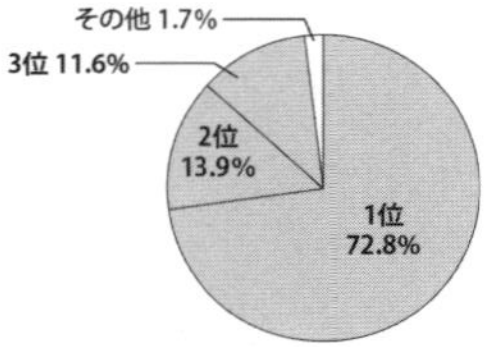

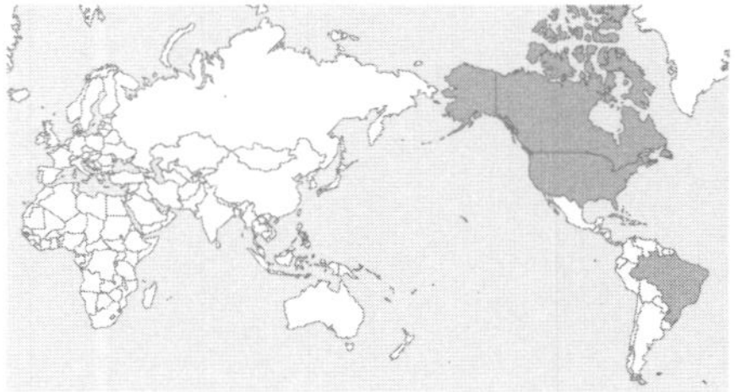

1位 アメリカ　　2位 カナダ　　3位 ブラジル

品目　とうもろこし

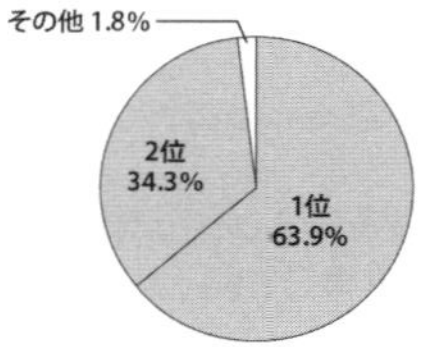

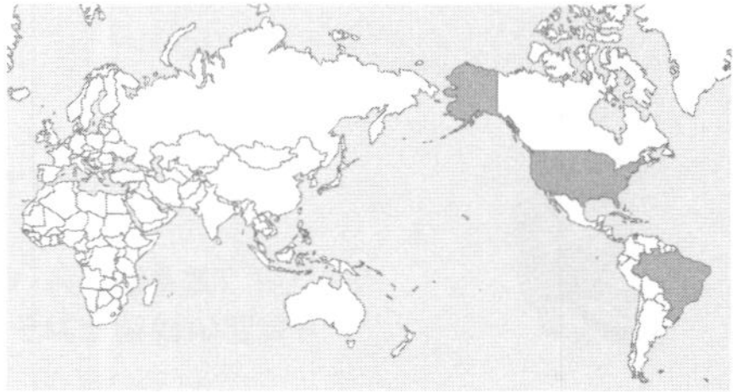

1位 アメリカ　　2位 ブラジル

参考　財務省「貿易統計」(2021)

59 農産物の主な輸入先2

学習日　月　日
正答数　／12

問題 グラフが示す、日本が輸入している農産物の品目と、その相手国の名前を輸入量の多い順に書きましょう。

ヒント 円グラフの数字やほかの国名をよく見て考えましょう。

品目　木《もく》 材《ざい》

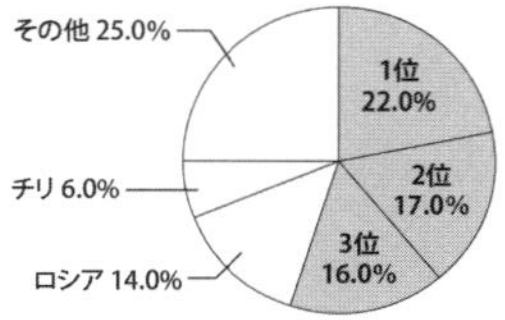

1位　カナダ　　2位　フィンランド　　3位　スウェーデン

品目　コーヒー豆《まめ》

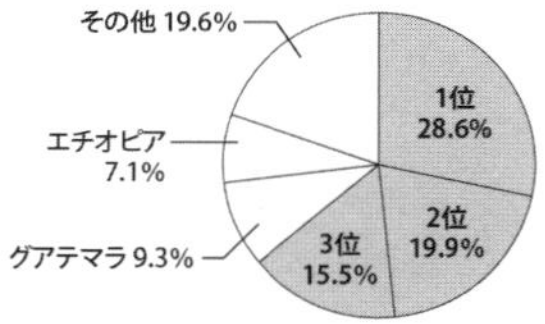

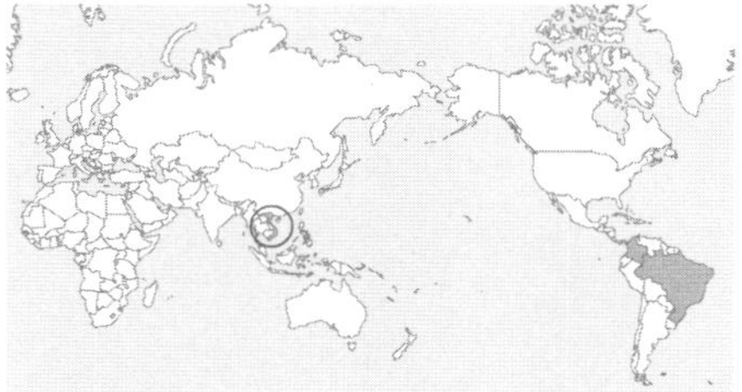

1位　ブラジル　　2位　コロンビア　　3位　ベトナム

品目　カカオ豆《まめ》

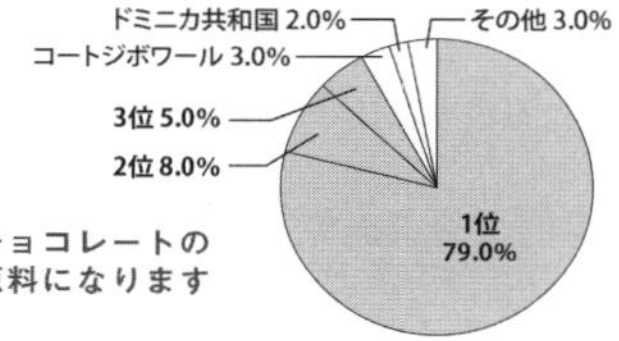

チョコレートの原料になります

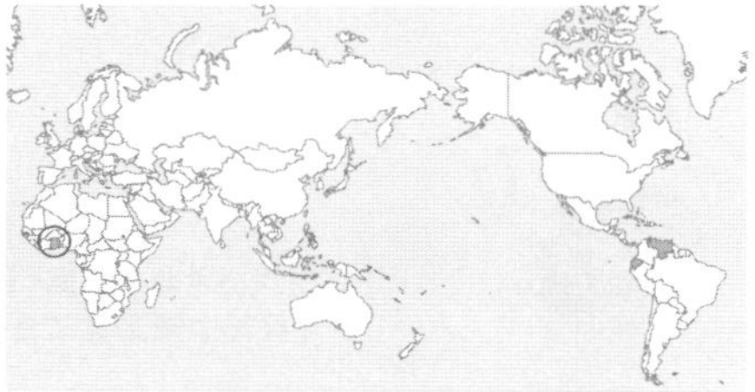

1位　ガーナ　　2位　エクアドル　　3位　ベネズエラ

参考　財務省「貿易統計」(2021、2022)

60 畜産物の主な輸入先

学習日　月　日
正答数　／10

問題 グラフが示す、日本が輸入している畜産物の品目と、その相手国の名前を輸入量の多い順に書きましょう。

ヒント 円グラフの数字やほかの国名をよく見て考えましょう。

品目　牛《ぎゅう》 肉《にく》

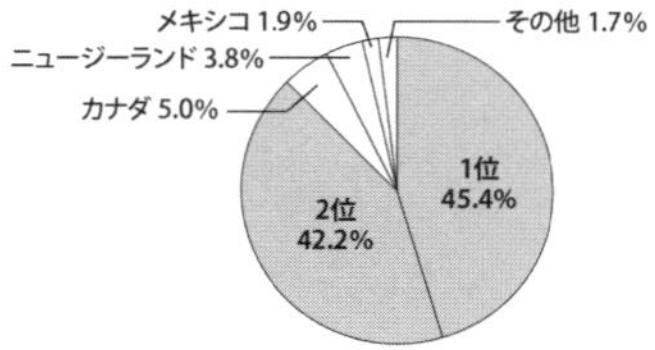

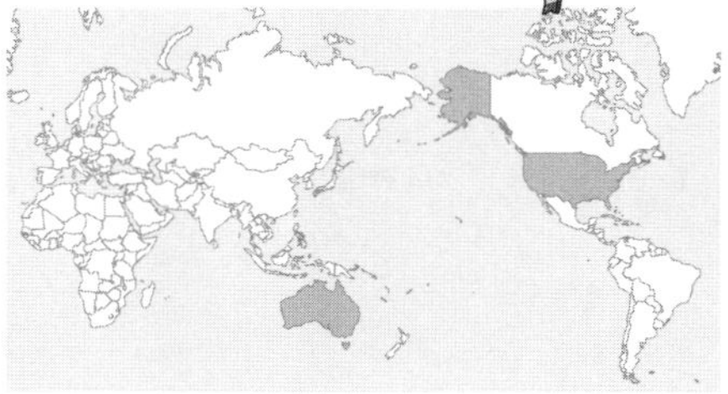

1位　オーストラリア　　2位　アメリカ

品目　豚《ぶた》 肉《にく》

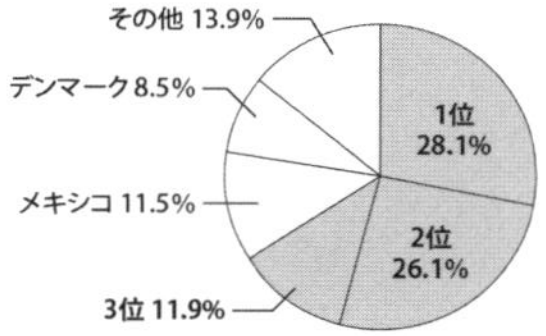

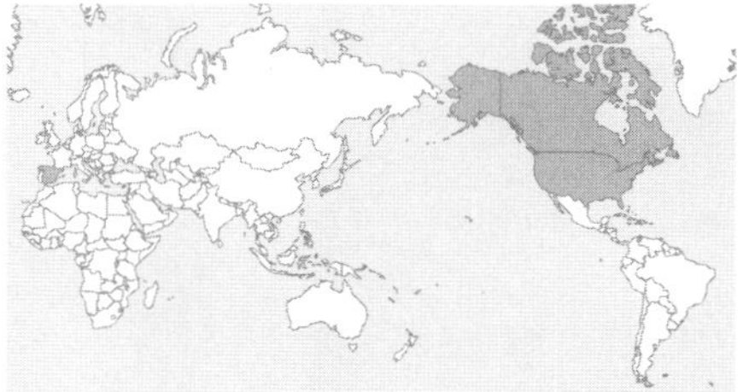

1位　アメリカ　　2位　カナダ　　3位　スペイン

品目　鶏《とり》 肉《にく》

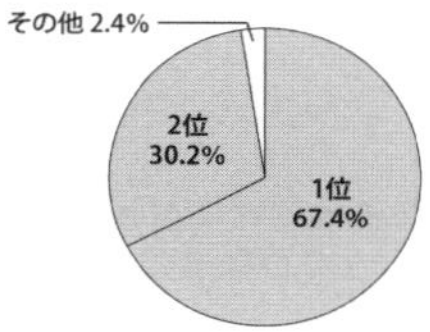

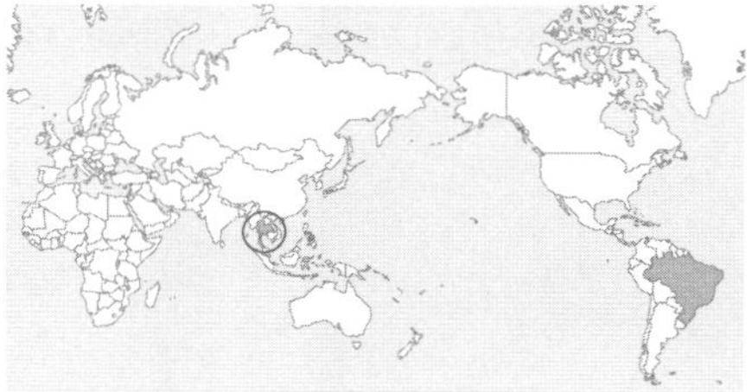

1位　ブラジル　　2位　タ　イ

参考　財務省「貿易統計」(2021)

61 工業製品の主な輸入先

学習日　月　日
正答数　／10

問題　グラフが示す、日本が輸入している工業製品の品目と、その相手国の名前を輸入量の多い順に書きましょう。

ヒント　円グラフの数字やほかの国名をよく見て考えましょう。

品目　通《つう》信《しん》機《き》

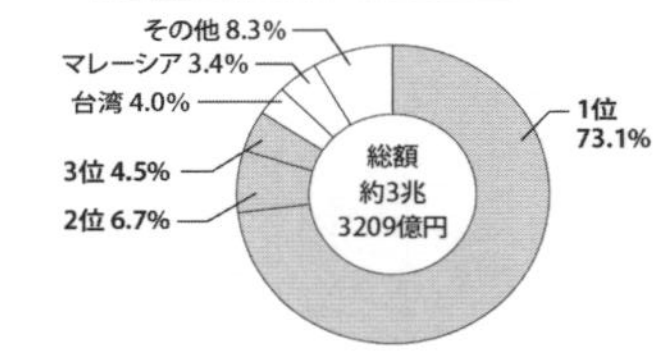

1位　中《ちゅう》国《ごく》　2位　ベトナム　3位　タイ

品目　衣《い》類《るい》

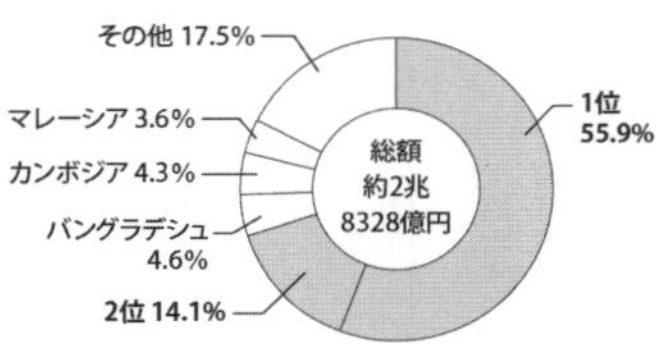

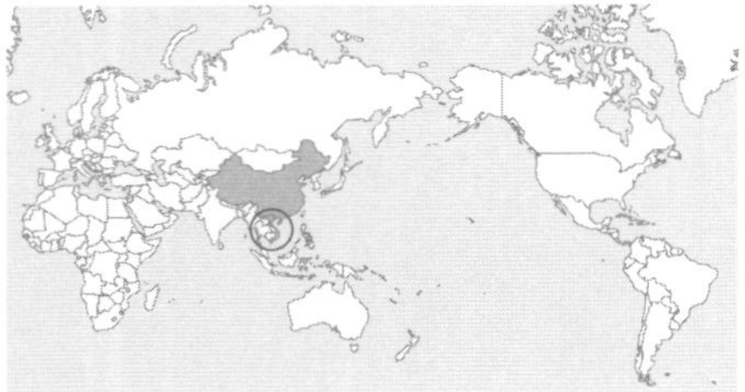

1位　中《ちゅう》国《ごく》　2位　ベトナム

品目　医《い》薬《やく》品《ひん》

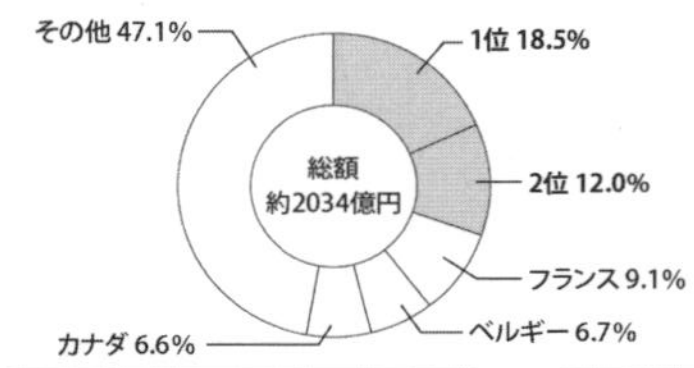

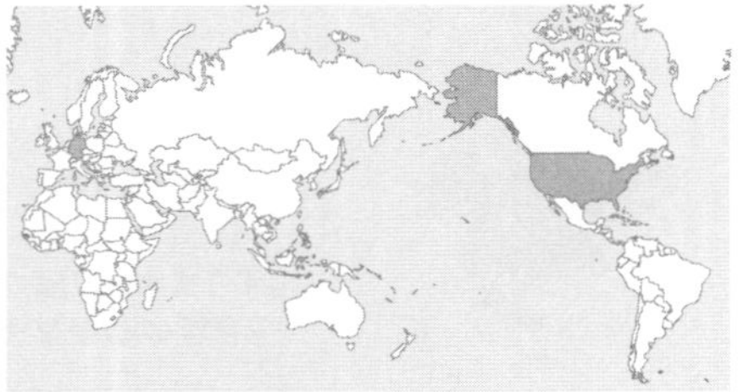

1位　アメリカ　2位　ドイツ

参考　財務省「貿易統計」(2021)

62 九州地方1　地形

学習日　月　日
正答数　／17

問題　ヒントを参考にして、地図で示された地名を書きましょう。

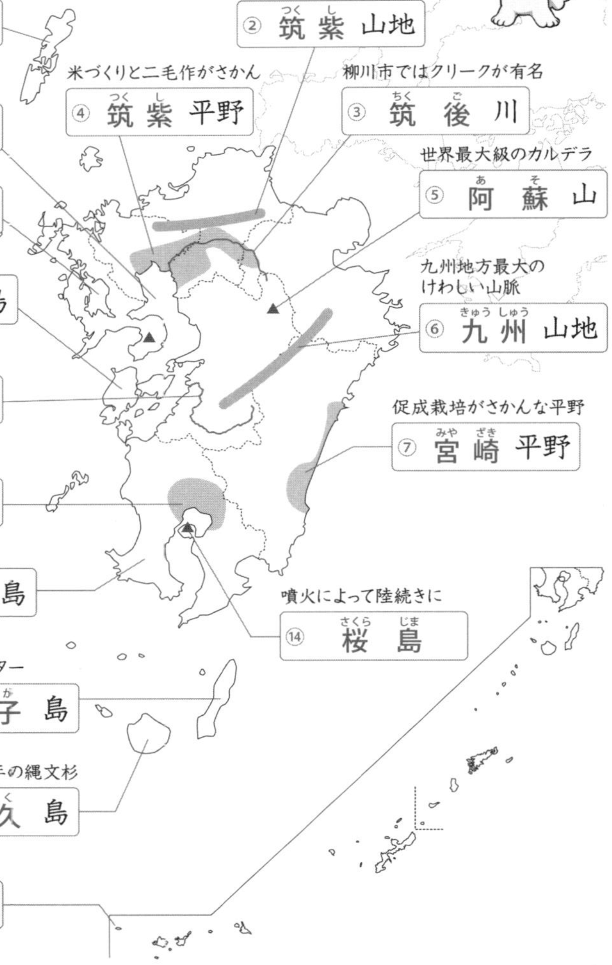

江戸時代は朝鮮半島との窓口
① 対《つ》馬《しま》

東西に走るなだらかな山地
② 筑《つく》紫《し》山地

柳川市ではクリークが有名
③ 筑《ちく》後《ご》川

米づくりと二毛作がさかん
④ 筑《つく》紫《し》平野

世界最大級のカルデラ
⑤ 阿《あ》蘇《そ》山

九州地方最大のけわしい山脈
⑥ 九《きゅう》州《しゅう》山地

促成栽培がさかんな平野
⑦ 宮《みや》崎《ざき》平野

のりの養殖がさかん
⑧ 有《あり》明《あけ》海

真珠の養殖
⑨ 大《おお》村《むら》湾

世界文化遺産に登録
⑩ 天《あま》草《くさ》諸島

日本三大急流のひとつ
⑪ 球《く》磨《ま》川

火山灰が積もってできた水はけのよい土地
⑫ シラス台地

さつまいもの語源
⑬ 薩《さつ》摩《ま》半島

噴火によって陸続きに
⑭ 桜《さくら》島《じま》

昔は鉄砲、今は宇宙センター
⑮ 種《た》子《ね》島《が》

世界自然遺産
樹齢 5000 年の縄文杉
⑯ 屋《や》久《く》島

日本最西端の島
⑰ 与《よ》那《な》国《ぐに》島

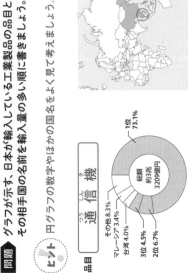

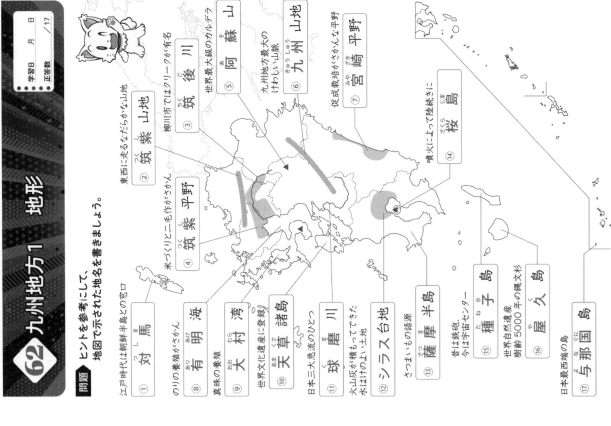

63 九州地方2 工業・交通など

学習日　月　日
正答数　／15

問題 ヒントを参考にして、地図で示された地名を書きましょう。

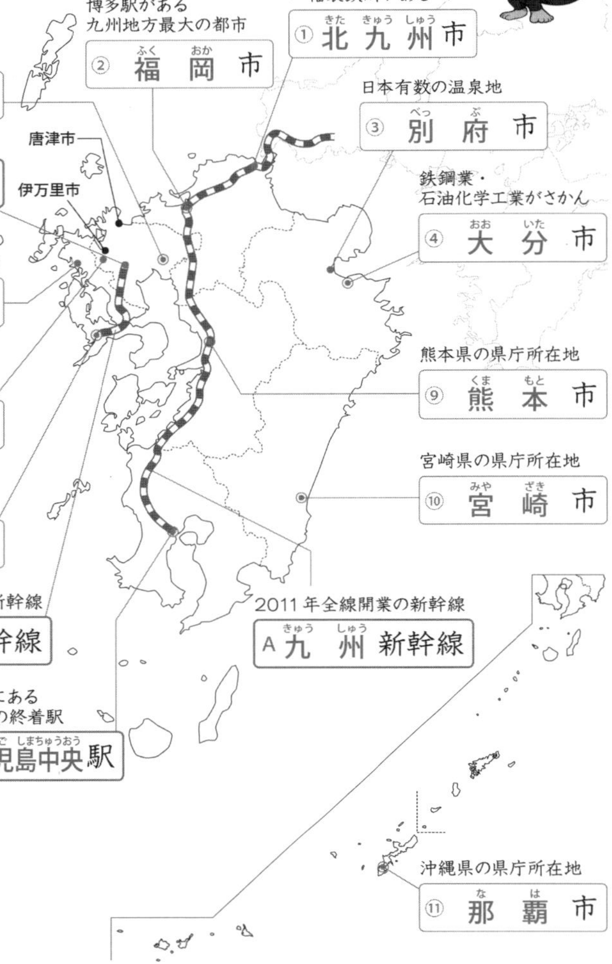

鉄鋼業がさかん。八幡製鉄所がある
① 北《きた》九《きゅう》州《しゅう》市

博多駅がある九州地方最大の都市
② 福《ふく》岡《おか》市

日本有数の温泉地
③ 別《べっ》府《ぷ》市

鉄鋼業・石油化学工業がさかん
④ 大《おお》分《いた》市

佐賀県の県庁所在地
⑤ 佐《さ》賀《が》市

造船業がさかんな工業都市
⑥ 佐《さ》世《せ》保《ぼ》市

伝統工芸品の焼き物生産がさかん
⑦ 有《あり》田《た》町

長崎県の県庁所在地
⑧ 長《なが》崎《さき》市

熊本県の県庁所在地
⑨ 熊《くま》本《もと》市

宮崎県の県庁所在地
⑩ 宮《みや》崎《ざき》市

沖縄県の県庁所在地
⑪ 那《な》覇《は》市

2011年全線開業の新幹線
A 九《きゅう》州《しゅう》新幹線

鹿児島にある新幹線の終着駅
B 鹿《か》児《ご》島中央《しまちゅうおう》駅

新幹線の始発駅
C 武《たけ》雄《お》温《おん》泉《せん》駅

2022年に開通した新幹線
D 西九州《にしきゅうしゅう》新幹線

64 中国地方1　地形

学習日　月　日
正答数　／17

問題 ヒントを参考にして、地図で示された地名を書きましょう。

日本とユーラシア大陸にはさまれた海
① 日《に》本《ほん》海

昔は罪人の流刑地
② 隠《お》岐《き》諸島

中国地方で最も高い山
③ 大《だい》山《せん》

日本を代表する砂丘
④ 鳥《と》取《とり》砂丘

しじみの養殖がさかんな湖
⑤ 宍《しん》道《じ》湖

海水と淡水が混じった汽水湖
⑥ 中《なか》海《うみ》

日本最大の銀山で世界遺産
⑦ 石《いわ》見《み》銀《ぎん》山《ざん》

中国地方最大の川
⑧ 江《ごう》の川

下流に三角州を形成
⑨ 太《おお》田《た》川

石灰岩が削れてできたカルスト地形
⑩ 秋《あき》吉《よし》台《だい》

マスカットの栽培で有名
⑪ 岡《おか》山《やま》平野

岡山県西部を流れる川
⑫ 高《たか》梁《はし》川

中国地方を南北に分ける山地
⑬ 中《ちゅう》国《ごく》山地

南部は干拓、埋め立てが進んだ
⑭ 広《ひろ》島《しま》平野

世界遺産、日本三景の宮島がある
⑮ 厳《いつく》島

カキの養殖がさかん
⑯ 広《ひろ》島《しま》湾

中国地方と四国地方にはさまれた海
⑰ 瀬《せ》戸《と》内《ない》海

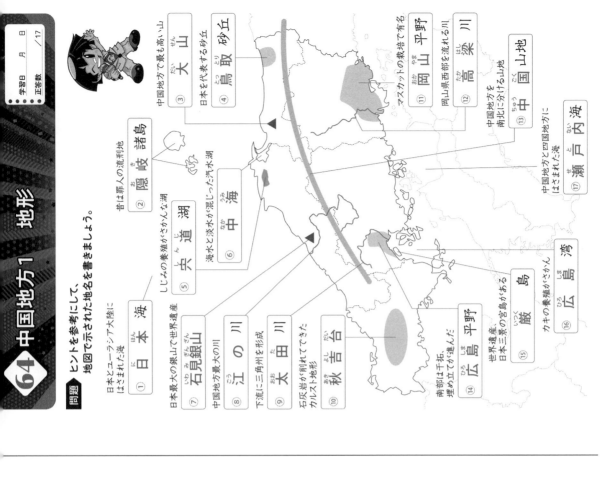

65 中国地方２ 工業・交通など

学習日　　月　　日
正答数　　／13

問題 ヒントを参考にして、
地図で示された地名を書きましょう。

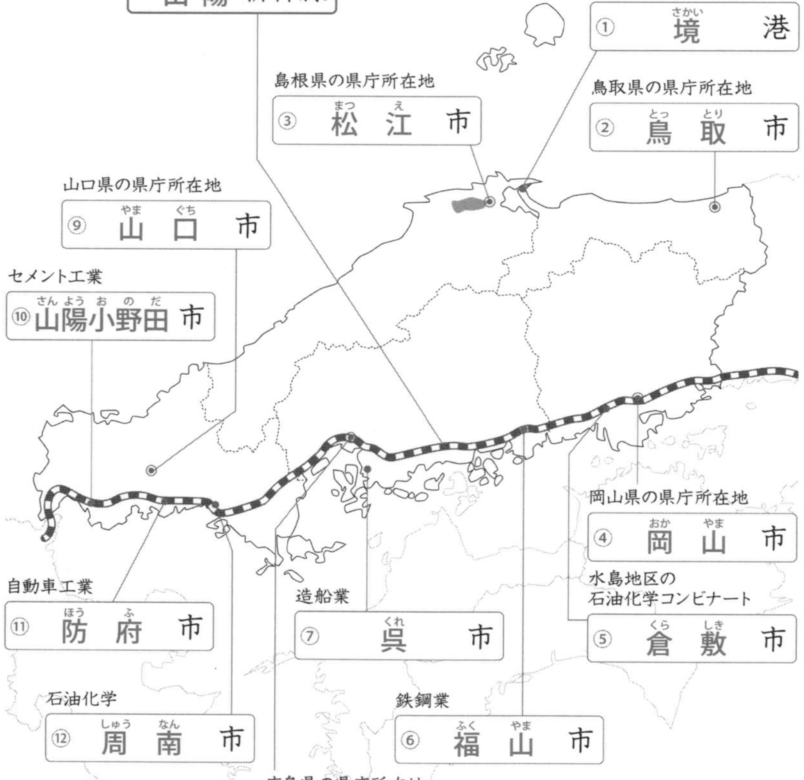

新大阪駅から博多駅まで
A 山《さん》陽《よう》新幹線

日本海側最大の漁港
① 境《さかい》港

鳥取県の県庁所在地
② 鳥《とっ》取《とり》市

島根県の県庁所在地
③ 松《まつ》江《え》市

岡山県の県庁所在地
④ 岡《おか》山《やま》市

水島地区の
石油化学コンビナート
⑤ 倉《くら》敷《しき》市

鉄鋼業
⑥ 福《ふく》山《やま》市

造船業
⑦ 呉《くれ》市

広島県の県庁所在地
⑧ 広《ひろ》島《しま》市

山口県の県庁所在地
⑨ 山《やま》口《ぐち》市

セメント工業
⑩ 山《さん》陽《よう》小《お》野《の》田《だ》市

自動車工業
⑪ 防《ほう》府《ふ》市

石油化学
⑫ 周《しゅう》南《なん》市

66 四国地方１ 地形

学習日　　月　　日
正答数　　／14

問題 ヒントを参考にして、
地図で示された地名を書きましょう。

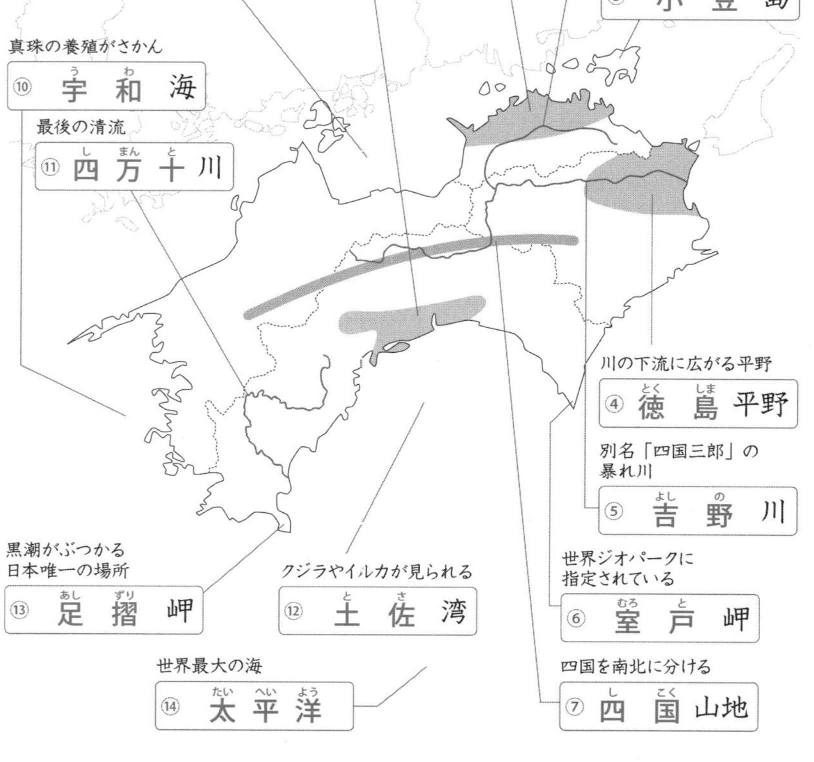

水不足に備えて、ため池が多い
① 讃《さぬ》岐《き》平野

農業用水
② 香《か》川《がわ》用水

瀬戸内海で
２番目に大きい島
③ 小《しょう》豆《ど》島

川の下流に広がる平野
④ 徳《とく》島《しま》平野

別名「四国三郎」の
暴れ川
⑤ 吉《よし》野《の》川

世界ジオパークに
指定されている
⑥ 室《むろ》戸《と》岬

四国を南北に分ける
⑦ 四《し》国《こく》山地

中国地方と四国地方に
はさまれた海
⑧ 瀬《せ》戸《と》内《ない》海

促成栽培がさかん
⑨ 高《こう》知《ち》平野

真珠の養殖がさかん
⑩ 宇《う》和《わ》海

最後の清流
⑪ 四《し》万《まん》十《と》川

クジラやイルカが見られる
⑫ 土《と》佐《さ》湾

黒潮がぶつかる
日本唯一の場所
⑬ 足《あし》摺《ずり》岬

世界最大の海
⑭ 太《たい》平《へい》洋《よう》

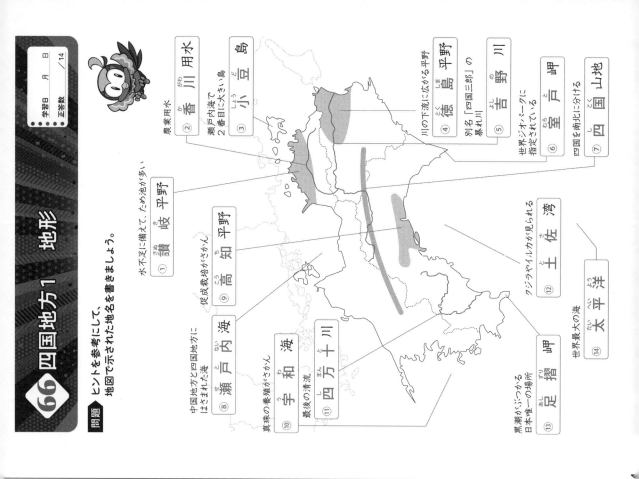

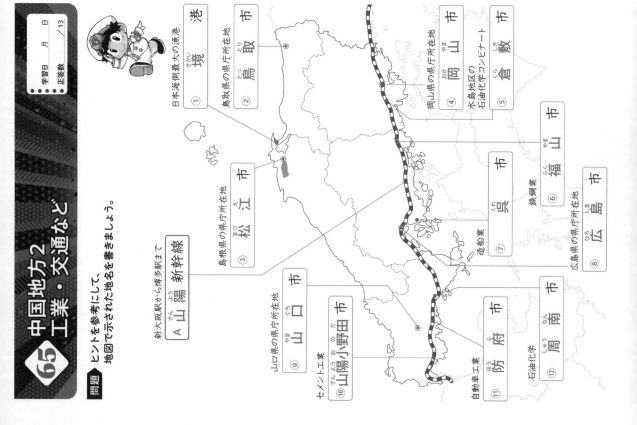

67 四国地方2 工業・交通など

学習日　　月　　日
正答数　　／11

問題 ヒントを参考にして、
地図で示された地名を書きましょう。

造船業がさかん
① 坂《さか》出《いで》市

香川県と岡山県を結ぶ
② 瀬《せ》戸《と》大《おお》橋

愛媛県と広島県を結ぶ
⑦ 瀬戸内《せとうち》しまなみ海道《かいどう》

香川県の県庁所在地
③ 高《たか》松《まつ》市

タオルの生産がさかん
⑧ 今《いま》治《ばり》市

愛媛県の県庁所在地
⑨ 松《まつ》山《やま》市

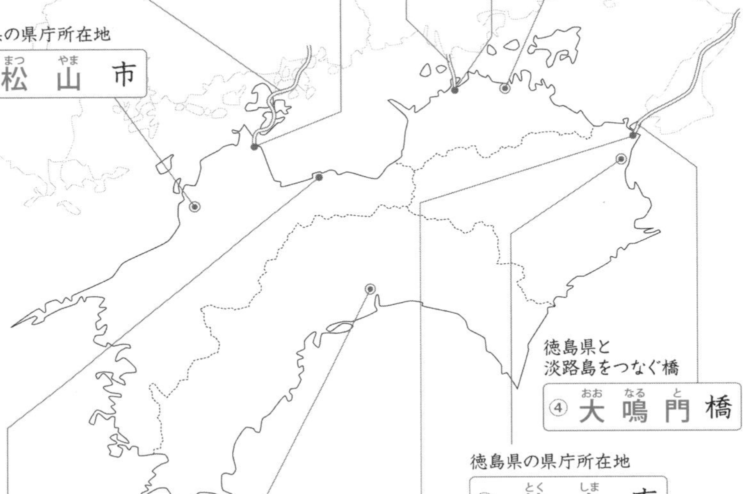

徳島県と
淡路島をつなぐ橋
④ 大《おお》鳴《なる》門《と》橋

徳島県の県庁所在地
⑤ 徳《とく》島《しま》市

別子銅山がある工業都市
⑩ 新《に》居《い》浜《はま》市

うず潮で有名
⑥ 鳴《なる》門《と》市

高知県の県庁所在地
⑪ 高《こう》知《ち》市

68 近畿地方1 地形

学習日　　月　　日
正答数　　／15

問題 ヒントを参考にして、
地図で示された地名を書きましょう。

複数の原子力発電所、
西部はリアス海岸
① 若《わか》狭《さ》湾

冬の季節風をさえぎる
② 丹《たん》波《ば》高地

北部はかつて農村、
現在はニュータウン
④ 大《おお》阪《さか》平野

京都府南部の盆地
③ 京《きょう》都《と》盆地

日本最大の湖
⑥ 琵《び》琶《わ》湖

ため池が多くある平野
⑤ 播《はり》磨《ま》平野

真珠の養殖がさかん
⑦ 志《し》摩《ま》半島

湾の奥には名古屋港
⑧ 伊《い》勢《せ》湾

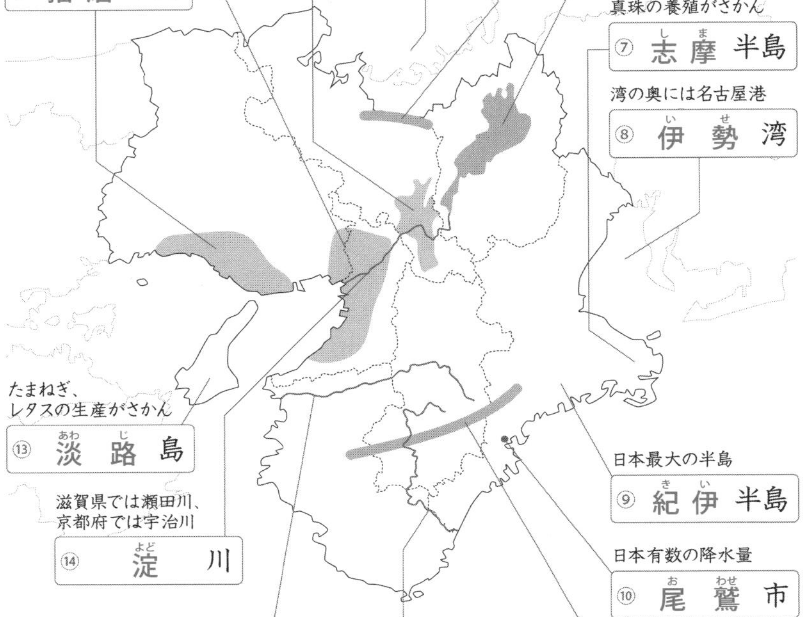

たまねぎ、
レタスの生産がさかん
⑬ 淡《あわ》路《じ》島

日本最大の半島
⑨ 紀《き》伊《い》半島

滋賀県では瀬田川、
京都府では宇治川
⑭ 淀《よど》川

日本有数の降水量
⑩ 尾《お》鷲《わせ》市

奈良県では吉野川
⑮ 紀《き》の川

上流でとれる木材を運んだ
⑫ 熊野《くまの》(新宮《しんぐう》)川

世界遺産にも
登録されている山地
⑪ 紀《き》伊《い》山地

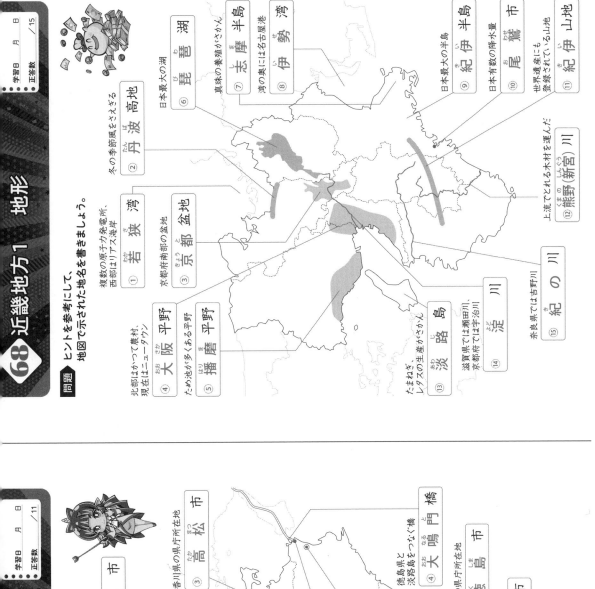

69 近畿地方2 工業・交通など

学習日　月　日
正答数　／16

問題 ヒントを参考にして、地図で示された地名を書きましょう。

京都府の府庁所在地
① 京《きょう》都《と》市

滋賀県の県庁所在地
② 大《おお》津《つ》市

大阪府の府庁所在地
③ 大《おお》阪《さか》市

明石市と淡路島を結ぶ橋
④ 明《あか》石《し》海峡《かいきょう》大《おお》橋

日本の標準時子午線が通る
⑤ 明《あ》石《かし》市

石油化学。三重県の人口１位
⑥ 四《よっ》日《か》市《いち》市

三重県の県庁所在地
⑦ 津《つ》市

奈良県の県庁所在地
⑧ 奈《な》良《ら》市

電気機器
⑨ 門《かど》真《ま》市

鉄鋼業
⑩ 堺《さかい》市

せんい工業
⑪ 泉《いずみ》佐《さ》野《の》市

和歌山県の県庁所在地
⑫ 和《わ》歌《か》山《やま》市

兵庫県の県庁所在地
⑬ 神《こう》戸《べ》市

東京駅から新大阪駅までを結ぶ
A 東《とう》海《かい》道《どう》新幹線

名古屋と神戸を結ぶ高速道路
B 名《めい》神《しん》高速道路

24時間使用可能な海上空港
C 関《かん》西《さい》国《こく》際《さい》空港

70 中部地方1　地形

学習日　月　日
正答数　／21

問題 ヒントを参考にして、地図で示された地名を書きましょう。

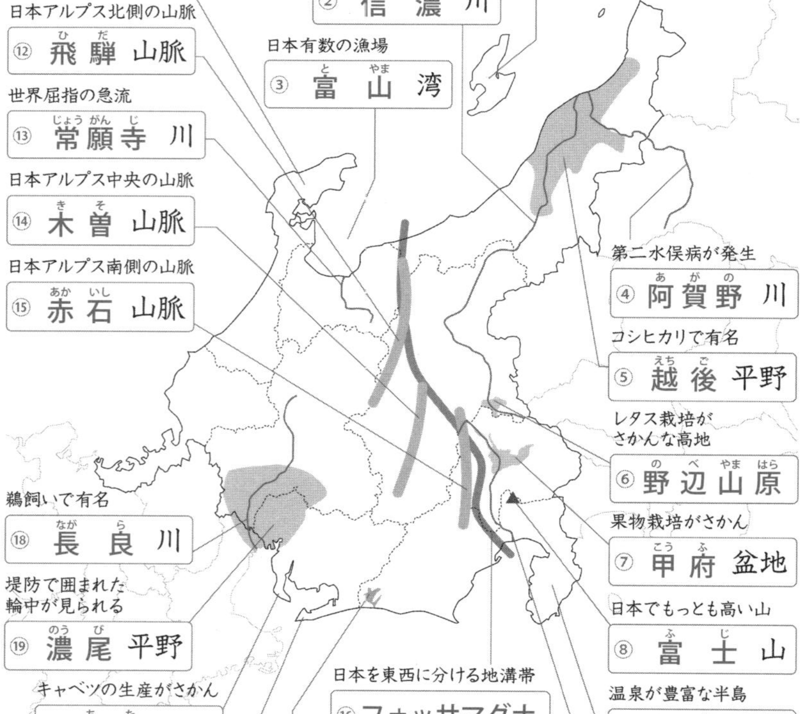

天然記念物のトキが繁殖
① 佐《さ》渡《ど》島

日本でいちばん長い川
② 信《しな》濃《の》川

日本有数の漁場
③ 富《と》山《やま》湾

第二水俣病が発生
④ 阿《あ》賀《が》野《の》川

コシヒカリで有名
⑤ 越《えち》後《ご》平野

レタス栽培がさかんな高地
⑥ 野《の》辺《べ》山《やま》原《はら》

果物栽培がさかん
⑦ 甲《こう》府《ふ》盆地

日本でもっとも高い山
⑧ 富《ふ》士《じ》山

温泉が豊富な半島
⑨ 伊《い》豆《ず》半島

三大急流のひとつ
⑩ 富《ふ》士《じ》川

日本海に突き出た半島
⑪ 能《の》登《と》半島

日本アルプス北側の山脈
⑫ 飛《ひ》騨《だ》山脈

世界屈指の急流
⑬ 常《じょう》願《がん》寺《じ》川

日本アルプス中央の山脈
⑭ 木《き》曽《そ》山脈

日本アルプス南側の山脈
⑮ 赤《あか》石《いし》山脈

日本を東西に分ける地溝帯
⑯ フォッサマグナ

うなぎの養殖がさかん
⑰ 浜《はま》名《な》湖

鵜飼いで有名
⑱ 長《なが》良《ら》川

堤防で囲まれた輪中が見られる
⑲ 濃《のう》尾《び》平野

キャベツの生産がさかん
⑳ 知《ち》多《た》半島

電照菊の栽培がさかん
㉑ 渥《あつ》美《み》半島

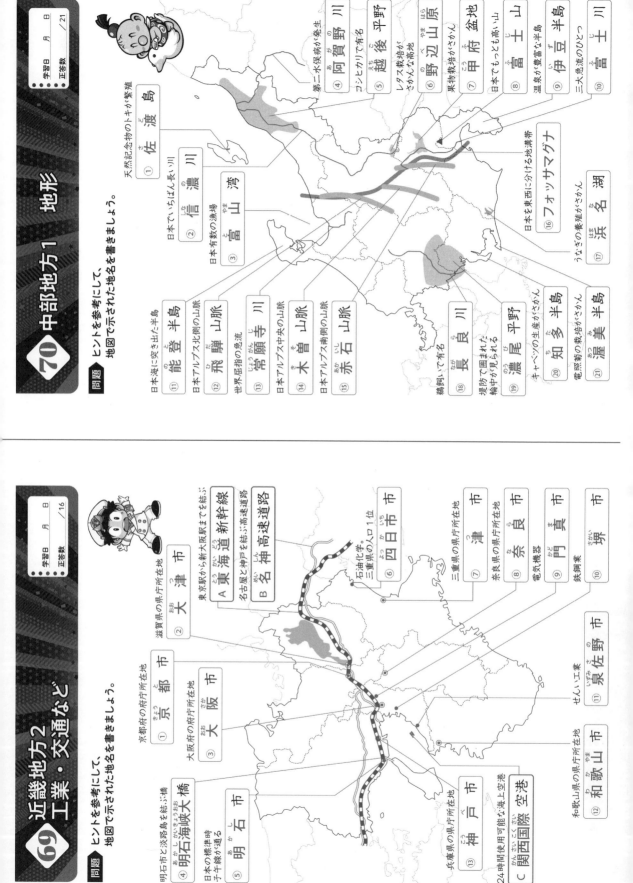

71 中部地方2 工業・交通など

学習日　　月　　日
正答数　　／21

問題 ヒントを参考にして、地図で示された地名を書きましょう。

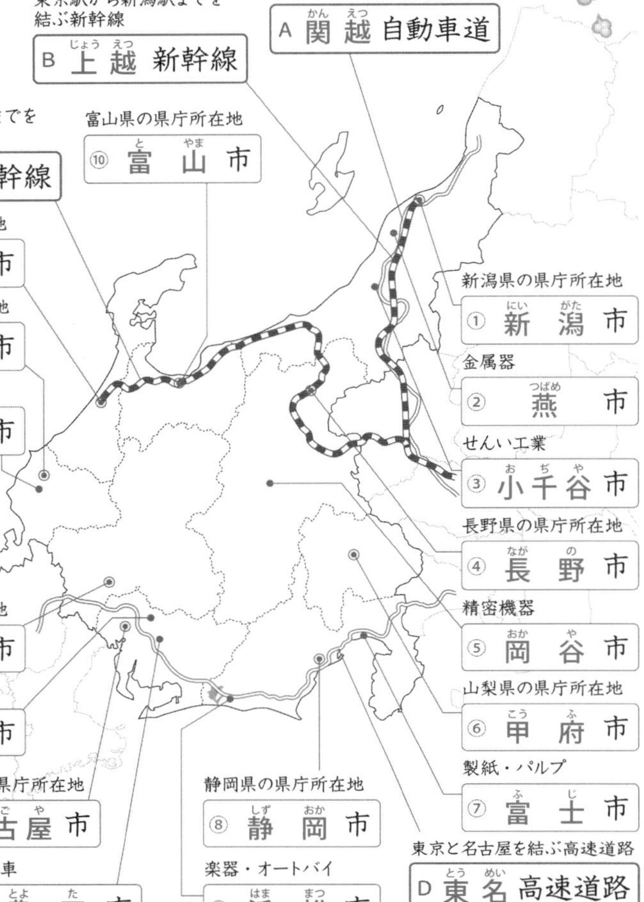

東京と新潟を結ぶ高速道路
A 関《かん》越《えつ》自動車道

東京駅から新潟駅までを結ぶ新幹線
B 上《じょう》越《えつ》新幹線

東京駅から金沢駅までを結ぶ新幹線
C 北《ほく》陸《りく》新幹線

富山県の県庁所在地
⑩ 富《と》山《やま》市

石川県の県庁所在地
⑪ 金《かな》沢《ざわ》市

福井県の県庁所在地
⑫ 福《ふく》井《い》市

めがねわく
⑬ 鯖《さば》江《え》市

岐阜県の県庁所在地
⑭ 岐《ぎ》阜《ふ》市

陶器（焼き物）
⑮ 瀬《せ》戸《と》市

愛知県の県庁所在地
⑯ 名《な》古《ご》屋《や》市

自動車
⑰ 豊《とよ》田《た》市

静岡県の県庁所在地
⑧ 静《しず》岡《おか》市

楽器・オートバイ
⑨ 浜《はま》松《まつ》市

東京と名古屋を結ぶ高速道路
D 東《とう》名《めい》高速道路

新潟県の県庁所在地
① 新《にい》潟《がた》市

金属器
② 燕《つばめ》市

せんい工業
③ 小《お》千《ぢ》谷《や》市

長野県の県庁所在地
④ 長《なが》野《の》市

精密機器
⑤ 岡《おか》谷《や》市

山梨県の県庁所在地
⑥ 甲《こう》府《ふ》市

製紙・パルプ
⑦ 富《ふ》士《じ》市

72 関東地方1 地形

学習日　　月　　日
正答数　　／19

問題 ヒントを参考にして、地図で示された地名を書きましょう。

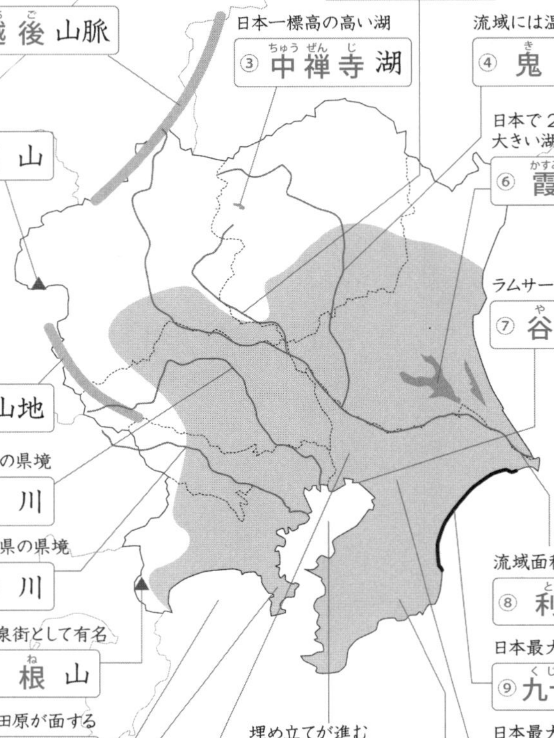

足尾銅山鉱毒事件が発生
① 渡《わた》良《ら》瀬《せ》川

新潟県と群馬県の県境
② 越《えち》後《ご》山脈

日本一標高の高い湖
③ 中《ちゅう》禅《ぜん》寺《じ》湖

流域には温泉街がある
④ 鬼《き》怒《ぬ》川

江戸時代に噴火した活火山
⑤ 浅《あさ》間《ま》山

日本で２番目に大きい湖
⑥ 霞《かすみ》ケ《が》浦《うら》

ラムサール条約登録地
⑦ 谷《や》津《つ》干潟

関東地方と中部地方の境
⑭ 関《かん》東《とう》山地

東京都と埼玉県の県境
⑮ 荒《あら》川

東京都と神奈川県の県境
⑯ 多《た》摩《ま》川

流域面積が日本一
⑧ 利《と》根《ね》川

日本最大級の砂浜海岸
⑨ 九十九里《くじゅうくり》浜

周辺は温泉街として有名
⑰ 箱《はこ》根《ね》山

鎌倉・小田原が面する
⑱ 相模《さがみ》湾

埋め立てが進む
⑫ 東《とう》京《きょう》湾

日本最大の平野
⑩ 関《かん》東《とう》平野

ペリーが来航した浦賀がある
⑲ 三《み》浦《うら》半島

平野をおおう赤土の層
⑬ 関東《かんとう》ローム層

黒潮の影響で南部は温暖
⑪ 房《ぼう》総《そう》半島

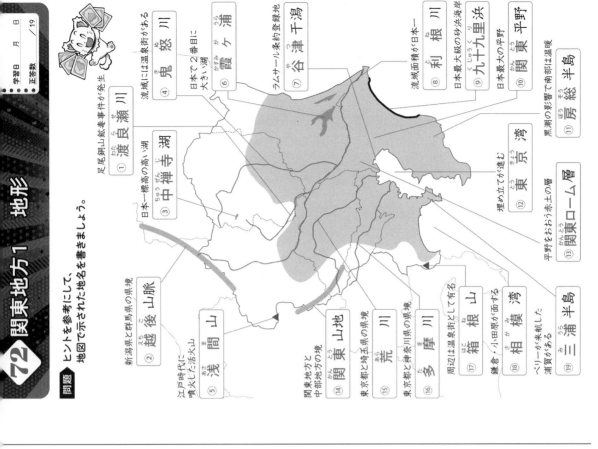

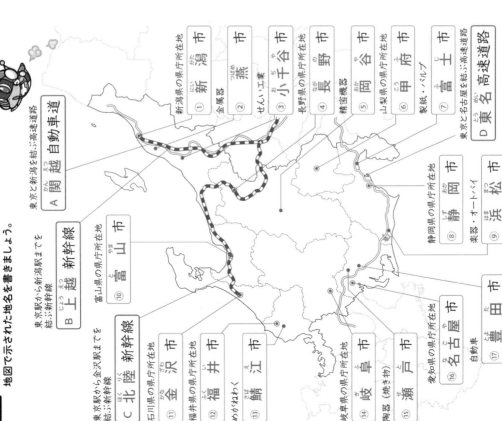

73 関東地方2 工業・交通など

学習日　月　日
正答数　／21

問題 ヒントを参考にして、地図で示された地名を書きましょう。

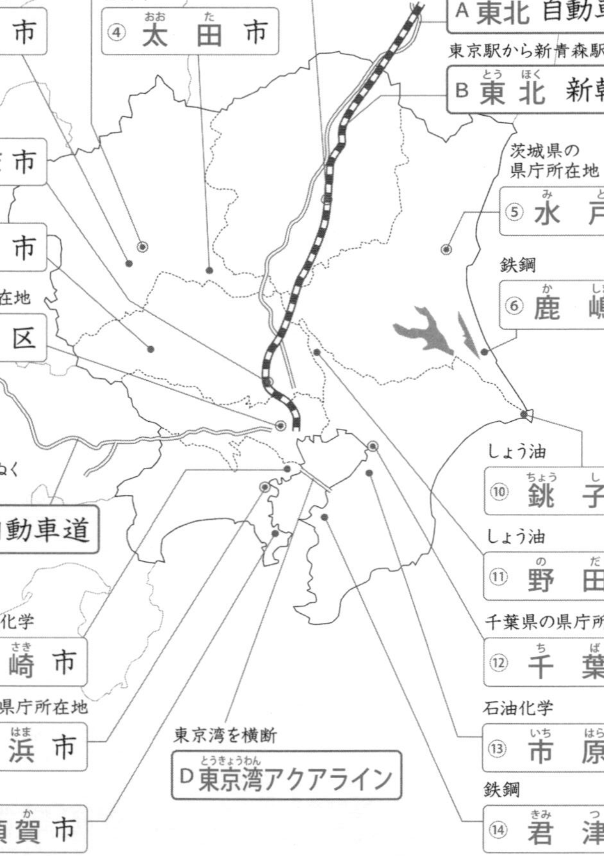

群馬県の県庁所在地
② 前《まえ》橋《ばし》市

栃木県の県庁所在地
① 宇《う》都《つの》宮《みや》市

電気機器、群馬県の人口1位
③ 高《たか》崎《さき》市

自動車
④ 太《おお》田《た》市

東北地方へ延びる高速道路
A 東北《とうほく》自動車道

東京駅から新青森駅まで
B 東《とう》北《ほく》新幹線

埼玉県の県庁所在地
⑦ さいたま市

茨城県の県庁所在地
⑤ 水《み》戸《と》市

セメント
⑧ 秩《ちち》父《ぶ》市

鉄鋼
⑥ 鹿《か》嶋《しま》市

東京都の都庁所在地
⑨ 新《しん》宿《じゅく》区

しょう油
⑩ 銚《ちょう》子《し》市

中部地方をつらぬく高速道路
C 中《ちゅう》央《おう》自動車道

しょう油
⑪ 野《の》田《だ》市

千葉県の県庁所在地
⑫ 千《ち》葉《ば》市

鉄鋼・石油化学
⑮ 川《かわ》崎《さき》市

石油化学
⑬ 市《いち》原《はら》市

神奈川県の県庁所在地
⑯ 横《よこ》浜《はま》市

東京湾を横断
D 東京湾《とうきょうわん》アクアライン

自動車
⑰ 横《よこ》須《す》賀《か》市

鉄鋼
⑭ 君《きみ》津《つ》市

74 東北地方1　地形

学習日　月　日
正答数　／20

問題 ヒントを参考にして、地図で示された地名を書きましょう。

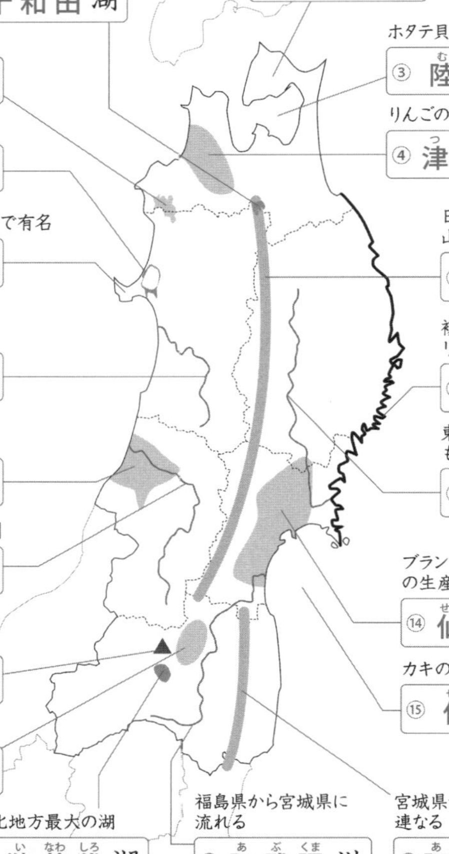

火山の噴火で生まれたカルデラ湖
② 十《と》和《わ》田《だ》湖

半島全体が国立公園
① 下《しも》北《きた》半島

世界自然遺産 ブナの原生林
⑤ 白《しら》神《かみ》山地

ホタテ貝の養殖がさかん
③ 陸《む》奥《つ》湾

八郎潟を埋め立て
⑨ 大《おお》潟《がた》村

りんごの生産がさかん
④ 津《つ》軽《がる》平野

伝統芸能「なまはげ」で有名
⑩ 男《お》鹿《が》半島

日本でいちばん長い山脈
⑥ 奥《おう》羽《う》山脈

流域は「あきたこまち」の産地
⑪ 雄《お》物《もの》川

複雑な海岸線のリアス海岸
⑦ 三《さん》陸《りく》海岸

ブランド米「はえぬき」の生産
⑫ 庄《しょう》内《ない》平野

東北地方でもっとも長い川
⑧ 北《きた》上《かみ》川

「五月雨を 集めて早し」
⑬ 最《も》上《がみ》川

ブランド米「ひとめぼれ」の生産
⑭ 仙《せん》台《だい》平野

別名「会津富士」
⑯ 磐《ばん》梯《だい》山

カキの養殖がさかん
⑮ 仙《せん》台《だい》湾

ももの生産がさかん
⑰ 福《ふく》島《しま》盆地

東北地方最大の湖
⑱ 猪《い》苗《なわ》代《しろ》湖

福島県から宮城県に流れる
⑲ 阿《あ》武《ぶ》隈《くま》川

宮城県から茨城県に連なる
⑳ 阿《あ》武《ぶ》隈《くま》高地

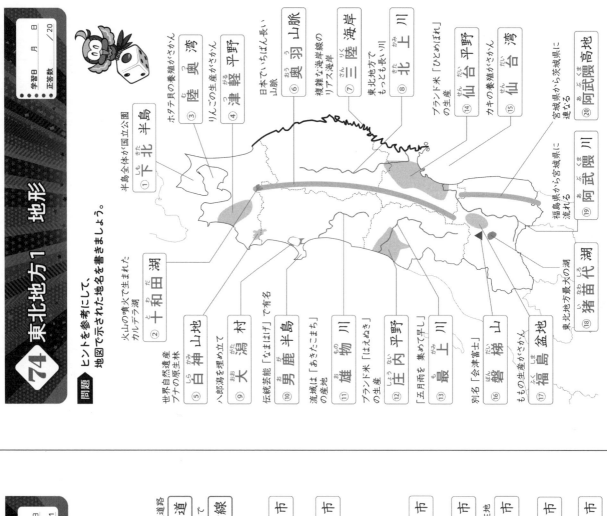

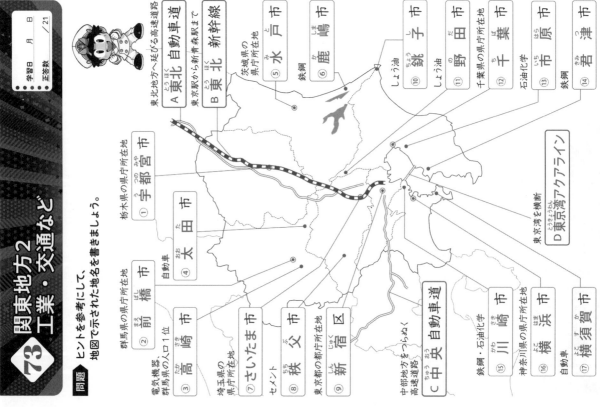

75 東北地方2 工業・交通など

学習日　月　日
正答数　／14

問題 ヒントを参考にして、
地図で示された地名を書きましょう。

青森県の県庁所在地
① 青《あお》森《もり》市

津軽塗の生産
② 弘《ひろ》前《さき》市

東京駅から新青森駅まで
A 東《とう》北《ほく》新幹線

関東と東北を結ぶ高速道路
B 東《とう》北《ほく》自動車道

秋田県を通るミニ新幹線
C 秋《あき》田《た》新幹線

秋田県の県庁所在地
④ 秋《あき》田《た》市

岩手県の県庁所在地、
伝統工芸品の南部鉄器
③ 盛《もり》岡《おか》市

山形県を通るミニ新幹線
D 山《やま》形《がた》新幹線

将棋駒の生産
⑥ 天《てん》童《どう》市

伝統工芸品のこけし
⑤ 鳴《なる》子《こ》温泉

山形県の県庁所在地
⑦ 山《やま》形《がた》市

宮城県の県庁所在地
⑧ 仙《せん》台《だい》市

福島県の県庁所在地
⑨ 福《ふく》島《しま》市

伝統工芸品の会津塗
⑩ 会《あい》津《づ》若《わか》松《まつ》市

76 北海道地方1 地形

学習日　月　日
正答数　／16

問題 ヒントを参考にして、
地図で示された地名を書きましょう。

島の形がほぼ円形
① 利《り》尻《しり》島

冬は流氷が見られる
② オホーツク海

稲作がさかんな盆地
④ 上《かみ》川《かわ》盆地

日本の最北端の島
③ 択捉《えとろふ》島

世界自然遺産
⑤ 知《しれ》床《とこ》半島

ホタテ貝の養殖がさかんな湖
⑥ サロマ湖

日本で３番目に長い川
⑦ 石《いし》狩《かり》川

稲作がさかんな平野
⑧ 石《いし》狩《かり》平野

ロシアによって占領
されている
⑨ 北《ほっ》方《ぽう》領《りょう》土《ど》

涼しい気候をいかして
酪農がさかん
⑩ 根《こん》釧《せん》台地

ラムサール条約に
登録されている湿原
⑪ 釧《くし》路《ろ》湿原

世界ジオパークに認定された
カルデラ湖
⑬ 洞《とう》爺《や》湖

北海道唯一の山脈
⑭ 日《ひ》高《だか》山脈

大規模な畑作が行われる
⑫ 十《と》勝《かち》平野

別名「蝦夷富士」
⑮ 羊《よう》蹄《てい》山

2000年に噴火
⑯ 有《う》珠《す》山

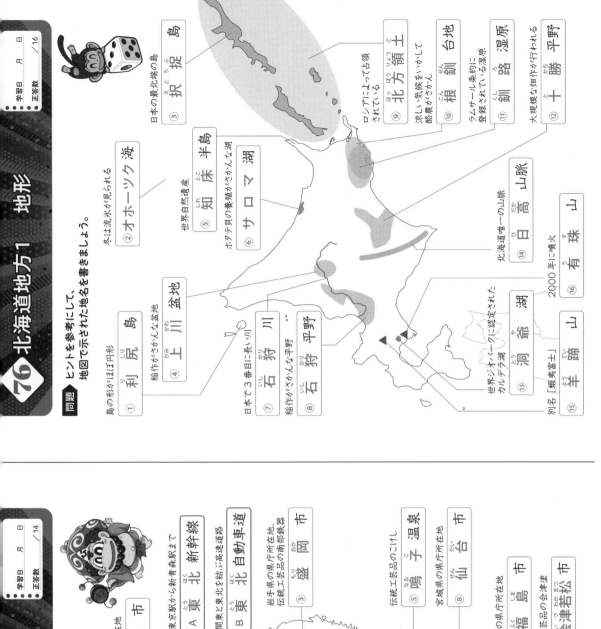

77 北海道地方2 工業・交通など

学習日　　月　　日
正答数　　／10

問題　ヒントを参考にして、地図で示された地名を書きましょう。

製紙・パルプ
① 旭《あさひ》川《かわ》市

北海道の道庁所在地
② 札《さっ》幌《ぽろ》市

電子機器
③ 千《ち》歳《とせ》市

北海道の空の玄関
A 新《しん》千《ち》歳《とせ》空港

日本最大級の漁港
④ 釧《くし》路《ろ》市

北海道最大の工業都市
⑤ 苫《とま》小《こ》牧《まい》市

鉄鋼業
⑥ 室《むろ》蘭《らん》市

新青森駅から延びる新幹線
B 北《ほっ》海《かい》道《どう》新幹線

新幹線の終着駅
C 新《しん》函《はこ》館《だて》北《ほく》斗《と》駅

水産業・水産加工業
⑦ 函《はこ》館《だて》市

78 日本の世界遺産

学習日　　月　　日
正答数　　／18

問題　世界遺産として登録されている代表的な日本の文化遺産、自然遺産を書きましょう。

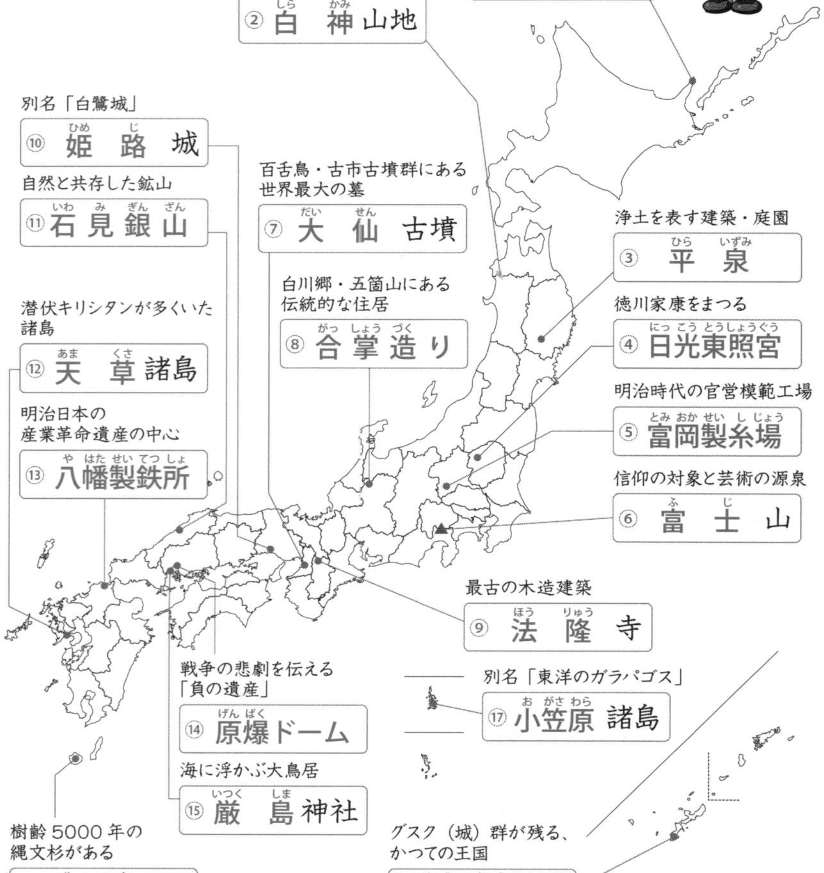

豊かな自然が残る
① 知《しれ》床《とこ》半島

ブナの原生林が残る
② 白《しら》神《かみ》山地

浄土を表す建築・庭園
③ 平《ひら》泉《いずみ》

徳川家康をまつる
④ 日光東照宮《にっこうとうしょうぐう》

明治時代の官営模範工場
⑤ 富岡製糸場《とみおかせいしじょう》

信仰の対象と芸術の源泉
⑥ 富《ふ》士《じ》山

百舌鳥・古市古墳群にある世界最大の墓
⑦ 大《だい》仙《せん》古墳

白川郷・五箇山にある伝統的な住居
⑧ 合《がっ》掌《しょう》造《づく》り

最古の木造建築
⑨ 法《ほう》隆《りゅう》寺

別名「白鷺城」
⑩ 姫《ひめ》路《じ》城

自然と共存した鉱山
⑪ 石《いわ》見《み》銀《ぎん》山《ざん》

潜伏キリシタンが多くいた諸島
⑫ 天《あま》草《くさ》諸島

明治日本の産業革命遺産の中心
⑬ 八幡製鉄所《やはたせいてつしょ》

戦争の悲劇を伝える「負の遺産」
⑭ 原爆《げんばく》ドーム

海に浮かぶ大鳥居
⑮ 厳《いつく》島《しま》神社

樹齢5000年の縄文杉がある
⑯ 屋《や》久《く》島

別名「東洋のガラパゴス」
⑰ 小笠原《おがさわら》諸島

グスク（城）群が残る、かつての王国
⑱ 琉《りゅう》球《きゅう》王国

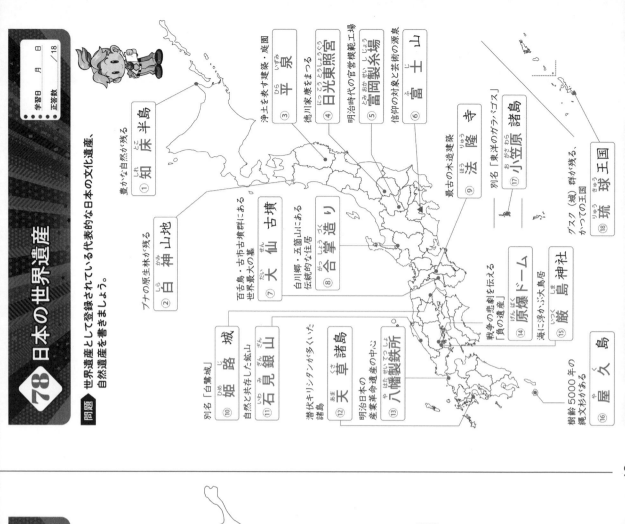

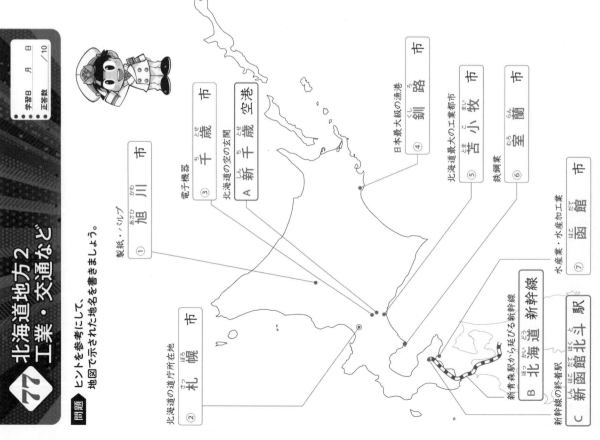

79 日本の名所

学習日　　月　　日
正答数　　／13

問題 ヒントを参考にして、日本を代表する名所の名前を書きましょう。

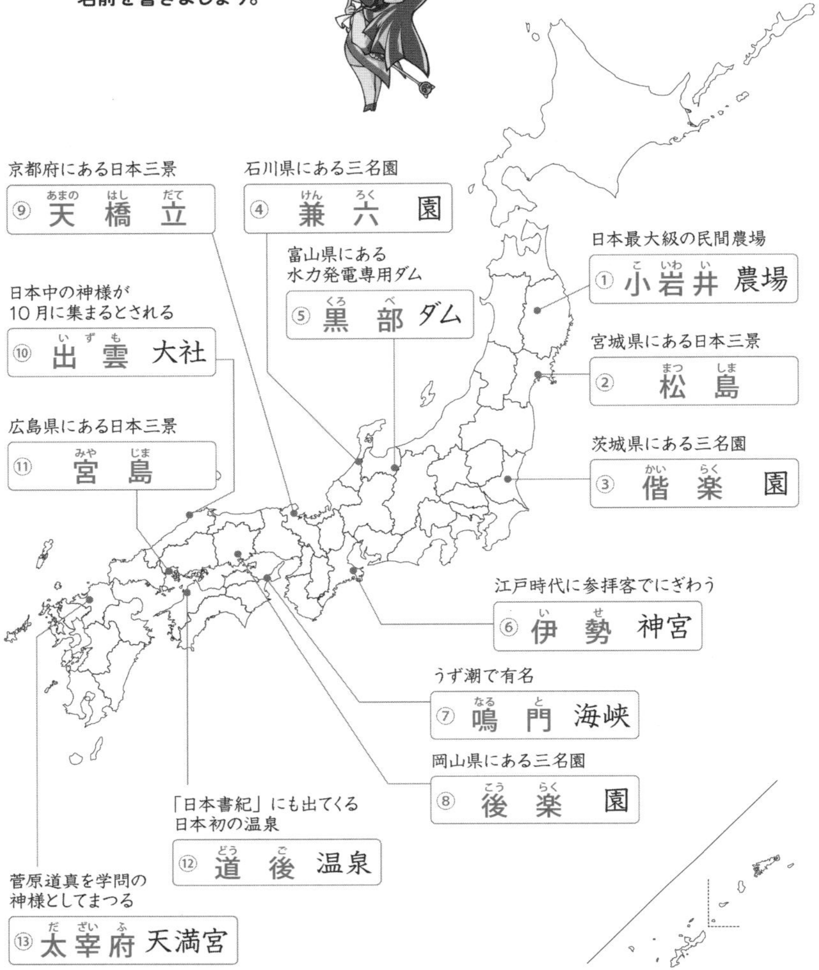

京都府にある日本三景
⑨ 天《あまの》橋《はし》立《だて》

石川県にある三名園
④ 兼《けん》六《ろく》園

富山県にある
水力発電専用ダム
⑤ 黒《くろ》部《べ》ダム

日本最大級の民間農場
① 小《こ》岩《いわ》井《い》農場

日本中の神様が
10月に集まるとされる
⑩ 出《い》雲《ずも》大社

宮城県にある日本三景
② 松《まつ》島《しま》

広島県にある日本三景
⑪ 宮《みや》島《じま》

茨城県にある三名園
③ 偕《かい》楽《らく》園

江戸時代に参拝客でにぎわう
⑥ 伊《い》勢《せ》神宮

うず潮で有名
⑦ 鳴《なる》門《と》海峡

岡山県にある三名園
⑧ 後《こう》楽《らく》園

「日本書紀」にも出てくる
日本初の温泉
⑫ 道《どう》後《ご》温泉

菅原道真を学問の
神様としてまつる
⑬ 太《だ》宰《ざい》府《ふ》天満宮

80 日本の主な祭り

学習日　　月　　日
正答数　　／16

問題 ヒントを参考にして、各地の祭りの名称を書きましょう。

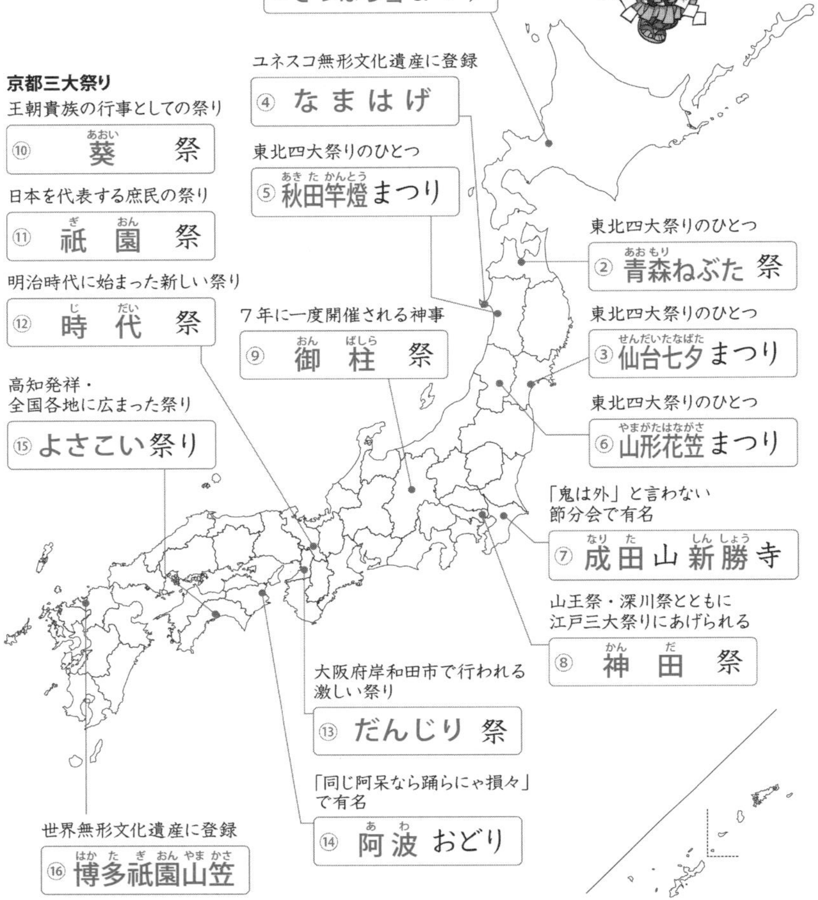

北海道の冬の風物詩
① さっぽろ雪《ゆき》まつり

ユネスコ無形文化遺産に登録
④ なまはげ

京都三大祭り

王朝貴族の行事としての祭り
⑩ 葵《あおい》祭

東北四大祭りのひとつ
⑤ 秋《あき》田《た》竿燈《かんとう》まつり

日本を代表する庶民の祭り
⑪ 祇《ぎ》園《おん》祭

東北四大祭りのひとつ
② 青森《あおもり》ねぶた祭

明治時代に始まった新しい祭り
⑫ 時《じ》代《だい》祭

7年に一度開催される神事
⑨ 御《おん》柱《ばしら》祭

東北四大祭りのひとつ
③ 仙台七夕《せんだいたなばた》まつり

高知発祥・
全国各地に広まった祭り
⑮ よさこい祭り

東北四大祭りのひとつ
⑥ 山形花笠《やまがたはながさ》まつり

「鬼は外」と言わない
節分会で有名
⑦ 成《なり》田《た》山新《しん》勝《しょう》寺

山王祭・深川祭とともに
江戸三大祭りにあげられる
⑧ 神《かん》田《だ》祭

大阪府岸和田市で行われる
激しい祭り
⑬ だんじり祭

「同じ阿呆なら踊らにゃ損々」
で有名
⑭ 阿《あ》波《わ》おどり

世界無形文化遺産に登録
⑯ 博《はか》多《た》祇《ぎ》園《おん》山《やま》笠《かさ》

81 日本の郷土料理

学習日　月　日
正答数　／15

問題 ヒントを参考にして、各地の郷土料理の名前を書きましょう。

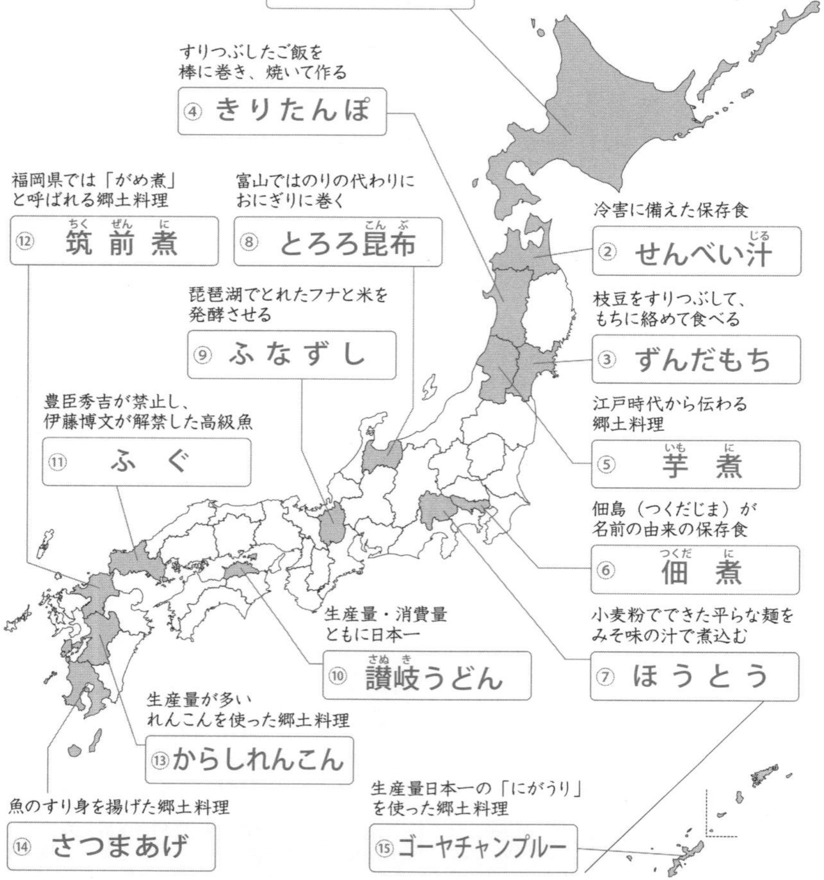

北海道の名物・羊肉の焼肉
① ジンギスカン

冷害に備えた保存食
② せんべい汁《じる》

枝豆をすりつぶして、もちに絡めて食べる
③ ずんだもち

すりつぶしたご飯を棒に巻き、焼いて作る
④ きりたんぽ

江戸時代から伝わる郷土料理
⑤ 芋《いも》煮《に》

佃島（つくだじま）が名前の由来の保存食
⑥ 佃《つくだ》煮《に》

小麦粉でできた平らな麺をみそ味の汁で煮込む
⑦ ほうとう

富山ではのりの代わりにおにぎりに巻く
⑧ とろろ昆《こん》布《ぶ》

琵琶湖でとれたフナと米を発酵させる
⑨ ふなずし

生産量・消費量ともに日本一
⑩ 讃《さぬ》岐《き》うどん

豊臣秀吉が禁止し、伊藤博文が解禁した高級魚
⑪ ふぐ

福岡県では「がめ煮」と呼ばれる郷土料理
⑫ 筑《ちく》前《ぜん》煮《に》

生産量が多いれんこんを使った郷土料理
⑬ からしれんこん

魚のすり身を揚げた郷土料理
⑭ さつまあげ

生産量日本一の「にがうり」を使った郷土料理
⑮ ゴーヤチャンプルー

82 東日本の旧国名

学習日　月　日
正答数　／36

問題 律令制に基づいて設置された地方行政区分である旧国名を書きましょう（五畿七道に基づいて区切っています）。

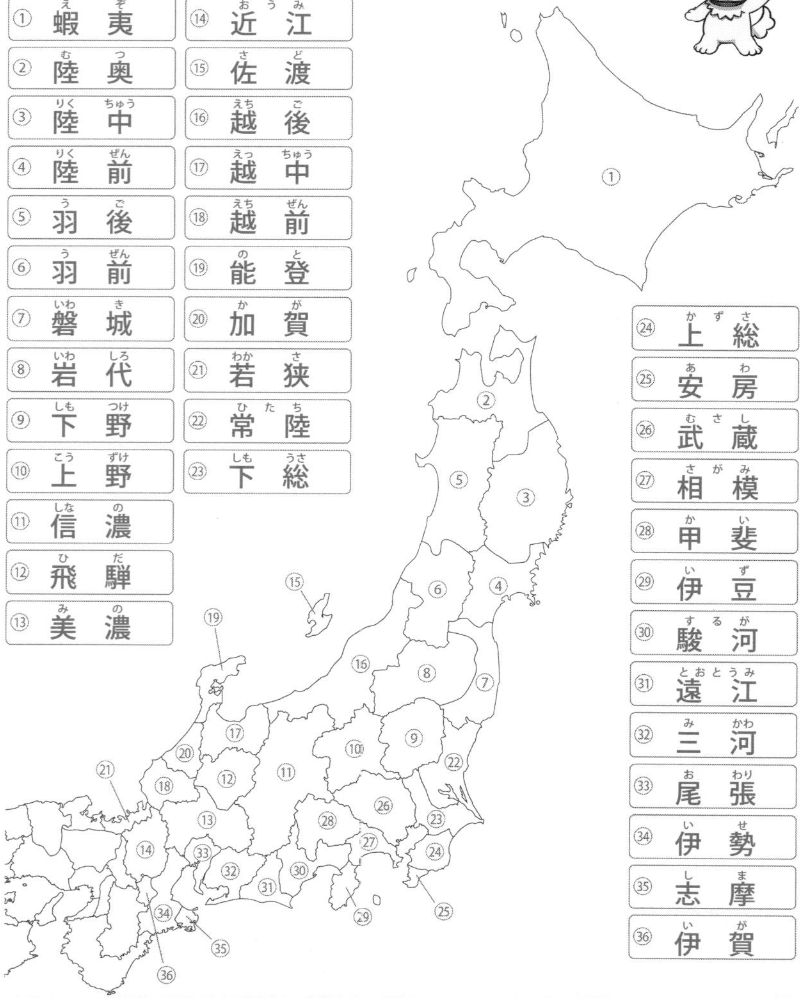

① 蝦《え》夷《ぞ》
② 陸《む》奥《つ》
③ 陸《りく》中《ちゅう》
④ 陸《りく》前《ぜん》
⑤ 羽《う》後《ご》
⑥ 羽《う》前《ぜん》
⑦ 磐《いわ》城《き》
⑧ 岩《いわ》代《しろ》
⑨ 下《しも》野《つけ》
⑩ 上《こう》野《ずけ》
⑪ 信《しな》濃《の》
⑫ 飛《ひ》騨《だ》
⑬ 美《み》濃《の》
⑭ 近江《おうみ》
⑮ 佐《さ》渡《ど》
⑯ 越《えち》後《ご》
⑰ 越《えっ》中《ちゅう》
⑱ 越《えち》前《ぜん》
⑲ 能《の》登《と》
⑳ 加《か》賀《が》
㉑ 若《わか》狭《さ》
㉒ 常陸《ひたち》
㉓ 下《しも》総《うさ》
㉔ 上総《かずさ》
㉕ 安《あ》房《わ》
㉖ 武蔵《むさし》
㉗ 相模《さがみ》
㉘ 甲《か》斐《い》
㉙ 伊《い》豆《ず》
㉚ 駿河《するが》
㉛ 遠江《とおとうみ》
㉜ 三《み》河《かわ》
㉝ 尾《お》張《わり》
㉞ 伊《い》勢《せ》
㉟ 志《し》摩《ま》
㊱ 伊《い》賀《が》

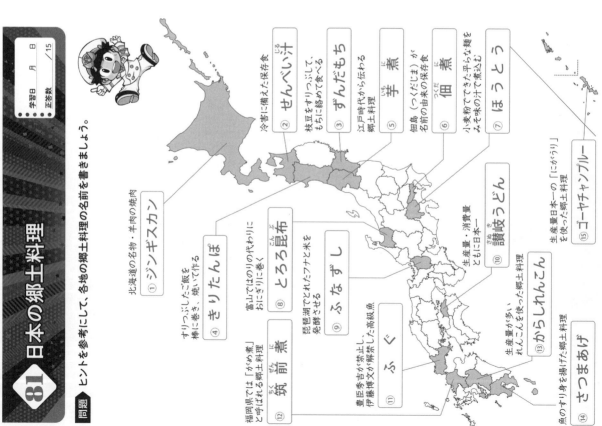

83 西日本の旧国名

学習日　　月　　日
正答数　　／39

問題 律令制に基づいて設置された地方行政区分である旧国名を書きましょう（五畿七道に基づいて区切っています）。

㊲ 山《やま》城《しろ》
㊳ 大和《やまと》
㊴ 河内《かわち》
㊵ 和泉《いずみ》
㊶ 摂《せっ》津《つ》
㊷ 紀《き》伊《い》
㊸ 淡《あわ》路《じ》
㊹ 讃《さぬ》岐《き》
㊺ 阿《あ》波《わ》
㊻ 土《と》佐《さ》
㊼ 伊《い》予《よ》
㊽ 丹《たん》後《ご》
㊾ 丹《たん》波《ば》
㊿ 但《たじ》馬《ま》
51 因《いな》幡《ば》
52 伯《ほう》耆《き》

53 隠《お》岐《き》
54 出雲《いずも》
55 石《いわ》見《み》
56 播《はり》磨《ま》
57 美《みま》作《さか》
58 備《び》前《ぜん》
59 備《びっ》中《ちゅう》
60 備《びん》後《ご》
61 安《あ》芸《き》
62 周《す》防《おう》
63 長《なが》門《と》
64 対馬《つしま》
65 壱《い》岐《き》
66 豊《ぶ》前《ぜん》
67 豊《ぶん》後《ご》
68 筑《ちく》前《ぜん》
69 筑《ちく》後《ご》
70 肥《ひ》前《ぜん》
71 肥《ひ》後《ご》
72 日向《ひゅうが》
73 薩《さつ》摩《ま》
74 大《おお》隅《すみ》
75 琉《りゅう》球《きゅう》

84 日本の歴史に登場する地名

学習日　　月　　日
正答数　　／17

問題 ヒントを参考にして、歴史に登場する地名を書きましょう。

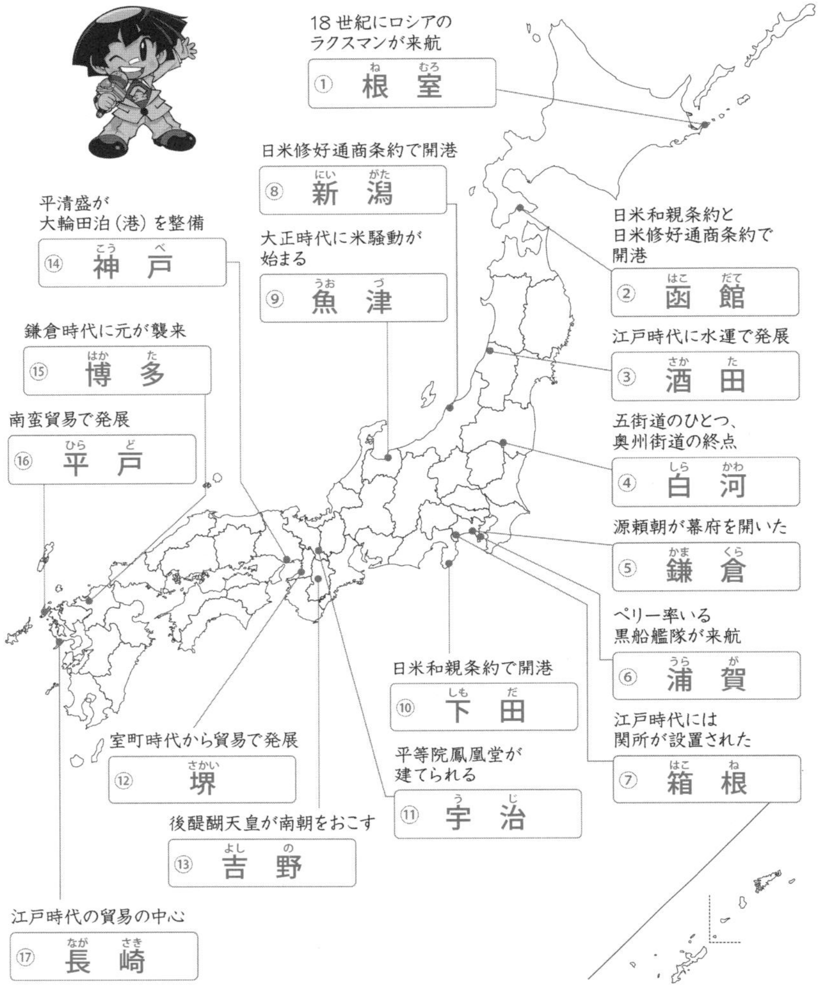

18 世紀にロシアのラクスマンが来航
① 根《ね》室《むろ》

日米和親条約と日米修好通商条約で開港
② 函《はこ》館《だて》

江戸時代に水運で発展
③ 酒《さか》田《た》

五街道のひとつ、奥州街道の終点
④ 白《しら》河《かわ》

源頼朝が幕府を開いた
⑤ 鎌《かま》倉《くら》

ペリー率いる黒船艦隊が来航
⑥ 浦《うら》賀《が》

江戸時代には関所が設置された
⑦ 箱《はこ》根《ね》

日米修好通商条約で開港
⑧ 新《にい》潟《がた》

大正時代に米騒動が始まる
⑨ 魚《うお》津《づ》

日米和親条約で開港
⑩ 下《しも》田《だ》

平等院鳳凰堂が建てられる
⑪ 宇《う》治《じ》

室町時代から貿易で発展
⑫ 堺《さかい》

後醍醐天皇が南朝をおこす
⑬ 吉《よし》野《の》

平清盛が大輪田泊（港）を整備
⑭ 神《こう》戸《べ》

鎌倉時代に元が襲来
⑮ 博《はか》多《た》

南蛮貿易で発展
⑯ 平《ひら》戸《ど》

江戸時代の貿易の中心
⑰ 長《なが》崎《さき》

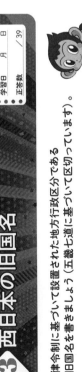

85 日本の歴史に登場する史跡など

学習日　月　日
正答数　／15

問題 ヒントを参考にして、地図で示された史跡の名前を書きましょう。

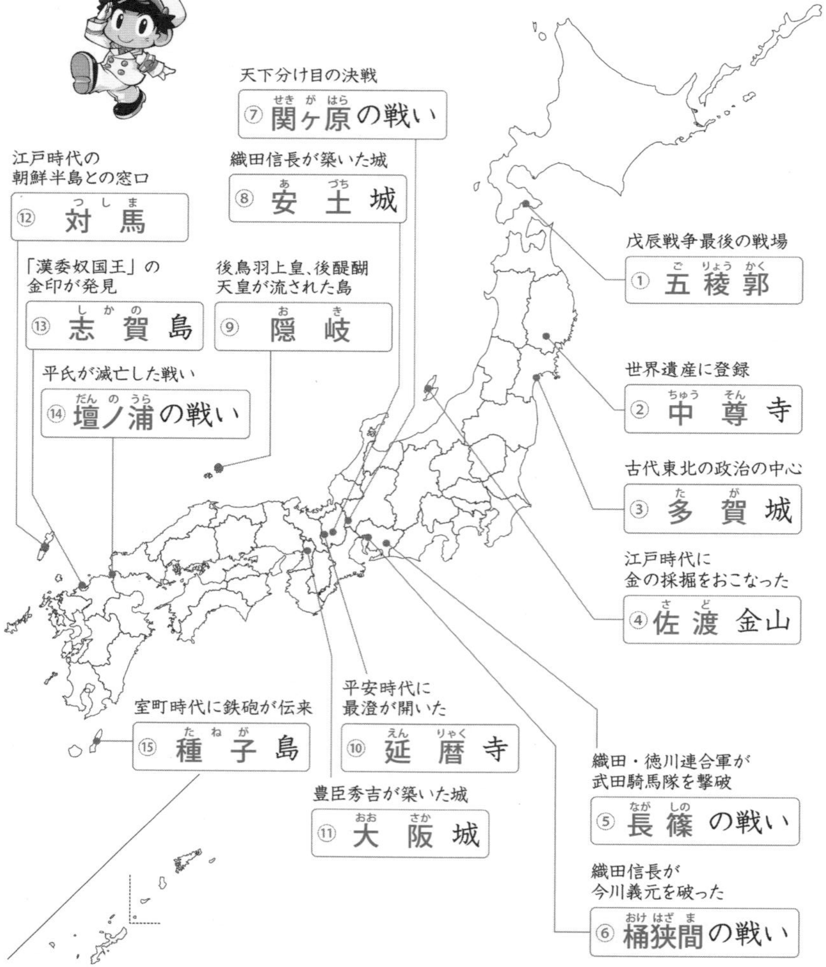

① 戊辰戦争最後の戦場　五稜郭《ごりょうかく》
② 世界遺産に登録　中《ちゅう》尊《そん》寺
③ 古代東北の政治の中心　多《た》賀《が》城
④ 江戸時代に金の採掘をおこなった　佐《さ》渡《ど》金山
⑤ 織田・徳川連合軍が武田騎馬隊を撃破　長《なが》篠《しの》の戦い
⑥ 織田信長が今川義元を破った　桶狭間《おけはざま》の戦い
⑦ 天下分け目の決戦　関《せき》ヶ《が》原《はら》の戦い
⑧ 織田信長が築いた城　安《あ》土《づち》城
⑨ 後鳥羽上皇、後醍醐天皇が流された島　隠《お》岐《き》
⑩ 平安時代に最澄が開いた　延《えん》暦《りゃく》寺
⑪ 豊臣秀吉が築いた城　大《おお》阪《さか》城
⑫ 江戸時代の朝鮮半島との窓口　対《つし》馬《ま》
⑬ 「漢委奴国王」の金印が発見　志賀《しかの》島
⑭ 平氏が滅亡した戦い　壇《だん》ノ《の》浦《うら》の戦い
⑮ 室町時代に鉄砲が伝来　種《た》子《ね》島《が》

86 日本の古墳・遺跡

学習日　月　日
正答数　／13

問題 ヒントを参考にして、地図で示された古墳や遺跡の名前を書きましょう。

① 東北地方との交流が残る　鷲《わし》ノ《の》木《き》遺跡
② 縄文時代の大規模集落　三内丸山《さんないまるやま》遺跡
③ 旧石器時代の遺跡　岩《いわ》宿《じゅく》遺跡
④ 「ワカタケル大王」の鉄剣が出土　稲《い》荷《なり》山《やま》古墳
⑤ 縄文時代の生活のあと　大《おお》森《もり》貝塚
⑥ 弥生時代の集落のあと　登《と》呂《ろ》遺跡
⑦ ナウマンゾウの骨が発見された　野《の》尻《じり》湖《こ》遺跡
⑧ 卑弥呼の墓とも言われる古墳　箸《はし》墓《はか》古墳
⑨ 貴重なフレスコ壁画が現存　高《たか》松《まつ》塚《づか》古墳
⑩ 世界最大の墓で世界遺産　大《だい》仙《せん》古墳
⑪ 弥生時代の環濠集落　吉《よし》野《の》ヶ《が》里《り》遺跡
⑫ 弥生時代の水田跡が残る　板《いた》付《づけ》遺跡
⑬ 「ワカタケル大王」の鉄剣が出土　江《え》田《た》船《ふな》山《やま》古墳

87 江戸時代の街道・航路

学習日　月　日
正答数　／17

問題 A～Eに江戸時代の五街道の名前を、ヒントを参考にして、F～Iに航路と船の名前を書きましょう。また、①～⑧に地名を書きましょう。

五街道

A 奥《おう》州《しゅう》街《かい》道《どう》

B 日《にっ》光《こう》街《かい》道《どう》

C 甲《こう》州《しゅう》街《かい》道《どう》

D 中《なか》山《せん》道《どう》

E 東《とう》海《かい》道《どう》

水運で発展した港町
① 酒《さか》田《た》

Aの街道の終点
② 白《しら》河《かわ》

Bの街道の終点
③ 日《にっ》光《こう》

五街道の起点
④ 日《に》本《ほん》橋《ばし》

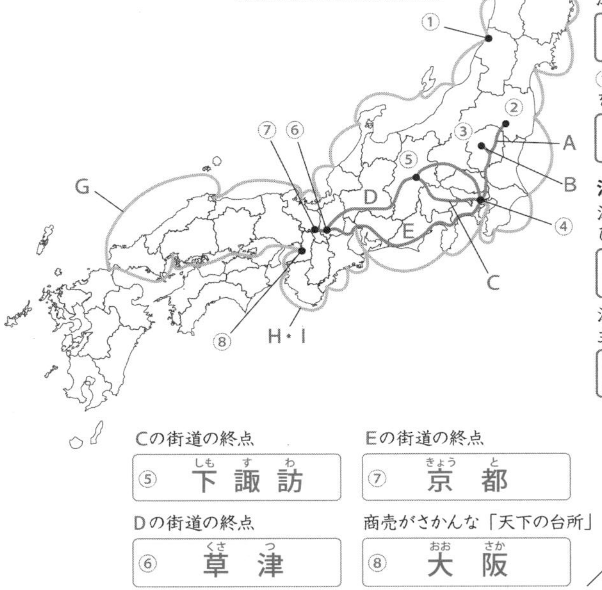

江戸時代の航路

①から太平洋側を通って江戸まで結ぶ
F 東《ひがし》廻《まわ》り航《こう》路《ろ》

①から日本海側・瀬戸内海を通って大阪まで結ぶ
G 西《にし》廻《まわ》り航《こう》路《ろ》

江戸時代の船

江戸と大阪を結ぶ、ひし形の飾りがある船
H 菱《ひ》垣《がき》廻《かい》船《せん》

江戸と大阪を結ぶ、主に酒を運ぶ船
I 樽《たる》廻《かい》船《せん》

Cの街道の終点
⑤ 下《しも》諏《す》訪《わ》

Eの街道の終点
⑦ 京《きょう》都《と》

Dの街道の終点
⑥ 草《くさ》津《つ》

商売がさかんな「天下の台所」
⑧ 大《おお》阪《さか》

88 主な歴史上の人物と関連する地名

学習日　月　日
正答数　／14

問題 ヒントを参考にして、地図で示された場所に関連する歴史上の人物の名前をA～Gに、地名を①～⑦に書きましょう。

民衆のために反乱を起こした幕府の役人
D 大《おお》塩《しお》平《へい》八《はち》郎《ろう》

商売がさかんな「天下の台所」
④ 大《おお》阪《さか》

建武の新政を行うも京都を追われる
A 後《ご》醍《だい》醐《ご》天《てん》皇《のう》

南朝の拠点となった
① 吉《よし》野《の》

天下布武を旗印にした戦国武将
B 織《お》田《だ》信《のぶ》長《なが》

楽市楽座を行った
② 安《あ》土《づち》

約260年続く幕府を開く
C 徳《とく》川《がわ》家《いえ》康《やす》

当時、世界最大の人口を抱えた
③ 江《え》戸《ど》

遣唐使停止を進言した
G 菅《すが》原《わらの》道《みち》真《ざね》

学問の神様としてまつられる神社がある
⑦ 太《だ》宰《ざい》府《ふ》

初の武家政権を開いた
F 源《みなもとの》頼《より》朝《とも》

幕府の中心機関が置かれた
⑥ 鎌《かま》倉《くら》

開国を求めたアメリカの軍人
E ペリー

黒船が来航した
⑤ 浦《うら》賀《が》

89 地図記号1

学習日　月　日
正答数　／19

問題 下の地図記号が表す施設名を書きましょう。
⑯～⑲のかっこの中は、外国人向けに追加された地図記号です。

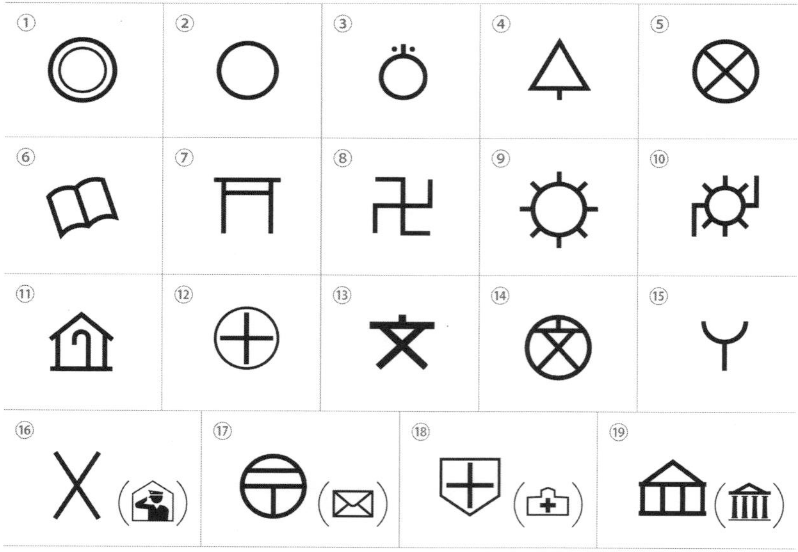

① 市《し》役《やく》所《しょ》	② 町村《ちょうそん》役《やく》場《ば》	③ 官《かん》公《こう》署《しょ》	④ 裁《さい》判《ばん》所《しょ》
⑤ 警《けい》察《さつ》署《しょ》	⑥ 図《と》書《しょ》館《かん》	⑦ 神《じん》社《じゃ》	⑧ 寺《じ》院《いん》
⑨ 工《こう》場《じょう》	⑩ 発電所《はつでんしょ》(変電所《へんでんしょ》)	⑪ 老《ろう》人《じん》ホーム	⑫ 保《ほ》健《けん》所《じょ》
⑬ 小《しょう》・中《ちゅう》学《がっ》校《こう》	⑭ 高《こう》等《とう》学《がっ》校《こう》	⑮ 消《しょう》防《ぼう》署《しょ》	⑯ 交《こう》番《ばん》
⑰ 郵《ゆう》便《びん》局《きょく》	⑱ 病《びょう》院《いん》	⑲ 博《はく》物《ぶつ》館《かん》	

90 地図記号2

学習日　月　日
正答数　／20

問題 下の地図記号が表す施設名を書きましょう。

ヒント ⑯～⑳は、外国人向けの地図記号です。

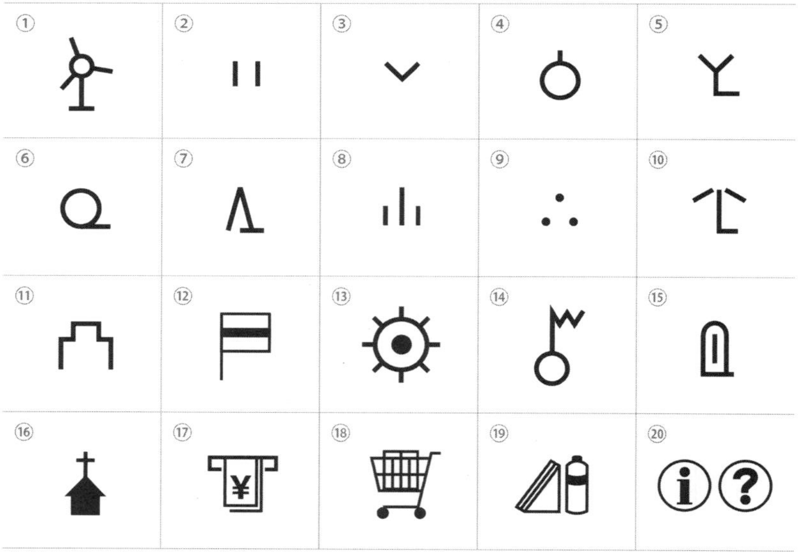

① 風《ふう》車《しゃ》	② 田《た》	③ 畑《はたけ》	④ 果《か》樹《じゅ》園《えん》
⑤ 桑《くわ》畑《ばたけ》	⑥ 広《こう》葉《よう》樹《じゅ》林《りん》	⑦ 針《しん》葉《よう》樹《じゅ》林《りん》	⑧ 荒《あれ》地《ち》
⑨ 茶《ちゃ》畑《ばたけ》	⑩ 竹《ちく》林《りん》	⑪ 城《しろ》跡《あと》	⑫ 自《じ》衛《えい》隊《たい》
⑬ 灯《とう》台《だい》	⑭ 電《でん》波《ぱ》塔《とう》	⑮ 自《し》然《ぜん》災《さい》害《がい》伝《でん》承《しょう》碑《ひ》	⑯ 教《きょう》会《かい》
⑰ 銀行《ぎんこう》／ATM	⑱ ショッピングセンター／百貨店《ひゃっかてん》	⑲ コンビニエンスストア・スーパーマーケット	⑳ 観《かん》光《こう》案《あん》内《ない》所《じょ》

91 地図・地形図の見方1

【方位】

問題 下の方位記号が示す方位を書きましょう。

① 北《きた》

⑧ 北《ほく》西《せい》　② 北《ほく》東《とう》

⑦ 西《にし》　③ 東《ひがし》

⑥ 南《なん》西《せい》　④ 南《なん》東《とう》

⑤ 南《みなみ》

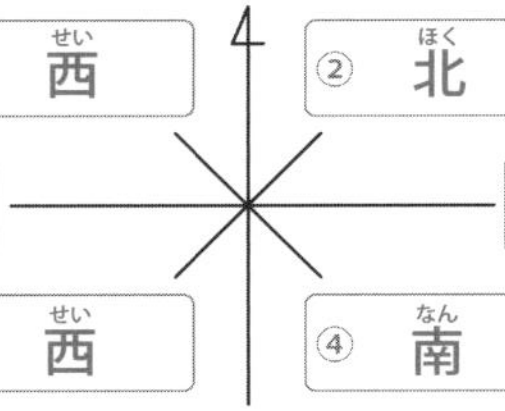

原則として、地図・地形図は、指定がなければ ⑨ 北《きた》 が上になります。

【縮尺】

問題 下の地図を見て、空欄に入る言葉を書きましょう。

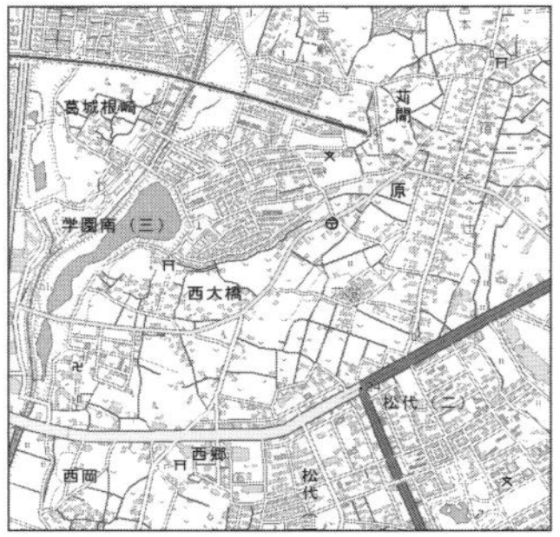

25000 分の 1 の地形図

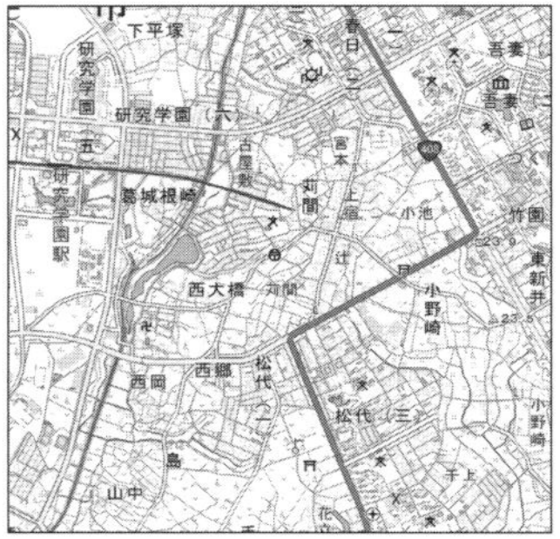

50000 分の 1 の地形図

（国土地理院地形図「つくば市」）

⑩ 縮《しゅく》尺《しゃく》 とは、地図・地形図上の長さと、実際の距離との比を表したものです。
1/25000 や 1：25000 などと表記されます。

92 地図・地形図の見方2

【等高線】

問題 ①～⑪に当てはまる言葉や数字を書きましょう。

① 等《とう》高《こう》線《せん》 とは、標高の等しい地点を結んだ線のことです。

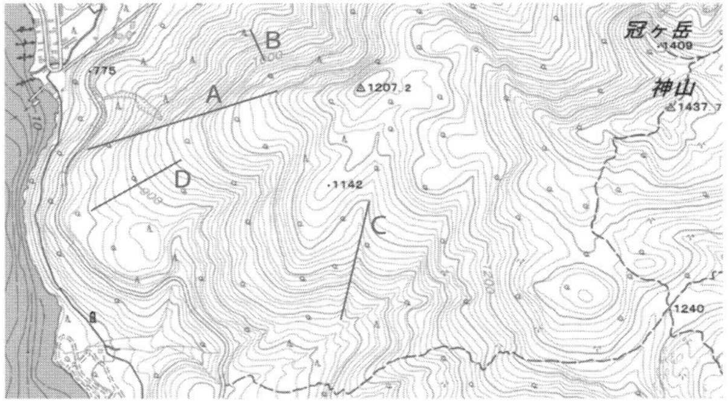

等高線が標高の高い方から低い方に張り出しているところを結んだ線（A）を ② 尾《お》根《ね》 、低い方から高い方にくぼんでいるところを結んだ線（B）を ③ 谷《たに》 といいます。

等高線は標高によって種類が変わり、縮尺によって、表している標高が変わります。

等高線の種類	25000 分の 1	50000 分の 1
④ 主《しゅ》曲《きょく》線《せん》	⑤ 10 mごと	⑥ 20 mごと
⑦ 計《けい》曲《きょく》線《せん》	⑧ 50 mごと	⑨ 100 mごと

等高線の間隔がせまくなっているところ（C）は傾きが ⑩ 急《きゅう》 で、広くなっているところ（D）は傾きが ⑪ ゆるやか になっています。

93 地図・地形図の見方3

学習日　　月　　日
正答数　　／4

問題 ①〜④に当てはまる言葉や数字を書きましょう。

【特徴的な地形】

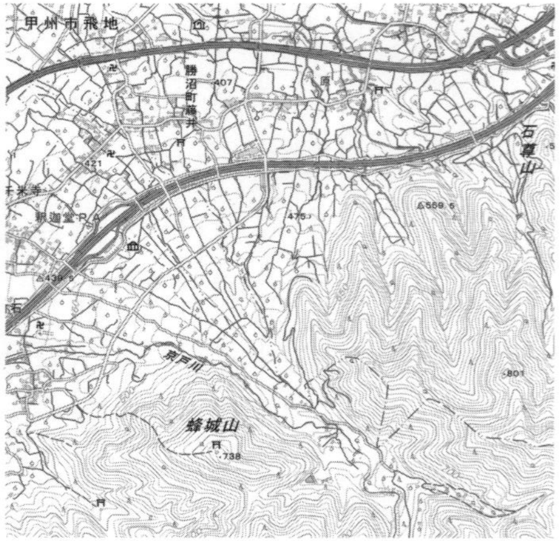

（国土地理院地形図「勝沼」1:25000）

① 扇《せん》状《じょう》地《ち》 とは、山地を流れる川が平らな土地に出た場所に形成される扇状の土地のこと。水はけがよいため、② 果《か》樹《じゅ》園《えん》 に多く利用されます。

【実際の距離の計算】

地形図の縮尺と地形図上の長さがわかれば、実際の距離（長さ）がわかります。

③ 地形図上《ちけいずじょう》の長《なが》さ × ④ 縮尺《しゅくしゃく》の分母《ぶんぼ》 ＝実際の距離（cm）

例）地形図の縮尺が25000分の1、地形図上の長さが8cmのとき、
実際の距離は何kmか求めましょう。

8cm × 25000 ＝200000cm

ただし、計算で出てきた数字は「cm」なので、これを「m」や「km」に直す必要がある。

200000 cm＝2000 m ＝2km

答え　2km

94 日本の地形ランキング

学習日　　月　　日
正答数　　／21

問題 それぞれのランキング上位3つの地名を書きましょう。

川の長さ

1位 ① 信濃《しなの》川
2位 ② 利根《とね》川
3位 ③ 石狩《いしかり》川

山の標高

1位 ④ 富士《ふじ》山
2位 ⑤ 北《きた》岳
3位 ⑥ 奥穂高《おくほだか》岳

平野の面積

1位 ⑦ 関東《かんとう》平野
2位 ⑧ 石狩《いしかり》平野
3位 ⑨ 十勝《とかち》平野

湖の面積

1位 ⑩ 琵琶《びわ》湖
2位 ⑪ 霞《かすみ》ケ《が》浦《うら》
3位 ⑫ サロマ湖

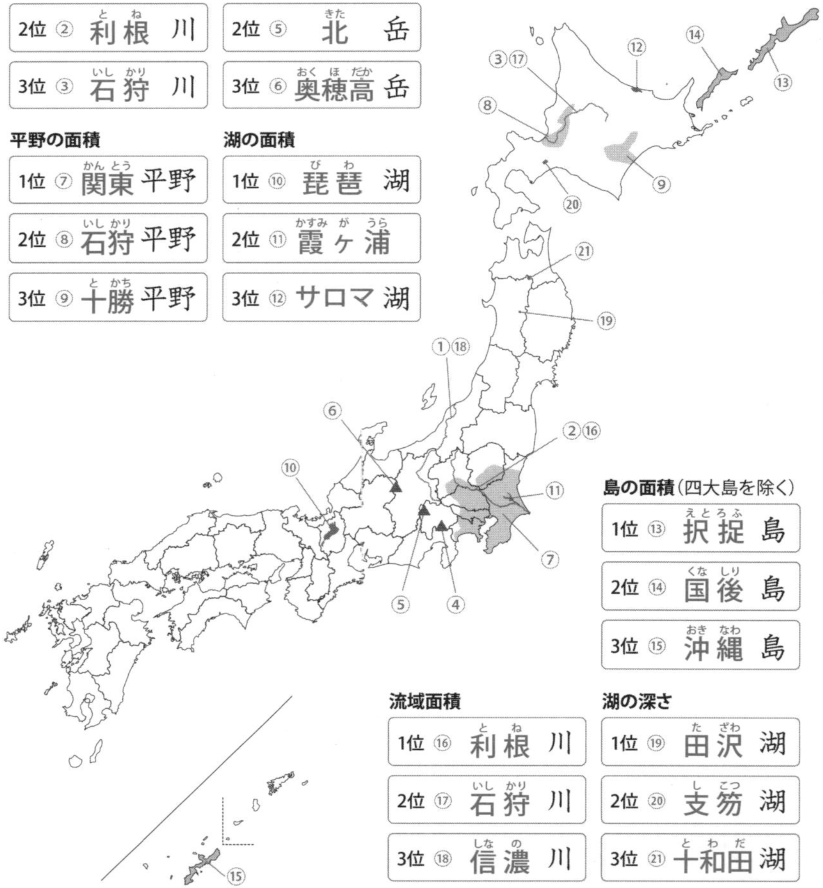

島の面積（四大島を除く）

1位 ⑬ 択捉《えとろふ》島
2位 ⑭ 国後《くなしり》島
3位 ⑮ 沖縄《おきなわ》島

流域面積

1位 ⑯ 利根《とね》川
2位 ⑰ 石狩《いしかり》川
3位 ⑱ 信濃《しなの》川

湖の深さ

1位 ⑲ 田沢《たざわ》湖
2位 ⑳ 支笏《しこつ》湖
3位 ㉑ 十和田《とわだ》湖